宗教歳時記

五来 重

角川文庫
16109

目次

夏

秋

編集協力／村上紀彦　図版作成／大友　洋

はじめに

私は俳句が好きで、学生時代から歳時記に親しんできた。はじめは改造社版の『俳諧歳時記』であったが、ボロボロになるまでつかった。戦後は角川書店が『俳句大歳時記』全五巻（昭和三十九—四十年）を企画したので、私も「仏教」の部を担当してかなり執筆した。この執筆には当然、江戸時代の歳時記を利用した。これは現在では絶えてしまった伝承がふくまれているので、民俗資料としてもすぐれたものである。しかしその解釈は現在から見れば独断も多いので、歴史学や民俗学からの新しい視点で、歳時記の宗教行事の解説を書きたいとおもっていた。

俳句は自然の「花鳥諷詠《ふうえい》」であるけれども、人事は季節的年中行事に密着しており、昔の季題はむしろ年中行事が多いのである。近代俳句は一種の自然主義であるが、やはり年中行事、すなわち歳時をわすれてはならないとおもう。しかしそうはいってもわれわれの生活と意識の変化や暦法の変化などで、「歳時諷詠」は困難になってきている。したがって古い歳時記や季題解説書は、いたずらに死語ばかり採録しているように見える。

また一般に季節的民俗行事や民俗芸能も最近は本来の精神をうしなって、見世物に変質したものが多い。山伏の託宣を聞く美作《みまさか》（現・岡山県）の「護法飛び」が、国立劇場に出演する時代である。このような歳時の本来の精神というのは、かつての共同体や個人の心をささえた庶民信仰である。それで私は庶民信仰を主要なテーマとする宗教民俗学の立場から、現在おこなわれている年中行事の意味を明らかにしてみようとおもった。そうすれば季節的民俗行事を見直して、異常な変質を食い止められるかもしれない。三月節供も五月節供や七夕も、もとはこうであったと知れば、無用な見栄や浪費も防げるであろう、というのが、この「宗教歳時記」を書く動機であった。

本書の各項は『茶道雑誌』（河原書店）に昭和五十三年三月から五十五年十二月まで、毎月連載した記事の中から採ったので、執筆枚数に限界があって十分説明できなかったものもある。しかしそのために簡単な啓蒙《けいもう》的解説になった。ただ啓蒙的といっても、従来の民俗学や風俗史の立場からの啓蒙ではなくて、まったく新しい宗教民俗学の立場からなので、奇抜に見える結論が出ているかもしれない。これをもっと多くの例証を挙げて説明すべきであったが、毎月の連載であったために不十分だったことは、私も認めている。しかしこれだけの記事でも年中行事の見直しの一助になれば、幸いだとおもう。今後もおなじ視点から、のこされた多くの年中行事の考察をしたいとかんがえている。

新年

修正会・修二会の餅と花

日本の正月と餅

日本の正月に餅を欠かすことはできないが、これはなぜであろうか。また餅《もち》にはいろいろの形や名称があり、それも地方によってちがうのはなぜであろうか。

正月は、去年の農耕の無事と豊作を祖霊と氏神に感謝し、あわせて新しい年の豊《ほう》穣《じょう》を祈願するものであった。したがって、祖霊の賜物でありシンボルである餅を祖霊にそなえ、またこれを一族とともに共食することによって、「あらたま」（新魂または恩頼《みたまのふゆ》）を頂戴する。これが「としだま」（年魂＝年玉）であるが、「とし」（歳＝稔）というのは米作の一期間のことであるばかりでなく、米そのものを指した。

『拾遺和歌集』（寛弘二年〈一〇〇五〉）の神楽歌（平兼盛《たいらのかねもり》）には、

　としも《（稲）》よしこかひ《（蚕飼）》もえたりおほくにの里たのもしくおもほゆるかも

などと詠まれ、『曾丹集』（曾禰好忠《そねのよしただ》）にも、

　みあれひく賀茂の御戸代《みとしろ》引植ゑていまはとしのみ《（稲の実）》祈るばかりぞ

ともある。

こうしてえられた米を、魂のシンボルである丸い形の餅にしたのが鏡餅だというのだが、「もち」はもちいひ（望飯）で、望月のように丸い飯が鏡餅だともいう。また、米作は南方と大陸から渡来したのだから、その正月の稲米《とうまい》儀礼がつたわったとする文化人類学者もある。これは、気候風土も霊魂観念もおなじならば可能かもしれないが、自然条件も文化条件もちがうので、むしろこの国に固有の宗教儀礼が根底にあった、とかんがえるのが妥当であろう。

そうすると、正月のツクリモノ（餅花のように農耕をあらわす飾り物）に粟穂《あわぼ》・稗穂《ひえぼ》のようなものもあるから、米作以前の儀礼が餅や鏡餅になったと推定される。そのうえ、縄文遺跡として有名な信州蓼科山麓《たてしなさんろく》の尖石《とがりいし》遺跡（現・長野県茅野市）からは、炭化した餅状の食物の焼けた塊が出ている。縄文期の主たる植物性食物は栗や胡桃《くるみ》のような堅果《ナッツ》だったことが知られているので、これらを搗《つ》いて餅状にした「晴の食物」があったとかんがえられよう。正月のおせち料理の「栗きんとん」もこれにつながるものかもしれない。また胡桃餅や栃餅《とちもち》も「晴の食物」だったのであろう。

したがって、正月に神に餅をそなえ、餅を食べることは、米作以前からの儀礼だったにちがいないが、この餅を鏡餅や伸餅《のしもち》や餅花にしたのには、それだけの理由が

長田神社追儺式の餅花（神戸市）

なければならない。人間の食べる餅は関西では丸い小餅にするし、関東・東北では伸餅を四角い切餅にする。それで関東・東北の正月わらべ歌では、「お正月さまは下駄《げた》のような餅もって来る」という文句になる。しかし、鏡餅が丸くて平たい形であることは、日本全国共通である。これをお正月様（歳神様《としがみさま》、歳《とし》徳神《とくじん》）にそなえるので「お供え餅」とも言い、二個を重ねるので「重ね餅」とも言う。

また、搗きたてのやわらかい餅を小さく切って、榎《えのき》や柳やくろもじ（「餅花の木」）に枯木の花のようにつけて、餅花とか花餅、またはマユダマとかイネノハナ、ハナカザリ、ナリモノ、モノツクリなどと呼ぶのも全国一般であった。京都近郊では、五、六本の藁《わら》の一方を束ねて、それに餅を花のようにつけた餅花を、台所の荒神柱にかけているのをいまでも見ることがある。この餅花または繭玉が都会風に変化すると、十日《とおか》戎《えびす》の吉兆笹になることは容易に想像できる。米よりも貨幣経済を反映して、餅の代わりに小判や福俵や大福帳や宝船を下げたのである。関東では縁起物といって、歳の市で買って、神棚に下げることになっている。

しかし信州や奥三河の過疎になりそうな山村にはいると、長さ四、五尺もありそうな榎の枝一面に小さな餅をつけ、細長い餅は枝に巻きつけたりして、ところどころに黄金色の蜜柑《みかん》をつき刺した餅花または繭玉を、黒光りする大黒柱にしばりつけたのを見ることができる。そんなのを見ると、ほんとうの日本にめぐり遇ったよろこびとともに、「日本のこころ」が過疎の村にしかのこっていない淋《さみ》しさも感じるのである。

このように現在も鏡餅は全国共通だし、餅花も戦前までは全国一般だったのは何故かという議論は、よく正月のマスコミの話題になる。新聞の家庭欄にはその地方の民俗学者の解説が載るし、テレビにはいつも見なれた先生の顔が出て、いかにも尤《もっと》もらしい迷論を吐く。ハナモチの話だけあって鼻持ちがならないのかもしれない。

正月行事と仏教

鏡餅と餅花を、正月の供物と飾り物として一般化した背景には仏教があった、ということは誰も言わないので、そのことをのべようとおもう。元来、日本民俗学の知識にもっとも欠落したものは仏教である。ある民俗学者の近著に、仏教民俗学などは必要がない、と言っているが、古代から中世にかけて、そして近世も近代もなにほどかは日本人の宗教生活と文化生活を支配した仏教が、民俗のなかにとけこまないはずはない。にもかかわらず日本民俗学は、日本の歴史は仏教以前の上古から一足とびに現代へうつったもので、中古・中世はなかった、と言うのだろうか。

私は、かなり多くの日本古代の民俗が、仏教と結合したために現代までのこりえた、とかんがえている。これは、酸素や水素や窒素などの元素がそのままでは不安定で変化しやすいのに、何かと化合すれば安定するように、日本の民俗も仏教と結合してその変化をまぬがれたのである。一般に宗教というものは、社会にたいして安定的機能をもっている。だからアヘンだなどと言われるが、私は、宗教は社会の防腐剤的機能ももつ、という宗教防腐剤論をとなえている。いつも社会の腐敗と頽《たい》廃《はい》をチェックする力としてはたらくのである。これは、社会なり制度なり階級なりが爛熟《らんじゅく》して頽廃し、その頂点で量より質への革命がおこるという理論からみれば、頽廃をチェックする宗教は、アヘンのように憎たらしいのであろう。したがって宗教は、社会や文化の進歩にたいしてブレーキの作用ももっている。だから、あまり宗教の社会的・政治的権威がつよすぎると社会と文化は停滞して、途上国の地位に甘んずることともなる。

それはともかくとして、私は、仏教が絵画・彫刻・建築・工芸から茶道・華道・庭園などの高文化《ハイ・カルチユア》を生むとともに、低文化《ロウ・カルチユア》としての民俗を、安定保存しえたはたらきを強調したい。しかし日本民俗学を創始した柳田國男《やなぎたくにお》翁は、国学的立場から仏教をあまり好かなかったために、日本民俗学は仏教くさい民俗をとりあげようとしなかった。これは、衣・食・住とか生産・労働・分配・交易とか、村落や家族制度などの社会関係をとりあつかっているうちはよいが、通過儀礼や年中行事や民間信仰、民間説話などの精神生活をとりあげるとき、壁につきあたるのである。そのようなことから晩年の柳田國男翁は、日本仏教史を専攻した女婿の故堀一郎《ほりいちろう》博士に期待するところが大きかったことを私は知っている。

　鏡餅が丸いことの説明は、従来は、霊魂のシンボルが丸いのをあらわしたものだ、という説明で満足していた。また餅花は、稲の花や穂が、かくのごとくたわわに実って豊作ならしめよと予祝した、と説明された。そのうえに、正月は神祭なのだから不浄な仏教が関与するはずはない、という常識が支配していた。しかしこの常識は明治維新まで、どこの神社にも神宮寺があったり別当《べつとう》（山伏）か社僧がいて、祇《ぎ》園社《おんしゃ》（のちの八坂《やさか》神社）は感神院《かんしんいん》が支配し、石清《いわし》水八幡《みずはちまん》宮には護国寺《ごこくじ》があったことをわすれた後のものである。しかも神仏分離以後の今日も、庶民は平気で神棚と仏壇を同居させている。

正月堂修二会の「壇供」（三重県島ヶ原村）

結論からさきに言えば、鏡餅と餅花は正月の仏教行事である「修正会」と「修二会」の荘厳というものだったのである。荘厳というのは仏前の供物飾りという意味であるが、これは餅と花と燈明《とうみょう》が代表的であった。古代と中世には諸大寺は荘園村落に「荘厳頭《しょうごんのとう》」というものを差定《さじょう》（指定）し、餅にする米と造花と燈油のほかに、労力も負担させた。これを荘厳の献備といって、荘園文書《もんじょ》によく出てくる。

修正会・修二会が日本で奈良時代からはじまったことを知る人はすくないが、修正会は正月八日から十四日まで、修二会は二月一日から十四日までであった。十四日というのは十五日（満月）の小正月（百姓の正月）を元日とするときの大晦日《おおみそか》にあたる。おなじことを二月にもするのは昔から不思議におもわれていたので、二月は中国とインドの正月であろう。したがって日本の正月の修正会と中国・インドの正月の修二会をするのだ、と天文元年（一五三二）の『塵添壒嚢鈔《じんてんあいのうしょう》』（巻十二）はのべている。

則チ本朝ニハ天竺震旦ノ年始ヲ共ニ修スル故ニ修二月ト云也。仏法ニハ天竺ヲ模スル事アル故ニ此行ヒアル也。

しかしこれはまったく根拠のないことで、二月にはとくに豊作予祝のためにもう一度、修二会を修したのである。もちろん修正会にも祖霊祭と豊作予祝祭をしたのであるが、旧暦では実際に農耕のはじまる二月にもう一度、豊作予祝をたしかにするために修二会をおこなった。そして祖霊祭には霊魂のシンボルである餅に重点をおいた荘厳をし、豊作予祝祭には花に重点をおいた。

修正会・修二会の餅は「壇供《だんぐ》」と呼ばれ、莫大《ばくだい》な数の鏡餅が本尊の須弥壇《しゅみだん》のまわりに積みあげられ、その上に燈明皿を置く。これは東大寺修二会（お水取り）や村々の「オコナヒ」に見られる通りである。花は造花であることも、「お水取り」を見た人ならばよく知っているはずである。この花の葩《はなびら》の芯《しん》はニワトコをつかうが、これはアイヌのイナウ（ケズリカケの御幣）にする木なので、もとはケズリカケの花だったであろう。もっとも原始的なケズリカケの御幣が紙や絹の造花になり、村落寺院の修正会になって餅花になったことは、文献的にたしかである。

この荘厳の餅と花は衆僧や参詣人（いまは見物人）にあたえられるが、実利的な

人は造花より餅（壇供）のほうがよいと言ったので、

花より壇供

の諺《ことわざ》ができ、やがて団子《だんご》と誤られると、花は花見とおもわれ、無風流な団子好きのイメージをつくりあげてしまった。しかしいま山村の修正会では、法会がすむと「花賜《はなたば》り」と言って、村人はこの花と餅をうやうやしくいただいて帰って行く。

修正会の鏡餅と花餅

餅については『日本書紀』（神武《じんむ》天皇紀）に「飴《たがね》」として出てくるが、修正会の餅は『今昔物語集』（巻十九第二十二）に出る。ある坊さんが村の修正会の導師をつとめたお礼にもらった餅を、壺《つぼ》に入れて酒に発酵させようとしたら、蛇になっていた、という話である。ところが鏡餅はおなじころの『藤原基俊《ふじわらもととし》家集』に見えるので、この坊さんのもらった餅も鏡餅だったであろう。

十二月のつごもり（晦日）に、法師といふ子のもとに、永縁（僧都）鏡もちひ
おこす（送る）とて、いひつかはしたる
年をへてつかさ（官）位をますかがみ千代の影をば君ぞみるべき

この十二月晦日の鏡餅は修正会の鏡餅であろう。というのは、いまも山村の「オ

コナヒ」と呼ぶ修正会では、特別の祈願のある人は、鏡餅を割った竹片で十文字にはさみ、葛蔓《ふじづる》で吊《つ》ってお堂の長押《なげし》や柱にかける。懸餅《かけもち》とも言うが、このようにかけてはじめて鏡餅の意味がわかるのである。これは、もと祈願には実際の鏡をあげる風習があって、修正会にはこれを餅をもって代えたもの、とおもわれる。お堂の長押に鏡餅をかける例は紀州山間部の「オコナヒ」に見ることができるが、神戸《こうべ》長田神社の二月節分の修二会（いまは「追儺《ついな》式」と呼ぶ）にも、拝殿正面左右の柱に大きな鏡餅を一対かける。これを泰平餅《たいへいもち》というのは「大餅《たいへい》」のことで、もとは境内の観音堂修正会の荘厳であった。

京都と大阪の境の大山崎の宝寺《たからでら》（宝積寺《ほうしやくじ》）は、『信貴山縁起』の伝説のある山崎長者の寺といわれるだけあって、二斗の米を一枚の鏡餅にした。それで割竹を十文字と斜めに車輪の輻《や》のようにあてて本尊の前に下げたという。この餅の鏡に鬼の姿が映ったので、これを追い払うために「鬼ふすべ」の煙を修正会の終わりにあげることになった、と説明している。いまはこの行事を四月にすることになったのは参詣人のことをかんがえたのかもしれないが、あまりに季節はずれである。

また、国東《くにさき》半島の六郷満山《ろくごうまんざん》二十八ヶ寺といわれる山岳信仰の寺の修正会は、俗に「鬼会《おにえ》」（一般に鬼を追うときの囃詞《はやしことば》で「鬼会《おによ》」と言う）と呼ばれ、最後に鬼が出て鏡餅二個を見物人に撒《ま》く。この餅を「鬼の目玉《めだま》」と言って、幸運をえようと奪い合

長田神社追儺式の泰平餅（神戸市）

うが、鬼は東北のナマハゲのように祖霊の表現なので、「鬼の御魂《みたま》」の誤りである。すなわち、祖霊の御魂（恩頼《みたまのふゆ》）をいただいて新年の「あらたま」とし、「年玉《としたま》」とすることにほかならない。

修正会の荘厳のもう一つの眼目は造花であったが、その起源は、祖霊を修正会の場に降臨してもらう依代《よりしろ》としての御幣であった。それもはじめは木のケズリカケであったから、大和や紀州の山間部ではケズリカケの花を常磐木《ときわぎ》の枝に挿して立て、これを「花奪い」で奪い合うところもある。これが紙の造花になったのが東大寺修二会（お水取り）の花であり、いっそう華麗な細工になって薬師寺修二会（花会式《はなえしき》）の十二瓶《へい》の造花ができた。

しかし紙の御幣そのものを「花」と呼ぶところもあり、これが奥三河の「花祭」である。鬼が出て踊るので、折口信夫《おりくちしのぶ》氏は「春を呼ぶ鬼」とか「山の霜月舞」などと言っているが、これこそ村の修正会の「延年」で、山伏神楽の鬼踊なのである。

従来の民俗学や民間芸能史は仏教の視点がないために、その本質が見抜けなかったのだといえよう。

修正会の花を餅でつくり餅花にしたのは、修正会が村々のお寺やお宮での「オコナヒ」（共同祈願）になってからで、郷村制の普及する室町時代以降である。そし

薬師寺花会式の十二瓶の造花（奈良市）

奥三河の花祭の「花」（愛知県東栄町）

てもとは「花餅《けびょう》」と呼ばれていた。延宝九年（一六八一）の大和富雄三碓《みがらす》の『真福寺堂舎年中行事』に、

同（正月）八日薬師御行《おんおこなひ》アリ。（中略）壇供五十枚……真福寺御行僧《おんおこなひそう》へ立餅三枚、花餅五十枚、牛頭《ごづ》天王神主、立餅四枚、花餅二十枚（下略）

とある立餅は鏡餅であり、花餅は餅花（繭玉）である。

すべてわれわれの宗教行事は、共同体全体で共同祈願、共同祭祀するものであり、正月もお堂やお宮で一緒に年を取った。しかし個人意識の発展とともに銘々の家庭でも正月を祝うようになって、修正会・修二会の鏡餅や花餅が家庭へはいったのである。しかし鏡餅は神前や仏前へかけておがむということがわすれられて、三方にのせて名称だけを鏡餅と言っている。そして豊作予祝の御幣や造花は、餅花や繭玉から吉兆笹、縁起物に変貌《へんぼう》し、ただ正月の景物とおもわれている。しかしこのようなものに日本人の「心の歴史」がきざみこまれており、宗派のない仏教の庶民信仰が生きていたことをおもいおこしたいものである。

春

狐と初午

狐と馬

私は十年ほど前に、「二の午《うま》」でにぎわう奈良大安寺《だいあんじ》の文化講座で「狐を馬に乗せた話」という講話をしたことがある。この演題は、あまりあてにはならない話という地口をもじったもので、河竹黙阿弥《かわたけもくあみ》の歌舞伎の『縮屋新助《ちぢみやしんすけ》』(『八幡祭小望月賑《よみやのにぎわい》』)にも、

その色男もほんに出来合、狐を馬に乗せられた話の種は、知れてあるわえ、

などとつかわれている。私はこの地口をよく坊さんの集まりできいたもので、昔からお説教のうまい坊さんの話には、狐を馬に乗せたような話が多かったものらしい。いや、いまでもそうかもしれない。それどころか、学術講演などというものも、ずいぶん狐を馬に乗せた話がすくなくないのである。

しかし私は、これをもじったからといって、あまりあてにならない話をしようとしたのではない。むしろ、狐が馬に乗って山から下りてくるのが初午だと主張した

かったのである。また世には初午や二の午には稲荷《いなり》へまいるものとおもっているが、どうして稲荷の縁日は二月の午の日なのか。またどうしてお稲荷さんはお狐さんとおもわれているのかを、かなり「あてになる話」として語ってみようとおもう。しかしこれは日本人の庶民信仰や山岳信仰の根本にかかわる大問題なので、全部をのべるわけにはいかない。それでここでは史料はあまりあげずに、稲荷と狐、稲荷と午の関係だけをのべておくことにしよう。

柳田國男翁もだいぶ狐が好きだったとみえて、昔話の狐や狐火、狐狩、狐塚などとともに、『巫女考』(『定本柳田國男集』第九巻、筑摩書房、昭和四十四年)では狐憑《つ》きや稲荷下し、『山宮考』(同第十一巻、同、同年)では伏見《ふしみ》稲荷の田中社のことなどを書いている。しかし、あれほど庶民信仰を重視した先生が狐と稲荷の関係を説かなかったのは、稲荷大社の権威に遠慮したとしか私にはかんがえられない。

もちろん常識的には狐は稲荷の「使わしめ」である。また初午も稲荷の御祭神、宇《う》迦《が》之魂《のみたま》神(倉稲魂神)が稲荷山三ヶ峰に天降った日が和銅年中(七〇八―一五)の二月の午の日だったからと説明されている。しかし神社が何と言おうと、学者が何書を引こうと、庶民はお稲荷さんはお狐さんと信じているし、神棚には白狐の焼物をおまつりして油揚げなどをあげている。だから油揚げ寿司は狐寿司であり、稲荷寿司である。よほどの根強い関係がなければ、いくら無智《むち》な庶民でも、こうまで

伏見稲荷大社の命婦社（京都市）

しつこく狐をお稲荷さんと信ずるはずもない。

またお稲荷さんといえば赤い鳥居だが、これも伏見稲荷では狐を祀った命婦《みょうぶ》社の前に何百となくトンネルのように立てられているのであって、御本社の前ではない。稲荷信仰の解明にはこの命婦社が鍵《かぎ》の一つであるにもかかわらず、『稲荷大社由緒記』では、延久三年（一〇七一）春に後三条天皇の行幸のとき、当社付属の老狐に命婦官を授け、「狐の食封《じきふ》」として命婦の封《ふ》戸《こ》をあたえた、などとしるしている。これを見てもこのころすでに、狐が拝まれていたことはたしかなのである。

もちろん狐を稲荷とするのは原始信仰であって、文化宗教や国家神道《しんとう》はこれをゆるすことはできないであろう。しかし日本人というのは、この原始信仰の根をどこまでももちつづけながら、文化宗教をうけいれるのであって、この根を抜いてしまえば文化宗教の花も枯れてしまうのである。これは神道だけでなく、仏教もおなじことである。しかも狐を稲荷とする庶民信仰を是認しないために、稲荷信仰の成立と普及・伝播《でんぱ》を論じた古来の論考が、不徹底で牽強附会《けんきょうふかい》におちいったといわれても仕方あるまい。

　そのようななかで、もっとも妥当性のある考察をしたのは伴信友《ばんのぶとも》翁の『験《しるし》の杉』である。しかし翁も江戸時代の国学者らしく、稲荷信仰には仏者、とくに弘法大師《こうぼうだいし》空海《くうかい》や真言の徒の作為が多いと非難する。そして狐と稲荷の関係は密教の陀祇尼《だきに》天（茶吉尼天）によるとしている。しかし『大日経疏《だいにちきょうしょ》』に説かれた茶吉尼天は大黒天の眷属《けんぞく》としての夜叉《やしゃ》であって、人間の心臓と肝臓を食う悪神である。ただ真言の徒の「密書」に白晨狐王菩薩《びゃくしんこおうぼさつ》とあるのが、狐と稲荷の関係の典拠だとする。この密書なるものはおそらく、安居院《あぐい》の『神道集』の「稲荷大明神事」の原典であろう。

　かの真言徒の密書なりといふものに、陀祇尼天の別号を、白晨狐王菩薩とも称《い》ひ、稲荷の神体是なりと云へり。上に空海が事にかけて論《あげつら》へる稲荷の事に引合せて、件の隠蔵語《かくしごと》をよみあじ（味）はふるに、彼（空海）が稲荷と称《い》ひて（東寺に）勧請せるも、むね（宗）と狐神をものせる趣なるをおもふに、其を真の伊奈利神社におよぼせるものとぞきこえたる。

　しかしこれは伴信友翁のおもいちがいだったと私はおもう。これはむしろ、稲荷を狐神とする庶民信仰がまずあり、それを正当化《ジャスティファイ》するためにつくられた真言徒の密書にほかならなかったのである。ところがここで伴信友翁は重要な史料をあげた。

それは鎌倉時代以前にできた神道五部書の『倭姫命世記《やまとひめのみことせいき》』と『天照坐《あまてらします》伊勢二所皇太神宮御鎮座次第記』（略称『御鎮座伝記』）で、前者に、

御倉神《みくらのかみ》。専女《たうめ》也。保食《うけもち》神是也。

とある専女は狐のことで、これが保食神、すなわち宇迦之魂神である稲荷神とおなじだという。また後者に、

御倉神三座。素戔鳴尊《すさのおのみこと》子、宇賀之御魂《うがのみたま》神。亦名専女《たうめ》。三狐神。

とある三狐神はミケツ神とよみ、「御饌津《みけつ》神」とおなじであろう。伴信友翁はここで割註をくわえて、

今山城葛野《かどの》郡松室の西の路傍に狐斎《ケツネサイ》といへる小社あり、狐字を書てケツネとよめり。山城わたりの里人の中、また京人にも、賤しきものゝ中には、狐をケツネともいへり。他国にても然呼《しかい》ふ処ありとぞ。

と重要な発言をしている。これで真言徒の密書や陀祇尼天を引かないでも、稲荷は狐神であるということはもう一歩で結論づけられたものをと、私はたいそう惜しいとおもう。

キツネとケツネ

私は関東生まれだから、京都に住むようになってうどん屋へはいると、「けつねうろん一丁！」という掛け声がおかしかった。大阪へ行くと「けつね」があたりまえで、愛敬《あいきょう》のあることばであることがわかった。伴信友翁はこれは「賤《いや》しきもの」の下品な俗語だとおもったらしいが、『物類称呼』(二) には、「関西にてすべて、けつねとよぶ也」とあり、れっきとした登録語なのである。そしてその方言分布も、京都府・大阪府・兵庫県・奈良県・和歌山県の近畿《きんき》諸府県はもとより、三重県・福井県・岡山県・愛知県・岐阜県・静岡県から石川県 (能登) や山口県・大分県にもおよんでいる。これではとても「賤しきもの」の俗語とばかり片付けられないのであって、宇迦之魂神や保食神《うけもちかみ》を三狐神《みけつかみ》と言ったもとがここにあったといわなければならない。私もこれがわかってから、つとめて「けつねうろん」と言おうと心がけるのだが、ついわすれてしまうことが多い。

ここでまず動物としての狐をはなれてケツネということばを詮索《せんさく》してみると、御《み》饌《け》津《つ》神《かみ》と言うように、ケは食物や稲のことである。ケシネと言えば飯米や常食の雑穀を指す。発頭語のウをくわえてウケと言うのもおなじで、食物を保つ神が保食神であり、食物の霊を神格化してウケノミタマからウガノミタマとなる。これが稲荷神である。豊受《とようけ》大神は食物の美称であり、また食物を豊かにする神とされることはいうまでもない。ツは「の」という意味で、ネは根元、あるいは先祖ということだから、ケツネは「食物の根元」あるいは「食物をあたえる先祖」ということになる。ことばとしてのケツネは、すでに稲荷神の宇迦之魂神や保食神と同体なのである。これにたいして動物としての狐のほうは、「狐《こ》」の入声音 Kit に「児《こ》」の別音 Ne がついたものとされているが、私は狐の鳴声の Ket や Kit に愛称のナやネがくわって、ケツネまたはキツネとなったものとおもう。ところが、この動物は不思議な挙動をするので霊獣とされるようになったのだろう、というのは柳田國男翁の説である。私も京都の上賀茂《かみがも》に住みはじめたころ、夕方に山の中腹を狐の走るのをよく見たが、足はこびが速いせいか、長い尾を引いて空中を飛んでいるように見える。子どものころ水戸《みと》市内の稲荷社の檻《おり》に入れられてうろうろ歩きまわっていた狐は、そばへ寄るとみすぼらしくて臭くてたまらなかった。しかし離れて夕方など見ると、颯爽《さっそう》として霊異ある動物に見えるのである。

しかし狐が霊獣とされたもとは、稲荷山の山神の化身動物と信じられたからである。山神は鬼や天狗《てんぐ》のような霊物として表現されるとともに、動物に化身して人間の前に姿をあらわすと信じられていた。伊吹山《いぶきやま》の山神は『日本書紀』（景行天皇紀）では大蛇に化身し、『古事記』では白猪に化身して、日本武尊《やまとたけるのみこと》の前にあらわれる。ところがこれを日本武尊は山神の「お使わしめ」だとおもったために、取り殺されてしまったのである。『古事記』は、この山神は徒手《むなで》に直《ただ》に取りてむとのりたまひて、この山に騰《のぼ》ります時に、山の辺に白猪逢へり。その大さ牛の如くなりき。かれ言挙《ことあげ》して詔《の》りたまはく、この白猪になれるものは、その神の使者《つかはしめ》にこそあらめ。(中略)この白猪に化《な》れる者は、その神の使者にはあらずて、その神の正身《むざね》にぞありけむを、(下略)

といい、『日本書紀』は「大蛇に化《な》れる主神《かむざね》」としている。だから稲荷山で狐を「お使わしめ」などと言う人は、取り殺されるかもしれないから注意したほうがよい。

　山神を化身動物とする信仰は比叡山《ひえのやま》の日吉《ひえ》山王の猿や伯耆《ほうき》大山《だいせん》の狼、あるいは秩《ち》父《ぶ》三峰山《みつみねさん》のお犬さま(狼)、越中立山《えっちゅうたてやま》の熊と鷹《たか》、熊野や出羽《でわ》三山の烏、鞍馬山《くらまやま》や近《おう》江《み》三上山《みかみやま》や上州赤城山《あかぎさん》の百足など枚挙にいとまがない。また『日本書紀』が伊吹山の山神を「荒神《あらぶるかみ》」としたのは、祟《たた》りやすいことをあらわしたもので、「狐が憑《つ》く」などはそれである。しかし祟りやすい神ほど祀《まつ》れば恩寵《おんちょう》が大きいという信仰が、稲荷神を豊穣《ほうじょう》の神や福神とした一つの原因である。

　山神信仰は狩人や杣《そま》や金掘り(たたら師)だけのものでなく、平地の民は農耕の水をあたえる水源として山神を信仰する。したがって稲や雑穀などの食物をつかさどる保食神《うけもち》または宇迦之魂神に変化する。このような信仰構造が、中世の『二十二社註記』の稲荷社の項に、

下社　大宮女命《おおみやのめ》　伊弉冊尊化神、罔象《みずは》命女《のめ》（または倉稲魂神罔女命）水神也
中社　稲倉魂《いなくらたま》命　神播百尊谷（穀）神也　一名豊宇気姫命　伊勢外宮同体
上社　猿田彦命　三千世界地主神是也

とするされた所以《ゆえん》である。すなわち、下社の大宮女命は台所の「はしり」の神であって水神であり、中社は稲の穀霊を祀る稲荷神であり、上社は山神、地主神である。そしてこの三社の三神は究極は一本化して、稲荷山の山神の化身である狐神となるのである。

伏見稲荷社の中世までの三社構成は、足利義教《あしかがよしのり》将軍のころ下社の本社に統一されて、稲荷山は本社とは別のお塚信仰となり、オダイさんにゆだねられた恰好《かっこう》である。しかし私は、山の信仰はまず中社が根本で、のちに頂上（上社）と山麓《さんろく》（下社）に分祀《ぶんし》されて、三宮三院構成をとるものだ、という仮説を立てている。このことから、『山城国風土記』の「伊奈利《いなり》社」の秦中家《はたのなかいえ》の遠祖である秦伊侶具《いろぐ》の「餅の的」の話は下社（いまの御本社）かもしれないが、庶民信仰は中社の命婦社が根本だろう、と私はかんがえている。だからここにお狐信仰が集中し、赤い鳥居が林立し、年中油揚げが絶えないのである。そして上社にあたるのが御膳谷《ごぜんだに》だろうとおもう。御膳はミケともよむのでミケツ谷、すなわち三狐神を祀ったところである。また御膳谷は中世には御前谷とも書かれていて、これはミサキ谷とよんだかもしれない。そう

するとこれもミサキ狐というように狐を指すことになる。いま正月五日の稲荷大山《おおやま》祭がこの御膳谷でおこなわれるのは、もとの上社の山の神祭がのこったものとおもわれる。

絵馬と初午

話がすこしお稲荷さんのほうへ深入りしたが、稲荷信仰は庶民信仰だけに複雑怪奇である。したがって文献だけで解くこともできないし、宗教学や神道学だけでも駄目で、民俗学もまたオールマイティではない。これらを総合して、日本人の精神生活のなかに位置づけることが必要である。そのようななかで柳田國男翁の『山宮考』はもっとも注目すべきもので、私はこれを「山宮祖霊祭祀説」と名づけ、私の山岳宗教の「神奈備説」の根本にすえている。したがって私の「三宮（三社）三院説」も、柳田翁の「山宮祖霊祭祀説」を発展させたものにほかならないのである。

稲荷については、三万ともその数倍ともいわれる一般の叢祠《そうし》や、田中社や町内祠や屋敷神、地神にまでおよばなければならないが、一応その代表として伏見稲荷をとりあげた。そうすると「餅の的」が白鳥と化して翔《と》んだのは秦氏の祖霊なのであって、その始祖霊が山神とあがめられ、その他の清まった代々の祖霊は眷属《けんぞく》神として、この山峰にとどまったのである。しかしその眷属神は秦氏一族だけではなく、麓に住む人々の祖霊でもあったために、稲荷山のお塚はあれだけ多くなったものとおもう。

　ところがこのような祖霊としての山神や眷属神は、山麓の子孫の耕作や生業をまもると信じられた。それで農耕民は旧二月の耕作初めにあたって稲荷神をわが田畑にむかえ、耕作が終われば山へ帰っていただいた。旧二月といえばいまの三月で春彼岸のころにあたる。民俗としてのハルゴト（春祭）、コト八日（二月八日）、八日様、八日塔、カケソメ（願掛初）、コトハジメ、コトノカミ、作初メ、ヤサラ（八皿の御祝）などは、すべて旧二月八日かその前後、または彼岸中日に山神や農神や道祖神を祀る春の祖霊祭であった。

　このなかで稲荷祭だけが午《うま》の日に固定して初午となったのは、山神や農神や道祖神の乗物が馬であったことにもとづくものと私はかんがえている。祖霊の乗物を馬とすることは、お盆のお精霊の胡瓜馬《きうりうま》やガッキ馬（真菰馬《まこもうま》）にもあらわれているが、信州北部では初午に、藁馬《わらうま》に餅を負わせて道祖神にあげる。これを「道禄神《どうろくじん》の火事見舞」と言うのは、もとこの餅と藁馬を道祖神の前で焼いたためであろう。この道祖神の乗物に板彫絵馬をあげた例は、じつに『今昔物語集』（巻十三第三十四話）にある。

　ところが、この板彫絵馬を初午の山神詣《まい》りに買ってくる習俗は私の郷里の常陸《ひたち》北部にあった。これは稲荷社ではないが、高鈴山《たかすずやま》の中社にあたる真弓神社で、山神を馬で迎えるという点で稲荷の馬（午）と共通する。高鈴山は『常陸国風土記』（久《く》慈《じ》郡）の「賀毘礼《かびれ》の高峰《たかね》」で、この山神は「祟甚厳《たたりいとおごそ》か」な荒神であった。その中社とかんがえられるのが入四間《いりしけん》御岩《おいわ》神社と真弓神社である。親たちは真弓山詣りには、四つの小車のついた板に板彫絵馬をのせた玩具《がんぐ》を買って帰るので、私の幼年時代にはこれを曳《ひ》いて走りまわった。後年、私は宗教民俗学をこころざすようになって、幼時をかえりみて愕然《がくぜん》とした。私は知らずに『今昔物語集』を引いてあそんでいたのである。民俗あるいは民間伝承のおそろしさである。

　私の「狐と初午」の発想はそのようなところに根ざしているが、いま集められる民俗伝承では、残念なことに絵馬といえば神社へそなえてくるものばかりになった。神をわが田、わが畑、わが家にむかえてくる乗物の馬をその社にのこしてきたのでは、片目片足の山神が里へ下るにはずいぶん御不自由だろうとおもう。ただ三河の二川《ふたがわ》町小松原（現・豊橋市）の東観音寺《とうかんのんじ》（馬頭観音）では、初午には信者は駒曳猿《こまひきざる》を書いた板絵馬をあげ、代わりに寺から木版刷りの紙絵馬を買って帰ったという。また名古屋市守山区（もと志段味《しだみ》村）の龍泉寺（馬頭観音）では、紙絵馬を買ってまわりの木にかけてくると報告されているが、十年前（昭和四十四年頃）にこの寺を訪ねて聞いたときは、寺僧も知らないということだった。

絵馬はどうも、興味本位で集められたり論じられてきた嫌いがある。というのは、人間の欲望の多様化に応じて、いろいろおもしろい絵馬ができてきたからである。しかしこれは例の「甘えの構造」で、神さまにおねだりする祈願板絵にすぎない。絵馬というからには馬が画かれているべきであるし、その馬はこれを乗物として神の降臨をねがうものであった。したがってそのはじめは生馬を曳いて行き、その背に神霊の依代《よりしろ》の木の枝をのせておむかえしたであろう。それが板彫絵馬や藁馬に代えられて、「験《しるし》の杉」とともに持ち帰られたものとおもわれる。しかもこのような場合に馬や絵馬を必要としたのは、山神や水神や道祖神や精霊などの「荒ぶる神」であったことに注意しなければならない。これらを私は「中間神霊」と名づけているが、さきにあげた『今昔物語集』（巻十三第三十四話）の紀州美奈部《みなべ》（南部）の道祖神は行疫神《ぎょうえきじん》の先駆をつとめる神で、男根形を御神体とするものであった。

只道祖ノ神ノ形ヲ造タル有リ。其ノ形旧ク朽テ多ノ年ヲ経タリト見ユ。男ノ形ノミ有テ女ノ形ハ无シ。前ニ板ニ書タル絵馬有リ。足ノ所破レタリ。

とあるので、板を馬の形に截《き》り抜いた板彫絵馬だったから足が折れたのである。

ところが稲荷山の山神も、道祖神とおなじ猿田彦大神と同体とされるような祟りやすい神霊だったので、これを里にむかえて耕作をまもってもらうためには絵馬をあげ、これを、稲荷山の聖木たる「験の杉」の枝とともに、里へおろしたものとおもわれる。しかし平安時代には貴族の稲荷山への初午詣の歌がたくさんあるにもかかわらず、「験の杉」は見えても、絵馬のことはない。たとえば『蜻蛉《かげろう》日記』では、中社で、

　いなり山多くの年ぞ越えにける　祈るしるしの杉をたのみて

という歌をあげている。これは農民だけが稲荷の山神を田にむかえるのに絵馬をもってしたので、貴族の歌や文学にのこらなかったものとおもう。というのは、旧二月の耕作初めにあたって、狐に化身した稲荷山の山神をむかえるのは農民の行事だった。それで無学な農民は山神乗用の馬または絵馬にちなんで、午（馬）の日を縁日としたと私は推定する。したがって稲荷の狐は馬に乗って去来するというイメージがあったために、「狐を馬に乗せる」というような地口もできたのである。これは、日吉《ひえ》山王社の山神の化身である猿も馬に乗って去来したために、猿が馬に乗った絵馬ができ、また「駒曳猿《こまひきざる》」の絵馬や絵銭ができたのとよく似ている。したがって山王社のほうは、猿（申）の日を縁日とするようになったのであろう。

　中世には狐が馬に乗るという集団的潜在意識があったとみえて、伴信友翁は東寺文書のなかに「野狐乗《ル》ㇾ馬《ニ》佐」があったことをのべている。

　東寺の古文書の中、寛正六年四月十六日の、廿一口《く》方評定引付帳に、野狐乗ㇾ

馬佐祈禱日次事ノ、致二披露一候処、来ル十九日可レ被レ行レ之といへる事も見えたり。

この東寺文書はしらべていないけれども、十五世紀半ばには誰かが、狐が馬に乗っているのを見た、などと言えば、何か変事のおこる前兆ではないかと騒いだらしい。実際にはそのようなことはありえないのだけれども、その風評で稲荷神が変事を警告するのかもしれないと怯《おび》えたのである。しかしこんなことを言うと、そんな馬鹿なことはあるかと法螺《ほら》吹《ふ》き扱いされたために、「狐を馬に乗せた話」は嘘話の代名詞になったのかもしれない。

これを要するに、稲荷神は稲荷山の山神で麓の民の耕作をまもり、稲や穀物の根元をつかさどると信じられた。その化身動物は狐であったが、これを麓の田や畑にむかえるには馬や絵馬をもってした。その時期が旧二月の耕作初めだったので、馬にちなんだ旧二月の午の日、すなわち初午が縁日になったのである。

嵯峨お松明と大念仏

一月おくれの涅槃会

古い暦では三月は晩春であるが、今は春の初めということになっている。旧暦と新暦のちがいとずれはこのころがもっとも大きい。しかし現代人は季節感がにぶくなったので、あまり気にしない。

季節感は気温の寒暖が第一であるけれども、冷暖房完備ではそれも効き目がない。その次は自然の風物で、野山の景色とか花の開落とかであるが、コンクリートの建物の林立に宅地造成とあってはお手あげである。第三は年中行事というもので季節感をもりあげるのだが、これも新旧まちまちで、ほとんどずれてしまっている。親鸞聖人の御命日の報恩講も、東本願寺は旧暦そのままを新暦にうつして十一月二十八日を御満座《ごまんざ》とするのに、西本願寺は新暦換算をして一月十六日である。四十九日のずれがある。両方へお詣りさせる魂胆ではあるまいが、私は、東西歩調をあわせたらどんなに立派だろう、と残念におもうことがある。

これに対して庶民は「一月おくれ」という新手をあみだした。新旧暦のずれは、一か月半を中心に、ある年は二か月ちかく、ある年は一か月ちかいのだから、まあまあである。それでも季節感にうるさい和歌や俳句や、茶道、花道で、川端康成《かわばたやすなり》のいう「美しい日本」を味わおうとすれば、いつも頭の中で旧暦換算をおこなう必要がある。

古い儒教では暦を正すことは政治の要諦《ようてい》とされた。しかしいくら民主主義の世の中でも、暦がバラバラでは不便である。民主主義だからといって元号問題などでも頑張られると、西暦（キリスト誕生暦といっても、現在正確でないことが学問的に証明されている）と併用では不便であろう。民主主義者は頭がよくて学があるから、受験生並みに日本の歴史事件を全部西暦でおぼえられるらしいが、歴史を教えて飯を食って来た私などにはできない相談である。そうなったら私は今までもらった月給を全部返さなければならないだろうか、などと真面目《まじめ》に思っている。

しかし西洋人にきいても、「とてもやないが」西暦で全部おぼえられるものではないといわれたし、「愚かな」庶民は便利不便利で事をきめるので、まあまあそうまでしなくとも、と止めてくれるにちがいない。米屋のおじさんが年表をひいて、「一九一八年の米騒動のときはなアー」などといったら変なものである。つまり、暦は便利のためにつかうもので、政治や主義が介入しないで「まあまあ」で統一されるのが民主暦というものである。そうなったら、多少主義の上で異論があっても、多数決にしたがって民主暦を率先してつかうのが、真の民主主義者のいさぎよい態度であろう。

ともあれ私は、年中行事の一月おくれというのは、誰が発明したとも主唱したともわからぬ民衆の知恵で、まあまあ主義の民主暦の一つだとおもっている。それで、釈尊《しゃくそん》の御命日といわれる涅槃会《ねはんえ》も、理窟っぽい住職が頑張っているところは新暦二月十五日だが、庶民参加の寺では三月十五日におこなわれる。そのために嵯峨清凉寺《さがせいりょうじ》釈迦堂《しゃかどう》では、三月十五日の「お松明《たいまつ》」行事を、釈尊の荼毘《だび》（火葬）をあらわす涅槃会の行事だと説明をする。

しかしこのような説明も民衆の行事にたいする明治以後の「仏教主義」の介入であって、涅槃会と「お松明」はまったく別の行事なのである。第一に、学のある僧侶ほど民衆のやることに無頓着であり、それを無知なもののやることだといって軽蔑する。そして、仏教ではこうだ、何宗ではこうだ、と得意気に教えを垂れ、かえって自分の無知を暴露してしまう。宗教民俗学は、その無知の尻ぬぐいをしてあるいているようなもので、これを庶民意識と庶民信仰の立場から解釈し、その起源ともとの形をあきらかにするのである。

そうすると、あの「お松明」は、起源的にはトンドのように、もと正月の悪魔はらいの忌火《いみび》（斎燈）だったのが、愛宕《あたご》修験《しゅげん》の「柱松験競《はしらまつげんくら》べ」になった時代があった。やがて愛宕修験がおとろえるとまた民衆行事にもどって年占《としうら》（その年の豊凶の占い）になり、明治以後の資本主義時代になると、米相場や株相場の高下を占う投機がくわわった、という跡付けができる。したがって、残念ながら涅槃会の介入する余地はまったくないのである。

このように見るのが、今のところもっとも新しい説だとおもうが、ここに達するには、各種の民俗行事と修験伝承やその行事と文献を、全国的規模で博捜《はくそう》したのだから、それを全部のべるにはスペースが足りない。それですこしばかりの例を引いて、これが愛宕修験の柱松験競べだったことをのべておきたい。またあわせてこのとき催される大念仏についても説明することにしよう。

嵯峨大念仏

私が嵯峨のお松明を見るのはたいてい、三月十四日の奈良東大寺修二会《しゅにえ》（お水取り）の結願《けちがん》を徹夜で見学して、十五日暁方の涅槃会も拝見し、それから眠いのを我慢して春日若宮《かすがわかみや》の「御社上《ごしゃ》り」の能（現在は五月十一日）を見たあとである。このころは陽気もすっかり春めいて、春日若宮の紅梅が満開になり、その社頭の「春日龍神」の能は絢爛《けんらん》豪華である。それから奈良電で京都へかえり、嵯峨へは三時ごろ着くと、釈迦堂本堂で勤行とハハミタ念仏がある。これが嵯峨大念仏、くわしくいえば嵯峨融通《ゆうづう》大念仏なのであるが、一般にはそれは忘れられて、狂言堂の方でおこなわれる念仏狂言を大念仏だとおもっている。念仏狂言というのは融通大念仏の余興なのである。

ハハミタ念仏は釈迦堂だから釈迦念仏だと江馬務《えまつとむ》先生などは説明しているが、お寺では、謡曲「百万」にあるように、融通大念仏の中興、円覚十万上人道御《どうぎょ》が「母見たや、母見たや」といってこの念仏をはじめた、といっている。謡曲ではワキが子方をつれて出て、

此頃は嵯峨の大念仏にて候ふ程に、此幼き人（捨子であった道御の少年時代）をつれ申し、念仏に参らばやと存じ候。

と名乗ると、シテの狂女が登場して、

あら悪《わる》の念仏の拍子や候。わらは音頭を取り候ふべし。南無阿弥陀仏、南無阿弥陀仏、南無阿弥陀仏、南無阿弥陀仏、弥陀頼む、人は雨夜の月なれや。雲晴れねども西へ行く。阿弥陀仏や、なまうだと、

とシテと地方《じかた》がかけ合う念仏が、融通念仏である。いうまでもなく狂女は子方を捨子した母で、狂女となって子をさがして放浪するあいだに、嵯峨大念仏の貴賤《きせん》群集

の中で、我が子にめぐり会う。

ところが寺伝では、奈良西大寺門前に捨てられた道御は成人して名僧となったが、実母に会いたくて、人集めの手段として大念仏をはじめたという。だから「母見たや」で、

ハハミター　ハハミター

ととなえるのだという。

しかし私のきいたところでは、融通念仏の系統に属する六斎念仏（詠唱の六斎）の四遍《しへん》という曲の一部がのこったもので、「南無阿弥陀仏」の節の上に発頭音《ほっとう》の「ハー」がついたものである。すなわち、

ハー　アミダーァア　ナムアミダーァ

が「ハハーアミダー」から「ハハーミター」に訛ったものである。だから謡曲「百万」の随所に「南無阿弥陀仏」の詠唱がくりかえされるのであって、これが融通大念仏である。しかしこの節は習得にきわめて困難をともなうので、やがて歌念仏が入ったり、狂言を入れるようになった。「弥陀頼む　人は雨夜の月なれや」は歌念仏であるが、江戸時代には俗曲化し、長唄俗曲集の『松の落葉』（巻六）にも採られている。嵯峨の大念仏は、明治初年に一時中絶したのを明治十年に再興したというが、その節はむずかしいため習得できず、現在は形だけのハハミターを老人たち

がとなえるだけである。

念仏狂言はもと三月六日から十五日までの大念仏の期間に、十一日、十三日、十五日の三日間だけおこなっていた。それも戦後絶えたのを三月十五日の嵯峨お松明の日だけ再興した。松明に火がつくまで私たちは狂言堂の前でこの狂言を見て待つのだが、境内には屋台店がならび、見世物が出て、昔ながらの縁日風景を展開する。戦後間もなくのころは路上賭博《とばく》がたくさんあって、中には何か秘密の小箱の取り引きをコソコソと塔のかげでするのも見た。麻薬かサントニンの密輸ではないかとおもったことがある。

お松明を待つあいだに釈迦堂の裏にまわれば、十万上人の供養碑がある。これは道御が壬生寺《みぶでら》や法金剛院（花園）や嵯峨清凉寺で融通大念仏勧進をして、その数が十万人に達すると大供養会をいとなんだ遺跡と私は解している。おなじものが双《ならび》ヶ丘にもあるので、道御はこの十万人供養会を十回おこなったために、百万上人とよばれ、それが謡曲「百万」の名になったものと推定する。

柱松明の験競べ

一方では釈迦堂の庭には三基の大松明が立てられており、八時ごろ点火される。

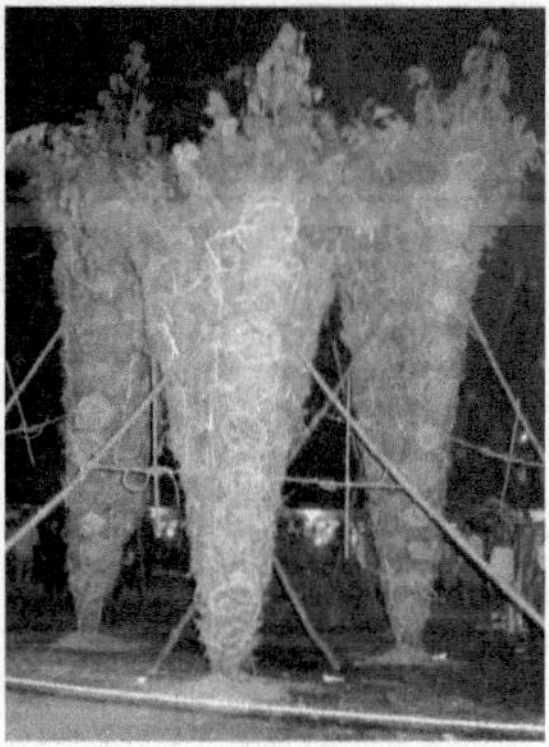

清涼寺の「大松明」（京都市）

大松明の構造は、高さ四間（約八メートル）ほどの三本の柱を三角形に先広がりに立て、そのまわりを竹葉と杉葉で巻き、藤蔓で華鬘《けまん》結びにする。また近郷十二ヶ町内から十二本の高張提燈《たかはりちょうちん》を出して本堂の前にならべる。年占や相場占というのは、三基（早稲、中稲、晩稲）の松明の燃えぐあいとその遅速で占うのと、十二本の提燈の高低を十二か月の株の高低にあてて占うのだという。

このように大松明を二基また三基立てて、その燃える速さをきそうのは、各地のトンドや左義長、または火祭とよばれるところに見られるものである。これは多く小正月の一月十四日の晩か十五日の早朝におこなわれ、前年の災厄を焼ききよめ、または悪霊を追いはらう目的である。ところがこれを二月十五日（旧暦）におこなうときは別の目的であって、修験の春峰入りの駈入《かけい》りの験競べであった。これをしめすものに『和漢三才図会』（山城仏閣）の愛宕《あたご》神社柱松がある。

二月十五日の夜、柱松明三本を燃す。高さ二丈余、登卆止《とんど》の如し。而て帷子辻《かたびらのつじ》の屠児（中略）刀を抜きて其の周囲を廻る。

とあって、愛宕修験の柱松が清涼寺でおこなわれたのである。『年中行事大成』では、点火する者は常盤村の西中野村の者七人とあるが、屠児《とに》といい、村人といい、これは修験村ではなかったかとおもう。ところが愛宕修験がおとろえてから、清涼寺の承仕《じょうじ》として雑役者になったものと推定される。そうでなければ柱松明に点火するはずはなく、もとは柱松の上によじのぼって点火するのが験競べであった。

小菅神社の柱松（長野県飯山市）

これとまったくおなじ柱松は、戸隠《とがくし》修験の柱松行事をのこすといわれる信州飯山《いいやま》市の小菅《こすげ》神社の柱松で、構造もほぼおなじである。ここでは二基の柱松に二人の青年（もとは山伏）が、天狗《てんぐ》の合図で走り出し、競走でよじのぼって、火打石で頂上に点火する。また妙高《みょうこう》修験の柱松では、関山《せきやま》神社の前に二基の低い柱松を立て、二十メートルほど競走して、火打石で柱松につけた大幣《おおぬさ》、小幣に点火する。いずれも競走と登攀《とうはん》力と点火力の競走なので、修行によって得られた山伏の験力《げんりき》の競争、すなわち「験競べ」なのである。

『彦山御神事絵巻』下の柱松（五来重監修『修験道展』図録より）

　また、点火はしないが高い柱をよじのぼるところもある。彦山修験の柱松をのこす福岡県京都《みやこ》郡苅田《かんだ》町等《と》覚寺《かくじ》集落の白山多《はくさんた》賀《が》神社で、旧二月十九日（現在四月第三日曜日）におこなう柱松は、山伏筋の施《せ》主《しゅ》というものが十三メートルの柱によじのぼって幣切《へいき》りをする。もとその幣に点火したのが、柱松の火で火災でもあったので、これを切ることをもって代えたのであろう。熊本県阿《あ》蘇《そ》郡波《なみ》野《の》村中江、荻岳《おぎだけ》の柱松もおなじく幣切りである。もう一つの例をあげると、箱根山の箱根修験は旧二月十四日の権現祭礼に「神《し》木《ぎ》登《のぼ》り」をしたという記録がある。その内容は書いてないけれども、等覚寺白山多賀神社や中江荻岳の柱松から類推して、点火しない柱松の登攀競争だったであろう。

　このような柱松の験競べが嵯峨清涼寺ではわすれられて、竹の先につけた小松明《たいまつ》を柱松明の上からおとして点火するだけになった。しかし見物人が三基のお松明の燃える速さで年占や相場占をするというところに、もと競争だった時代の名残りをとどめている。しかしこのような柱松は七月（今八月）十五日から二十四日にかけて各地でおこなわれ、多くは「投げ松明」か「火上げ」で点火する。京都近郊では花背《はなせ》や広河原の「火上げ」がこれである。これは、柱によじのぼることができなくなると、小松明を下から柱松の頂上の「火受け」に投げ入れて点火するように変ったのである。

嵯峨のお松明はこのような修験行事の柱松験競べのなかに位置づけることができるが、これを旧二月十五日、新暦の三月十五日におこなう意味は何だろうか。これは彦山がもっともよい例で、ここにはいろいろの史料や絵巻がのこっていて、旧二月十五日の柱松は、春の峰入《みねい》りの出発（駈入《かけい》り）の合図であった。これはそれぞれの山伏グループの験力のデモンストレーションで、早く燃え終った方から出発したらしくおもわれる。これが箱根修験で旧二月十四日であったり、等覚寺修験で旧二月十九日であったりするのも、多少の差はありながら春峰入峰《はるみねにゅうぶ》の柱松であることにかわりはない。

これに対して旧七月十五日（新暦八月十五日）前後に柱松が多いのは、山伏の夏《なつ》峰出峰《みねしゅつぶ》の験競べだからである。そうすると「五山の送り火」といわれる大文字も、すくなくも嵯峨の鳥居本《とりいもと》の鳥居火《とりいび》は愛宕修験のものであろう。このような験競べには、山伏の武術の試合がおこなわれることが多いが、三月十五日の嵯峨のお松明でも、『年中行事大成』では、点火する七人の村人が刀を抜いて柱松をまわるとある。また『和漢三才図会』にも帷衣《かたびら》辻の屠児が刀を抜いてめぐるとあるのは、刀の打合がわすれられて、ただ刀を振りかざしたまま松明をまわるだけになったのである。

それでは最後に、なぜ愛宕山の行事が嵯峨清涼寺釈迦堂でおこなわれるのであろうか。これは、江戸時代の地誌類には、清涼寺の山門に「愛宕山」の古額がかかっていたとのべているように、愛宕山の入口に当っていた。『和漢三才図会』には「愛宕山清涼寺」として次のようにある。

当寺に愛宕の神輿を納む。四月の祭の日之を出す 以て神を迎送す。寺は山下に有りと雖も、神地に属す。楼門に題して愛宕山と曰ふ。

したがって、もとは愛宕神社の下社《しもしゃ》、またはお旅所にあたっていたらしい。したがって清涼寺門内東傍にあった愛宕権現社は地主神で、棲霞観《せいかかん》または棲霞寺《せいかじ》、あるいは清涼寺はのちにできたのである。『山州名跡志』（巻八）には、

案ずるに当寺の山号、始めは愛宕山なり。今有る所の額是なり。後今の号に改むるなり。小野宮右府記《うふき》に曰ふ。永延元年八月十八日法橋《ほっきょう》上人位奝然《ちょうねん》申請して曰く、愛宕山を以て五台山清涼寺と号し、一伽藍を建立し、栴檀釈迦尊像を置かん。

とあるから、清涼寺よりも愛宕山の方が古いのである。かつての愛宕山が化野《あだしの》までふくんでいたことを私は前から主張しているので、清涼寺釈迦堂で愛宕修験の柱松験競べがあっても、不思議はない。このようにして嵯峨お松明がどうして旧二月十五日、いまの三月十五日におこなわれるかの謎《なぞ》は解けるのである。

彼岸の太陽と念仏

彼岸と念仏

日本人のように季節に敏感な民族は、まことに年中行事がゆたかである。しかし近ごろのように、寒ければ暖房、暑ければ冷房という横着な時代になると、私どもは季節に鈍感になって、先祖ののこしたゆたかな年中行事をわすれがちである。そのような年中行事のなかで、正月と盆と春秋二季の彼岸くらいはまだよく生きている。ことに春の彼岸は、「暑さ寒さも彼岸まで」の諺《ことわざ》の通り、永い冬の寒さから解放されるよろこびがこめられている。

彼岸のころの太陽の日射が庭木や森の緑を蘇らせる季節になると、田畑に出てはたらく農夫の姿も見られるようになり、農耕のはじまりを告げる。それとともに山寺には鉦《しょう》の音がひびくようになって、人々は、ああ彼岸だな、と墓参をおもい出すのが平均的日本人の季節感と宗教観というものである。というのは、季節としての彼岸（春分）は宗教としての彼岸会をはなれてはありえないことになっている。

近ごろ、

鳶《とび》の輪の　下に鉦打つ　彼岸かな

の風情があまり見られなくなったが、これは時代が変わったということを口実に、彼岸会七日間、鉦打つことを怠った僧侶の怠慢のせいであろう。

だいたい、春分・秋分の前後七日を彼岸とおもって、「彼岸の入り」や中日や「彼岸の果て」を節日とするのも彼岸会が七日間だったからである。この七日間、大阪の四天王寺には大念仏会があって西門念仏とも呼ばれたことは有名である。これは彼岸中日の落日は真西に沈むため、その方角に向かって念仏すれば西方十万億土の極楽浄土に結縁することができるというのであった。

そのために平安時代には朝・昼・晩の三時の念仏会の番衆になるために、上皇も公卿《くぎょう》衆も、難波《なにわ》へ、難波へと群れをなして集まった。このような現象はいうまでもなく『観無量寿経』の極楽浄土を観想する十六観想のうち、第一に功徳が多いとする日想観が念仏聖の唱導によって普及したからで、その日本一の聖地が四天王寺とされたのである。善導の『観経正宗分定善義《かんぎょうしょうじゅうぶんじょうぜんぎ》』（第三）には、

其ノ日正東ヨリ出デテ　真西ニ没ス　弥陀仏国ハ当リテ二日没ノ処ニ一真西ニ超二過ス十万億刹ヲ一

とあるのが、その文証とされている。

また、「彼岸」ということばも仏教の説明では「到彼岸」の意味とされ、これは

原語「波羅蜜多《パーラミター》」から出ているという。すなわち、凡夫の迷妄の世界を此岸とし、仏菩薩の悟りの世界を彼岸とする。これはまことに巧みな解釈でいかにももっともらしく見えるので、いまも僧侶の説教にもちいられる。しかしどうして、悟りを開いて彼岸に到るには春分や秋分でなければならないのか。

この疑問にこたえるのが、春分・秋分は昼と夜がおなじ長さだから、悟りの内容である中道にふさわしいというものである。また暑からず寒からず、仏道修行に便宜だからだとも蓮如上人は言っている（文明五年〈一四七三〉八月十三日「御文《おふみ》」）。しかし、これだけで彼岸が説明されるはずもない。これにはなにか日本民族固有の宗教行事がもとになっているのではないか、というのが近ごろの民俗学の発想である。

春分・秋分は暦をもつ民族ならばどこにもあるけれども、これを彼岸と言ったり、彼岸会や念仏会をするのは日本以外にない。これが延暦二十五年（八〇六）三月十七日の勅として、

奉㆓為崇道天皇㆒　令㆘諸国国分寺僧　春秋二仲月別㆓七日㆒　読㆗金剛般若経㆖

とあるのがはじめだとする説はあたらないが、平安中期の『源氏物語』（行幸の巻）には、

十六日、彼岸の初にて、いとよき日なりけり

などと見える。しかし『三宝絵詞』（下巻）の仏教年中行事には見えていない。

したがってこの行事が、農耕に関係のある太陽崇拝として、民間からおこって公卿や寺院の行事となったものであろうということは十分に想像できる。春分はだいたい旧暦では二月中旬になるが、このころはいわゆる彼岸桜も咲きはじめる。西行法師が辞世の歌として用意したという、

ねがはくは花のしたにて春死なんその如月《きさらぎ》の望月《もちづき》のころ

と詠《よ》んだのは、二月十五日の涅槃会《ねはんえ》と彼岸会と桜の花の咲きみだれた浄土的幻想が一つになったものだろう、と私は解釈している。おそらく西行のころは四天王寺の西門念仏ばかりでなく、民間にも彼岸念仏は普及していたとおもわれるからである。

しかし春分と念仏が結合して彼岸という仏教行事ができるまで、日本人がこの春分に無関心だったとはおもわれない。春の農耕のはじまる時期なので、太陽にその恵みと豊作を祈る行事は、日本人が農耕をはじめて以来あったであろう。そしてそのような太陽崇拝は、春分と念仏が結合したあとまで、民衆の保持する民俗のなかにのこったのである。

日の伴

私は、民俗としての彼岸（太陽崇拝）が存在するからといって、仏教行事化した彼岸会の価値がないと言おうとするのではない。むしろ彼岸会のもとが民衆の生活に密着した庶民信仰にあることを理解すれば、もっとさかんに彼岸念仏の鉦の音は、町にも村にもひびきわたるだろうとおもう。

彼岸の七日間のあいだに「日《ひ》の伴《とも》」とか「日《ひ》迎《むか》え日送り」をする行事は、丹後や播磨によくのこっていた。村人は朝は東のほうのお宮やお寺・お堂にまいり、日中は南のほうのお宮やお寺・お堂、夕方は西のほうのお宮、お寺・お堂にまいるのである。これはきわめて原始的な太陽崇拝の名残りであろうとおもうが、これによって農耕の安全を祈るとともに、これを節日として祖先の霊を祀るところから、墓参や念仏にむすびやすかったとおもう。そして信州北安曇《きたあずみ》郡には「日天願《にってんがん》」ということばものこっていたから、「日《ひ》の願《がん》」ということばがあって、これが「日《ひ》願《がん》」になったものだろうと私は推定している。これに「彼《ひ》岸《がん》」の文字をあてはめたのは、頭のよい坊さんの思いつきであったにちがいない。

関東のほうの村には、村の東に朝日堂、西に夕日堂と呼ぶお堂をもつところがある。いまは「日の伴」はなくて、ただ老人が集まって、彼岸のあいだ百万遍の念仏で大きな数珠をまわしたり、交代で「撞木置《しゅもく》かず」の不断念仏をする。

私の少年時代は村をあげて皆がよろこびではずんでいて、坪（町内）共同の膳椀倉《ぜんわんぐら》が開かれてお斎《とき》があった。冬のあいだ閉じられていた念仏堂がすっかり開け放たれると、椿の花のあいだから青い海が見え、そこに老人たちが大声あげて群らがっていた。坊さんはほとんど関与せず、すべて念仏講がとりしきるのである。その老人たちが孫への土産にもちかえるのは「ののさんまんじゅう」と呼ばれる塩餡《しおあん》の無細工な手製麦粉饅頭《まんじゅう》で、念仏堂の庭につくられた大釜で蒸されたものであった。これはいわゆる彼岸団子にあたるものであるが、この団子を越後《えちご》や信州ではヤショウマ（瘦馬）と呼んで、二月一日または二月十五日につくるところがある。団子の形は別に馬の形ではなく、丸い団子に指ですこし窪《くぼ》みをつけたものにすぎないけれども、これを馬と呼ぶところに彼岸の重要な意味が秘められている。「ののさんまんじゅう」ももとはこれであって、二月十五日の団子をヤセウマ、あるいはヤセゴマという地方は、駿河《するが》、佐渡《さど》、豊後《ぶんご》などまで分布する。

彼岸の「日の伴」はまた、いろいろの形でのこされている。たとえば、彼岸のあいだに一村なり数か村なりの三十三所観音霊場や、八十八ヶ所霊場を巡礼する形もある。これを旧郡にわたって数日かけて巡ることもあり、一か寺の山にもうけられた霊場を巡ることもある。京都では仁和寺《にんなじ》裏山の八十八ヶ所などは、彼岸のあいだ巡礼者でいっぱいになる。このように彼岸の巡礼というものは、もとは「日の伴」にあったとかんがえられ、ただ季節がいいからというだけではなかった。

これに関連して注意されるのは初午《はつうま》である。これは九州などで「彼岸ごもり」といって山寺へ詣ることと関係があり、初午に稲荷山などを巡ることとおなじである。旧二月の初午は旧暦の彼岸にちかく、二の午ならばほとんど彼岸と重なっていた。初午の由来については二月の農耕のはじめにあたって、山の神を田や畑にむかえる行事であることはすでにのべた。この山の神の乗物が馬であるから、初午には山へ登って山寺や山神社へ絵馬とか藁馬《わらうま》をあげたり、板彫絵馬を買って、引いて帰ったりする。これらはいまはすっかり郷土玩具化されてしまったが、前にのべた彼岸や二月十五日の涅槃会のヤセウマ団子は、この馬に負わせるものだったとおもわれる。

これでわかるように、民衆のおこなう彼岸も涅槃会も初午も、もとはおなじ農耕儀礼であって、一方は太陽を祀り、一方は山を祀ったのである。ところがこの山というのは、日本の原始信仰では祖先の霊のとどまるところであった。盆の送り火(大文字など)が祖霊を山へ送りつけるのはそのためであり、京都の東山《ひがしやま》も霊のとどまる山だったから霊山《りょうぜん》の名がある。大文字の火は如意ヶ嶽《によいがだけ》の前は鳥辺野《とりべの》の上の東山で焚《た》かれたといい、いま盆の十六日に六波羅蜜寺《ろくはらみつじ》で「大」の字の燈明《とうみょう》をあげる。高野山《こうやさん》のような霊場に骨納め、髪納めをするのも、祖霊を山へ送ることである。

そうすると彼岸の先祖祭、すなわち祖霊祭というものもけっして仏教が関与したからではなく、春分の農耕儀礼にあたって豊作をもたらす太陽を祀り、耕作をまもる山の祖霊を祀るという二重の宗教儀礼がおこなわれたことがわかる。このように彼岸というものは、仏教以前から日本民族のおこなってきた農耕儀礼であったけれども、これが仏教行事にくみこまれることによってその内容はいっそうゆたかなものになり、先祖供養の意味を濃厚にしたということができる。

天道念仏

京都の地蔵盆には、「延命地蔵尊」を祀るものと、「天道大日如来」を祀るものとがある。お盆というものは彼岸とおなじく、農耕儀礼と祖霊祭をおこなった名残りである。天道は「おてんとさま」などと言われる太陽のことで、仏教では大日如来に習合される。

春彼岸に天道念仏をおこなうのはだいたい関東地方であるが、一部、東北地方や信州にもある。すでにのべたように彼岸には太陽を祀るので、彼岸念仏を天道念仏と言う理由はよくわかる。ただこの場合の念仏は、どんな意味かをかんがえてみなければならない。浄土宗や浄土真宗の念仏だけを念仏とおもっている人は、この念仏を見たり聞いたりしたら、おそらくびっくりしてしまうにちがいない。というのは、この念仏には節がついていて、太鼓を叩き鉦《しょう》を打ち、ときにはササラをすりながら踊るのである。いわゆる踊念仏《おどりねんぶつ》である。

しかもこの踊念仏は、多く行屋《ぎょうや》という出羽三山詣に潔斎精進するお堂の庭に天棚《てんだな》というものを設けて、そのまわりを巡りながら踊るのである。さいわいに『江戸名所図会』の「船橋駅」の挿絵に「天道念仏踊之図」がのっているので、そのありさまをしのぶことができる。それは四本の青竹を立てて縄をまわし忌垣《いがき》を立て、中の棚に不動明王と日天（大日如来）と月天（勢至菩薩《せいしぼさつ》）を安置する。四方の縄には「発心門」「修行門」「菩提《ぼだい》門」「涅槃門」の四門の額をかける。だいたい、日天、月天を祀って豊作祈願をするのは、日待《ひまち》、月待《つきまち》の習俗がはいっているとおもえばよい。しかもこれが天道念仏の本尊となる。

私が天道念仏の天棚を『江戸名所図会』で説明するのは、現在では十三年目毎にしかおこなわれないからである。もとは毎年、春彼岸毎におこなわれていたのであるが、昭和にはいってからは、「葛飾坂東《かつしかばんどう》」と呼ばれる彼岸の三十三所観音巡礼のときしかおこなわれない。しかし明治時代までのありさまは、関東の農民生活をえがいた長塚節の有名な『土』（二十二章）にくわしい。その一部を引用すると、

かんかんと凍って鳴る鉦《かね》の音が沈んだ村落《むら》の空気に響き渡った。（中略）旧暦

の二月の半に成ると例年の如く念仏の集りが有るのである。彼等はそれが日輪に対する報謝を意味して居るので、お天念仏というて居る。彼等の口から、さうして村落《むら》の一般から訛って「おで念仏」と喚《よ》ばれた。先駆《さきがけ》の光が各自《てんで》の顔を微明《ほのあか》るくして、日が地平線上に其の輪郭の一端を現はさうとする時間を誤らずに、彼等は揃《そろ》って念仏を唱へる筈《はず》なので、まだ凡《すべ》てが夜の眠から離れぬ内に皆悉《みんな》口を嗽《すす》いで待って居ねばならぬのである。（中略）法願《ほうがん》（本願か）は凍り相《そう》な手に鉦を提げてちらほらと大きな塊のやうな姿が動いて来るまでは力の限り辻に立ってかんかんと叩くのである。（下略）

天道念仏踊之図（『江戸名所図会』）

私も三十年ほど前にこれを茨城県水海道《みつかいどう》周辺で見たことがあるが、まったくこの描写の通りであった。

この天道念仏がもっとも濃

厚にのこった地帯が親鸞の関東化導の地、常陸、下総《しもうさ》、下野《しもつけ》であるのもおもしろい。そしてこの念仏の創始者は弘法大師であるとつたえることにも、天道念仏の本質がうかがわれるようである。というのは、高野聖《こうやひじり》たちがひろめた念仏に真言念仏というものがあり、大日如来は阿弥陀如来と同体であるという思想をもっていた。したがって真言を唱えることも念仏を唱えることも、その功徳はおなじであると主張する。

この思想を表現した仏画が「紅玻璃《ぐはり》阿弥陀」というもので、真紅の日輪の中に阿弥陀如来が描かれている。また「宝冠の阿弥陀」という仏像もあって、大日如来のかぶるべき五智の宝冠を阿弥陀如来がのせている。あるいは「日の丸の名号」などといって、日輪の中に六字の名号を書いたものもある。

このような真言念仏は浄土宗や浄土真宗の専修念仏からは邪道視されるのであるが、農民の生産と生活にむすびついた信仰として、ひろく庶民のあいだに分布した。彼岸念仏はそのような農耕儀礼を背景としておこなわれてきたものであり、これを邪道視する権利は誰にもない。むしろこのような生活に密着した念仏、民俗化した念仏を通して、念仏というものは日本人の心の中にふかく根をおろしたのである。うららかな彼岸に念仏の鉦をきくことがすくなくなったのは、時代の流れというよりは、信仰の観念化と空洞化のためではなかろうか、と私はおもうのである。

上巳節供と雛あそび

上巳節供と水浴

三月三日を上巳《じょうし》節供と言うことは誰でも知っているが、これを雛《ひな》あそびとした理由にはあまりはっきりした定説はない。

上巳というのは三月のはじめの巳《み》の日ということで、三日のことではない。一か月に巳の日は上中下三回、または上下の二回ありうるし、上巳は朔日《ついたち》から十二日まであありうる。それを三日と固定したのは中国でもよほど古いことで、その由来もよくわからない。すくなくも六世紀の梁代の人、宗懍《そうりん》の著した『荊楚《けいそ》歳時記《さいじき》』では、三月三日に野外 禊祓《みそぎはらえ》をおこなったのが上巳の固定化ではなかったかとおもう。しかし、もとは上巳と重三《ちょうさん》（三月三日）とは異なった祭であったであろう。

もちろん重三は、三が重なるから目出度いというのが中国のかんがえ方である。九月九日を重陽とするのとおなじで、三も陽数である。一月一日、三月三日、五月五日、七月七日、九月九日はすべて中国の民間信仰である陰陽観で、奇数が陽数なので祭日になった。

『荊楚歳時記』には、

三月三日（禊祓す）士民並びに江渚池沼の間に出で、（清流に臨んで）流杯曲水の飲をなす。

とあって、禊祓や清流は明代のテキストで補われたものである。しかし『荊楚歳時記』の右の本文にそえた隋代（五八九―六一八）の杜《と》公瞻《こうせん》の註に祓除《ふつじょ》（みそぎはらひ）と言っているので、水辺で穢れを祓ったことはたしかなのである。註は、

注に謂《い》ふ、今、三月、桃花水の下、招魂続魄《しやうこんぞくはく》するを以て、歳穢《さいあい》を祓除《ふつじょ》すと。周礼に、女巫、祓除釁浴《きんよく》すと。鄭注に云ふ、今、三月上巳・水の上《ほとり》の類なりと。司馬彪《しばひよう》の礼儀志に曰く、三月上巳の日、官民幷びに東流の水の上《ほとり》に禊飲《けいいん》すと、弥々《いよいよ》此の日を験あらしむるなり。（下略）

とのべて、昔は、三月のはじめに桃の花の咲いた水辺で身の穢れを禊祓すれば長命になる、と信じられたことがわかる。

これが前奈良期の文武《もんむ》天皇のころから宮廷にはいり、曲水の宴をおこなうようになった。しかし『日本書紀』は顕宗《けんぞう》天皇の元年・二年・三年（四八五―八七）に、すでに上巳（三日）の曲水の宴があったとしている。これはおそらく日本にも古来、三月弥生の天気のよい日に山遊び、川遊び、浜遊びがあったのを、中国風に「曲水

の宴」と『日本書紀』編者が大袈裟《おおげさ》に書いたものであろう。このように私がかんがえるのは、夏の終わり六月に「夏越《なごし》の祓」（大祓）、冬の終わり十二月に「追儺《ついな》」の大祓があったように、春の終わりの三月（季春）に罪穢を祓う祭があったにちがいないとおもうからである。それが中国の上巳の祓除の風が宮廷にはいったために、三月三日に山遊び、川遊び、浜遊びが固定し、桃の節供になったのである。

旧暦三月は「弥生《やよい》の空」とうたわれるように百花斉放のもっともよい季節で、水にもはいりやすかったから、冬のあいだにたまった垢《あか》をおとす禊がおこなわれたであろう。昔は風呂がなかったので水浴が垢をおとす唯一の方法で、これが浴（ゆあみ）であった。浴《ゆあみ》する川を湯川（ゆかわ）と言ったのは、「ゆ」は「い」（斎）とおなじで、潔斎（いもひ）の意味だから、温湯の湯《ゆ》ではない。水浴潔斎する川だったのである。桃の花の咲いた水辺で陽光を浴びながら水浴する乙女たちは、羽衣の天女や白鳥の幻想を生んだことであろう。それは雛あそびをまたないでも、女の子の節供にむすびつきやすかったものとおもわれるが、このとき河原や浜辺で外竈《そとかまど》を組んで飲食したことから、なおいっそう女の子の遊びに転化しやすかった。いまは有職人形店やデパートの売場で雛人形一式をもとめれば、箪笥《たんす》、調度とともに、塗物の膳椀《ぜんわん》がついているのは、その名残りだろうと私はかんがえている。

三月節供に山・磯遊びをする風は、花見などと結合しながらもまだ全国によくのこっている。徳島県の日和佐《ひわさ》の磯《いそ》遊びなどは、テレビで紹介されるほど全町民が浜に出て御馳走《ごちそう》を交換しながら食べる。対馬《つしま》、五島《ごとう》や九州の西海岸、あるいは周防《すおう》大島も磯遊びがさかんで、「磯の口明け」という汐干狩《しおひがり》がおこなわれる。五島ではこれを山磯遊びといって、酒宴とともに凧揚《たこあ》げをする。また信州の下伊那《しもいな》地方では「三月場《さんがつば》」といって、川の畔《ほとり》で子どもが蓆《むしろ》をしき、竈をつくって飯を炊く。ママゴトのはじまりである。岩手県の上閉伊《かみへい》郡地方ではこれを「竈《かま》こ焼《やき》」といい、盆のボンガマまたは辻飯《つじめし》とおなじことをする。

　このような三月の山・磯遊びを中国の上巳節供の「流杯曲水《りゅうはいきょくすい》の飲」、すなわち曲水の宴の民間的変容のように言うものもいるが、私は、これを春の成女式の名残りとした折口信夫氏の説に加担する。これは中国の上巳が「士民」の祭であったのにたいして、日本で「女の節供」になったのは別の要因があったからである。

　すべて日本の年中行事は貴族や支配者が文化先進国である中国の模倣をして得意がっていると、いつの間にやら庶民のおこなう日本固有の宗教儀礼や年中行事にのみ込まれ、同化されてしまう。そして名称だけが中国風で、内容は日本のものになる。従来はすべてインテリ的発想で年中行事を見たので、中国やインド起源で説明された。また近ごろは流行の文化人類学（民族学《エスノロジー》）の立場から見るので、東南アジアや南太平洋地域、あるいは北方アジアや朝鮮半島からの伝播《でんぱ》を言うようになった。

しかしこれもインテリ的発想なのであって、日本民俗学《フォークロア》はその起源を、一般民衆の生活や宗教にもとめることに成功している。大阪万博跡地の国立民族学博物館は、このインテリ的発想をますます助長するだろうとおもう。

山遊びと磯遊び

女の成女式は四月八日の山籠《やまごも》りによる「天道花《てんとうばな》」（纏頭花《てんとうばな》）の行事にもあるが、三月三日も浜遊び、磯遊びの成女式と推定されている。山籠りの成女式の名残りは沖縄のイザイホーにも見られるが、これはいまは神女《ナンチュ》（一家で神に仕える女）になる儀式に変質している。これらはすべて通過儀礼と呼ばれるもので、少年少女が一人前の男と女になる儀式だったのである。男の成年式には山登り（大峯山《おおみねやま》や白山《はくさん》、立山《たてやま》に登る）の苦行があった。京都では二歳までに愛宕山へ登る風がいまも見られるが、これは親が背負って登るので、親になる成親式の苦行みたいなものである。おそらくもとは、七五三の「子供組入り」の通過儀礼だったかもしれない。

秋田県仙北《せんぼく》郡神岡《かみおか》町（現・大仙市）の正太寺（勝大寺）の龍蔵権現には、女子三歳になれば三月三日に布の小袋を縫って成女に持たせて納めることが、菅江真澄《すがえますみ》の『月の出羽路《いでわじ》』（仙北郡四）に見える。

> 三月三日の桃祭に（中略）また女子生れて三歳になりぬれば、此桃祭の日いろいろ布の小袋を縫て二帒《ふくろ》、其丁女《をとめ》に持たせて奉るためし也。

とあり、「丁女」というのは成年に達した女子である。ここには三歳のときと成年のときと、ともにこれを納めるのであろう。
『旅と伝説』（五巻二号）の大阪府三島《みしま》郡豊川村の「童謡・年中行事・俗信」（宿久克己氏報）には、四月のメンギョという山遊びが出ているが、これも三月の女行《めぎょう》だったろうとおもう。山登りが成女式の行《ぎょう》だったわけである。甲州西八代《にしやつしろ》郡でも三月節供に、女の子が河原に竈をつくって飯を炊くのを「籠飯《こもりめし》」と言ったのは、やはり成女式のために山に籠った姿を野外の炊飯にのこしたものとおもわれる。

成女式そのものはいろいろの秘事があったらしいが、いまはそれをあきらかにすることは困難である。しかし女の子どものこのような行事に名残りだけは見られるのである。信州南佐久《みなみさく》郡では三月三日に河原の外竈で炊飯する遊びをカンナベエと言うが、これは「神鍋会」かとおもわれ、食物を神にあげるとおもったのであろう。この野外炊飯のママゴトに男の子もくわわるのは成女式をわすれたからで、長崎市付近の三月講は男女児の遊びである。しかし講《こう》といい会《え》という名称からみて、これらはけっして子どものものではない。上総《かずさ》旧君津《きみつ》郡地方のコドモノハナミも、三月三日には男女の子どもが集まって畠の隅などで餅を煮て食べたという（柳田國男編

『歳時習俗語彙』、民間伝承の会、昭和十四年。のち復刻版、国書刊行会、同五十年)。この餅や焚木《たきぎ》を家々からもらい集めるのが「花見の勧進」である。岡山県阿哲《あてつ》郡でも子どもが山の見晴らしのよいところで旗を立てて食事をしたというが、いまの少年少女がやたらに飯盒炊爨《はんごうすいさん》をしたがるのは、成女式の名残りかもしれないのである。

こうした男女共学のはしりのような雛祭《ひなまつり》の山遊び、磯遊びが成立するプロセスには、成女式の山籠りや島籠りを、男性が訪問または襲った時代があるのではないか、と私は想像している。これはヒナアラシとかガンドウチという習俗があるからで、女の子の雛祭の御馳走を、男の子が盗んで食べることにうかがわれる。いまは飛驒《ひだ》、美濃《みの》では、村の子どもが雛祭の家々を巡っておとなしく御馳走になるのがガンドウチであるが、ガンドは不明としても、「打つ」はおだやかでない。お盆の盆竈(盆飯、辻飯、カドママ、河原飯)を少女が炊いているのを、少年たちが破りに行くのに似ているからである。

しかしいくら野蛮時代でも山籠り、島籠りのあいだに襲うのは、重いタブーである。成女式がすんで籠りが終わってからのことである。この島籠りのタブーをおもわせる俗謡を、折口信夫氏は伊豆《いず》の海岸地帯で採集している。それは未成女の島籠りする島が「毛無《けなし》島」であろうという推測から出発する。

下田の沖の毛無島　　毛のない女は○○だ　　○○にふれれば三日のけがれ

三日どころか一生のけがれだ

そう言われれば、各地に毛無島という海岸の小島がある。この俗謡は一般に未成女へのタブーをうたったものかもしれないけれども、毛無島が雛祭の磯遊びに関係があるとすれば、成女式の名残りとかんがえてよいであろう。

ひとがたと雛人形

中国の上巳《じょうし》の習俗からは「女の節供」は出ないけれども、日本の女子の山遊び、磯遊び、三月場、三月講、あるいはヒナアラシ、ガンドウチの伝承からは、女の節供の説明ができる。この女の節供から、雛流しが雛祭になったものと私は推定している。

『源氏物語』（須磨《すま》）にも、光源氏は須磨の浦で雛流しをする。これは三月朔日が巳の日にあたる、貴族とインテリの上巳節供であった。

三月の朔日に出で来たる巳《み》の日、今日をかく思すことある人は、御禊《みそぎ》し給ふべきと、なまさかしき《（生利口）》人の聞ゆれば、海面《うなつら》もゆかしうて、出でさせ給ふ。いとおろそか《（粗末）》に軟障《ぜむじやう》ばかりを、引きめぐらして、この国（摂津）に通ひける陰陽師召して、はら《（祓）》へせさせ給ふ。舟にことごとしき《（大袈裟な）》人形《ひとがた》のせて、流すを見給ふに

も、よそへられて、

　しらざりし大海のはらに流れきてひとかた《（人形＝他人事）》にやは物は悲しき

これは賀茂《かも》川で雛流しをした風を模して、幔幕《まんまく》をめぐらした中で祓をしたもので、本来なら源氏の君は裸になって禊《みそぎ》するはずであった。しかしここでは自分の身代わりの人形を流すのである。したがって水浴しなくなってから雛流しがはじまったといえる。雛祭の起源は雛流しにあった、と日本民俗学は説くが、日本宗教史の立場からすれば、もうひとつ前があったといえよう。

　この禊の水浴はもちろん一年間、または十二月の大祓からのちの二か月の罪穢を祓うためのものである。しかし成女式の水浴であれば、普通、十三歳の少女までの穢れを流して清浄な成女として生まれかわるためのものであった。これは沖縄久高《くだか》島《じま》のイザイホー（十三年目毎）でも、厳重な禊があったことにつながっている。ここでは毎朝、特定の海岸の泉の水を浴びるのであるが、もとは深夜に海水につかっての禊だったろうとおもう。つねに通過儀礼は「生まれかわり」なので、古い自分の殻をぬぎすてるほどの禊が要求されたのである。

　しかし、こうした禊を人形に代えると「流し雛」になる。紙の人形ならば体を撫《な》でて息を吹きかけて流す「撫物《なでもの》」になるが、これが雛祭の紙雛や立雛の起源である。流し雛は鳥取が有名である。また、土や木でつくった天児《あまがつ》（天勝）や這児《ほうこ》という人形も雛の起源の一つになる。多く子どもの枕元に置いてその子の禍《わざわい》を負わせて流したり、神社へ納めたりする。この這児を嫁の実家から贈ったことから、女児の節供の雛人形を親元から届ける京都の習俗がはじまったのである。

私がこのように推論したのは、高松の駅で土産物を買ったら「奉公さん」という菓子折があった。予讃《よさん》線沿線にも大きな広告が出ている。中をあけて見たら、菓子の真ん中に這児の小さな人形があった。これは生児のために這児人形の贈答をしていたのが菓子折の贈答に変わったが、これを「奉公さん」と呼ぶようになったことをしめすからである。

しかし、人形のもう一つの起源はコケシであろう。これは先祖または氏神のシンボルとして、男根形の木や石を神体としたことからはじまる。そしてこれが仏像の影響で木彫神像として発展していったもので、コケシ形の人形や草人形（蒭霊《すうれい》）は、宮咩奠《みやのめのまつり》の人形《ひとがた》にうけつがれたらしい。この人形については寛元四年（一二四六）に書かれた『執政所抄《しっせいしょしょう》』にのこされ、これに天治二年（一一二五）の「宮咩奠祭文」があり、寛治七年（一〇九三）の人形のつくり方が出ている。どうもこれには陰陽道の影響があるとおもわれるが、「衣笠二具、比々奈《ひひな》七人、男形三人、女形三人、召一人」などとあるところから見て、住吉人形か、十日戎《とおかえびす》の吉兆笹に下げた繖《きぬがさ》人形だったであろう。二つの繖に、男女三体ずつの人形を下げたのである。そしてこれを祀《まつ》る供物が、もじり祭文風の宮咩奠祭文に出ていて、縁起をかついだ様子がわかる。

すなわち、日本固有の紙や草の人形《ひとがた》は流されたが、木や土の人形は神体として保存され、形象化が精巧になって雛人形になり、贈答されるようになった。ことに貴族の献上雛として美術品化したのである。そこには女子の願望をこめて結婚をあらわす夫婦雛ができ、その理想化が内裏雛となる。そうすると女官や伶人《れいじん》、随身、桜橘《たちばな》などがくわわって、いっそう宮廷を表現するようになった。その上、山遊び、浜遊びの残像が台所道具や調度をつけるようになって、現在の華麗な雛人形一式がそろったものとおもわれるのである。

やすらい祭と法華会

見るも阿呆《あほう》、見ぬも阿呆

紫野《むらさきの》の今宮《いまみや》神社の「やすらい祭」がくるころは、京都のもっとも美しい季節である。これも数年前までは四月十日ときまっていたが、近年は四月第二日曜日となった。しかしそれでも京桜の満開であることにはかわりはない。

いくら「やすらい祭」は、

見るも阿呆、見ぬも阿呆

と笑われても、この陽気と桜と、赤衣を着て踊る鬼の鉦太鼓ののどかな音にさそわれては、ぞろぞろと群集のあとについて行かざるをえない。このとき私は京都に住んでいるよろこびに浸り、今宮神社の門前の昔ながらの「あぶりもち」の茶店に腰かけて、埃《ほこり》っぽい群集をながめながら歯ごたえのない餅を頬張《ほおば》る。しかしあの茶店と甘塩っぱい串団子の「あぶりもち」は、京都の庶民の確かな過去である。

「やすらい祭」の鬼は二十年ほど前までは、私の住んでいる上賀茂からも今宮の

やすらい祭の鬼踊り（京都市）

「やすらい」に参加していた。ところがちょっと変わった宮司が上賀茂神社にはいっていろいろの「改革」をやったとき、今宮へは出なくなった。その代わり五月十五日の葵祭《あおいまつり》の当日、大田神社から上賀茂神社に練り込む趣向に変わった。この宮司は、「やすらい祭」の鬼はあのように踊りながら目に見えぬ疫神《えきしん》（御霊）を今宮の疫神社へ追い込むのだ、ということを知らなかったのであろう。このように自己主張のつよい宮司がときどき出ては、祭というものは変化していく。その宮司にしてみれば、せっかく氏子のあいだに伝承された踊りだから本社のほうへ踊り込ませるのが筋だ、とおもったのだろう。悪意ではなくて神様のために一生懸命になってのことだったが、結果的には本社の中へ疫病神を追い込んでしまうことになったのである。

しかし民衆のほうはすこしでも先祖伝来の形をくずすまいとして、宮司に抵抗しながら、風流の花傘《はながさ》は大田の沢の杜若《かきつばた》に、松緑《まつみどり》と山躑躅《やまつつじ》と藤の花を添えて立ててい

やすらい祭の風流の花傘（京都市）

る。じつはこうした民俗行事というものは、宮司や僧侶や文化人が勝手な手を出さなければ昔のままにのこるのである。もっとも、いくら宮司が変えても民衆の伝承をひろく集めて、記録文献とまぜ合わせてフラスコに入れて民俗学の呪文を唱えると、すぐ化の皮ははげてしまう。しかしいままでの民俗学は、やすらい花の謎を解くのに仏教の触媒を入れなかったために、いい結果が出なかったものとおもう。

事実、やすらい花は高雄の法華会に合わせて紫野御霊会がおこなわれていた姿である。これはきわめて明白なことで、平安末期に後白河《ごしらかわ》法皇の命で描かれたといわれる『年中行事絵巻』（現存模写本は住吉具慶《すみよしぐけい》筆）の詞書に、

三月十日、たかをてらの法華会といふことをおこなう。京中のめのわらは《(女童)》へ、まうて《(詣)》てまひ《(舞)》かなつ《(奏)》。いてたち《(装束)》てゆくを、さしき《(桟敷)》あるいへに、よひととめて、まは《(舞)》せみる。これをやすらいはなとな《(名)》つけたり。

とあって、平安末期の形がよくわかる。そうすると、やすらい花は高雄法華会と紫

野御霊会の共通点をもとめていくことで、その本質があきらかになる。だいたい、「見るも阿呆、見ぬも阿呆」とか奇祭と言われるのは、その本質がわからなくなったためにそう言われるのであって、わかってみればちゃんと筋の通った祭や行事である。民衆のやることは前論理的《プレロジカル》だとか出鱈目《でたらめ》だとかえらそうに言うのは、その筋のわからない者の言うことである。民衆のすること、考えることくらい簡単明快で筋の通ったものはない。インテリ階級のもってまわった観念論こそ、「読むも阿呆、読まぬも阿呆」と言うべきであろう。民衆の論理の根本は現実の生活をいかによく生きるかということで、観念のはいり込む隙《すき》がないほど、切実で具体的なものである。

高雄法華会の風流

法華会《ほっけえ》というのは、僧侶側からいえば法華経の講義を公開授業のように大勢の人に見てもらう教理研究会である。これは法華八講といって、八巻の法華経を四日か五日、または三日で講ずるものであるが、もっとも普通なのは五日の法華八講である。しかし五日くらいで法華経八巻を講義できるはずもないので、いきおい形式的な講義と問答になる。その結果、法華会は変質して別の目的をもつようになった。

それは、法華経を滅罪経典とする庶民信仰にしたがって、災害の原因となる怨霊《おんりょう》(御霊)の罪業をほろぼすことと、死者の生前の罪業を滅して死後を安楽にすることであった。御霊(疫神)の罪をほろぼして疫病からまぬがれるためには、御霊会としての法華会をおこなうことになるが、これはおなじ目的をもっておこなわれてきた鎮花祭と結合して、季春《きしゅん》、すなわち三月の法華会となった。高雄《たかお》法華会はまさにこの三月法華会であった。

これにたいして一個人の死後の滅罪供養のための法華八講は、石淵《いわぶち》八講とか同法八講の名で奈良の春日山の奥の石淵寺ではじめられた。これには一つの哀話がつたえられていて、南都七大寺の一つ、奈良の大安寺に勤操《ごんぞう》と栄好《えいこう》という二人の僧が隣室の僧房に住んでいた。栄好は毎日の僧供の飯を四つに分けて、その一を門前に住む孤独な母にあたえ、その一を乞食にあたえ、またその一を母に飯をはこぶ童子(従者)にあたえて、のこりの四分の一を自分で食べた。

そのうちに栄好が頓死《とんし》したので、勤操はその死を母に知らせないために、自分の僧供の四分の一を、おなじ童子にもたせて母のところへ運ばせていた。ところが勤操は、来客の取り込みと酒の酔のために飯を運ぶのを怠ったことから、童子は栄好が去年死んだことを母に語らなければならなくなった。母はこれを聞くとともに、悲しみのあまり死んでしまった。

勤操はこれを悔いて八人の同法の僧とともに栄好の母の死骸《しがい》を石淵寺の山麓《さんろく》に葬り、その供養のために初七日から七七日忌まで、八人で四日の法華八講をはじめた。これを聞いた東大寺の僧も裏山の天地院という山寺で八講をはじめ、次第にひろまったという。この八講では法華経八巻のうち、第五巻を講ずる日には講衆も結縁衆も「薪《たきぎ》の行道《ぎょうどう》」をおこなった。これは法華経による滅罪のためには山登りのような苦行をしなければならないので、薪一把を背負って本尊のまわりを行道したのである。このことを平安中期に書かれた『三宝絵詞』（中）はくわしくのべたあとに、

一寺の僧、力をあはすることは、勤操がふるきあとを継《つぐ》なり。五巻の日、薪を荷事《になふ》は、国王の昔の心をまねぶ也。八講のおこり、石淵寺の縁起に見《みえ》たり。薪を荷て廻《めぐり》めぐる讃歎の詞云《ことばにいふ》。

法華経を我が得しことは薪こり菜つみ水汲み仕へてぞ得し

此歌は或は光明皇后の読給へるともいひ、又行基菩薩の伝《つたへ》給へとも云。

とのべているが、高雄法華会についても次のように記している。

その（弘法大師の）門徒、此寺（高雄神護寺）につたはりすみて、此会（法華会）をとりおこなふ。第五巻の日は、捧物《はうもつ》を高雄の山の花の枝に付て、讃歎をきよ（清）たき（滝）河の波のこゑに合せり。男女来りをが（拝）みて、よろこびた（尊）うとぶる者、をのづから（多）ほかり。

高雄詣（『年中行事絵巻』田中家蔵）

この捧物というのは、法華八講には講衆の僧にいろいろの布施物を木の枝につけてあげることになっているが、その枝は「花の枝」、すなわち桜の枝につけたものらしい。これを持ってさきの讃歎《さんたん》の和讃をうたいながら、山に登っていったのである。

高雄法華会は昔から三月（旧暦）八日から十二日まで、五日の法華会であったので、三月十日、すなわち「やすらい花」の日が第五の巻の日（中日《なかび》）であった。したがって京中の人々が捧物《ほうもつ》を手に持って、舞い踊りながら高雄詣《もうで》をしたのである。これが『年中行事絵巻』の少女《めのわらわ》の風流装束の高雄詣として描かれたが、その形はやすらい祭の小鬼という風流装束の少年にのこった。絵巻の少女たちは華美な壺装束《つぼそうぞく》に雉《きじ》の尾羽をつけた綾藺《あやい》笠《かさ》をかぶり、小鼓や銅鈸子《どびょうし》（手平鉦《てびらがね》）を持っている。これにたいして現在の小鬼は、小学校一、二年生くらいの少年を白拍子姿に仕立て、顔に化粧をし、水干《すいかん》に括袴《くくりばかま》で立烏帽子《たてえぼし》をつける。これで高雄の山まで登るのだから草鞋《わらじ》をつけるが、平安時代の踊る少女も草鞋だったであろう。

風流と呼ばれる仮装で踊りながら山に登る行事は、いま津軽《つがる》の岩木山《いわきさん》詣にのこっている。九月十一—十三日の祭の当日は、この仮装行列が弘前《ひろさき》から岩木山までつづく。私は二十年ほど前に見たが、近ごろのテレビに紹介されたからいまもおなじらしい。太鼓や鉦や笛をきわめて急調子のジャズのように吹き鳴らしながら、踊ったり跳ねたりして岩木山麓の岩木山神社に集まってくる。それぞれの集団（村や町内や同業者）の先頭には、ボンデンという五メートルくらいの長い鉋屑《かんなくず》（カンナガラ）でつくった原始的幣帛《へいはく》を立てる。これが二十年前で十万円くらいかかるときいておどろいたが、最近はビニール製になったのだけが変わっている。興奮のために一種異様な雰囲気のただよう祭である。昔は全部岩木山頂までこの勢いで登ったということであるが、いまはボンデンを山麓の岩木山神社に納めただけで帰る。

私は、「やすらい花」の高雄山詣はこれとおなじようなものだったろうとおもっている。信州塩田平《しおだたいら》（上田市）別所の男神山詣も新嫁の丸帯をボンデンとして登るので、同様の行事は全国各地にあったものであろう。ただ「やすらい花」のほうは高雄山の法華会に詣《まい》り、罪業を滅し、厄をのがれ、災害をさけようとするものであった。

御霊会と鎮花祭

ところで、「やすらい花」にはもう一つの行事がくわわった。それがいまの「やすらい祭」の、鉦《かね》と太鼓を打ちながら赤衣で踊る大人の鬼のほうにのこった。これにも文献がのこっていてよくわかるのであって、奇祭でも阿呆《あほう》祭でもないのである。

このもう一つの行事というのは紫野御霊会である。高雄法華会も御霊会なので、この点で共通項がもとめられる。しかし平安末期にはこの関係が不明になっていた。それは後白河上皇の選になるという『梁塵秘抄《りょうじんひしょう》口伝集』(巻十四)に、「やすらい花」の行事と歌をのせた後に、

此歌をはやして唱《(うたひ)》ぬるに、有ㇾ勅禁止はんべり。何のさはり《(障)》とも聞へず。わけあらんとつたへきゝしぞかし。唱ものをこのむといふて、みだりにすべからず。ついにはたゆ《(絶)》ることもあり、高雄に法会あり。そのわけにてやらんか、法会に子細ぞあらんと申はべりき。(下略)

とのべて、「やすらい花」の歌と踊りに民衆があまり興奮するので禁止されたが、なにか高雄の法会と関係があるらしいというのである。

ところでこの本は、「やすらい花」には紫野社へ仮装して集まり、歌をうたい、笛太鼓、鉦鼓ではやし立てたと言っている。

> ちかきころ、久寿元年三月のころ、京ちかきもの、男女、紫野社えふうりやう《(風流)》のあそび《(歌舞)》をして、歌笛たいこ《(鼓)》すりがね《(鉦)》にて、神あそび《(神楽)》と名づけてむらがりあつまり、(中略)傘のうへに風流の花さし上《(あげ)》、わらはのやうに童子にはんじり《(平尻)》あきせて、むねにかつこ《(羯鼓)》をつけ、数十人斗拍子に合せて乱舞のまねをし、悪気《(あつき)》と号して鬼のかたちにて首にあかきあかたれをつけ、魚口《(うをくち)》の貴徳の面をかけて、十二月のおにあらひ《(鬼追儺)》とも申べきいで立にて、(下略)

ここに紫野社といったのは、いまの今宮神社のことで、平安時代には船岡の葬場の中にあったために紫野御霊社として祀られた。これは八坂祇園社が鳥辺野《とりべの》葬場の一角にあったために祇園御霊社になったのとおなじ関係であるが、両社とも御霊社を疫神社として摂社にしてしまった。

このような御霊社では、歌や踊りで疫病をおこすおそれのある御霊や死霊を鎮魂し、これを海や河へ流しに行く御霊会をおこなっていた。これを「神送り」とか「厄神送り」と言って、全国に多くのこっている。祇園御霊会(いまの祇園祭)では、御霊の依代《よりしろ》であるホコ(穂木)を鴨川に流したのであるが、あのようにホコが立派になり美術品の山車《だし》に乗せられると、流してしまうのが惜しくなった。しかし『年中行事絵巻』のホコは人々が手に手に持った木の枝だったから、惜しげもなく流したのであろう。これにたいして紫野御霊会すなわち「やすらい花」では、難波の海まで流しに行ったという。いまの大阪天神祭の「ホコ流し」もこれである。

『本朝世紀』には、

一条院正暦五年（九九四）六月二十七日、疫神の為に御霊会を修す。木工寮《もくりょう》修理職《しゅりしき》神輿一基を造り、北野船岡山窟に安置し、仁王経の講説を行はしむ。城中の人伶人を招き音楽を奏し、都人士女幣帛を賷持《さいじ》するもの、幾千万人とも知らず。礼し了りて難波の海に送る。此れ朝議に非ず、巷説自《よ》り起れり。（原漢文）

とあって、民間行事として民衆がおこなうのを朝廷も黙視できず、援助したために記録にのこったのである。これは長保三年（一〇〇一）、寛弘二年（一〇〇五）、寛弘五年（一〇〇八）などの文献に出て、久寿元年（一一五四）の『百錬抄』で、はじめて「夜須礼《やすらい》」と呼ばれるようになる。

四月、近日京中の児女、風流を備へ、鼓笛を調べて紫野社へ参る。世これを夜須礼と号す。勅有りて禁止す。（原漢文）

ところで、ここに「風流を備へ」とあるのは、仮装行列よりも風流傘《かさ》を指したものであろう。これは『梁塵秘抄口伝集』に「風流の花をさし上」とあるのにあたり、これが「やすらい花」の花傘である。いまもこの下にはいれば夏病みせぬなどと言ってはいるが、じつはこの花傘の下に、御霊（疫神）を「安らはせ鎮める」ものであった。

このように疫神や御霊が飛散して災害をおこさないように、花の下に集め鎮めるのが「鎮花祭」というもので、紫野御霊会は鎮花祭の一種であった。鎮花祭は『大宝律令』の「神祇令」にも見えるものであるが、これを「花を鎮める祭」と解するのは誤りで、私は前から「御霊を鎮める花の祭」であることを主張している。そのために疫病のはやりやすい季春《きしゅん》（三月）の桜の季節にこれをおこなったが、民衆は『法華経』を「法《のり》の花のお経」と解したために、法華会と鎮花祭（御霊会）が結合して「やすらい花」になったものと信じている。このように日本人の桜の花にこめるおもいと信仰は複雑であり、かつ幽玄なものであった。

花祭と花供養

仏教行事の日本化

花祭といえば灌仏会《かんぶつえ》ということになったのは、それほど古いことではない。これは灌仏会に花御堂《はなみどう》をかざるところから明治以後にそう呼ばれたのであり、それも仏教系幼稚園の行事として普及したようである。平安時代や鎌倉時代の公卿《くぎょう》日記類も四月八日を灌仏会としているが、神事とかさなった場合はおこなわなかった。

しかし四月八日に釈迦誕生を祝うということは日本に仏教がはいってから間もなくのことで、推古天皇十四年（六〇六）の『日本書紀』には、

自二是年一初毎レ寺、四月八日、七月十五日設斎

とあり、これが仏生会《ぶっしょうえ》と盂蘭盆会《うらぼんえ》であったことはあきらかであろう。ただ盂蘭盆会はインド以来の夏安居《げあんご》の終わりに、僧自恣《そうじし》の日といって衆僧に百味飲食《ひゃくみのおんじき》を供養したもので、今日民間におこなわれる先祖供養の「お盆」とはちがうものであった。

このことは四月八日の仏生会、または灌仏会もおなじで、民間の灌仏会は山寺に

詣《まい》って先祖供養のために、水向《みずむけ》供養をしたり花供養をしたりすることであった。この花供養が「花供《はなく》」という行事になり、「花祭」と呼ばれるようになったのである。

昔の坊さまはすべて民間行事を大事にした。ことに名もない「山寺の和尚さん」などは、民衆のもとめるままに仏教の信仰や行事を改変して、民俗信仰や民俗行事をつくりあげた。そのような和尚さんは庶民のなかでも貧しい家から小僧にもらわれた人が多いので、よく庶民の心がわかったのであろう。行事やお参りのない平生は退屈して、「猫を紙袋にへしこんで、ポンと蹴りゃニャンと鳴く」のをおもしろがっているくらいの人だから、人なつこいことおびただしい。しかもこのような山寺の和尚さんのおかげで、仏教というものは日本人の心に融け込んだのであった。

ところが明治の中ごろから、日本の坊さまは直接インドの文献も読めるようになり、外国の学者もサンスクリットやチベット語で仏教を研究するので、インドの仏教が本物で、日本の仏教、ことに宗派のない民俗仏教は偽物だということになった。せっかく日本の無名の遊行聖《ひじり》や山寺の和尚さんの築き上げた日本人のための日本人に適合する仏教というものは、邪魔物あつかいされるようになってしまった。

私も中学生のころに『仏陀の福音』という翻訳の仏陀伝をよんで、摩耶《まや》夫人が白象右脇にはいると夢みて懐胎した話、無憂華《アショーカ》の咲きほこるルンビニ園で悉達多《しったるた》太子を産み落とす話、太子はそのまま七歩あゆんで「天上天下《てんげ》唯我独尊」と叫んだという話など、その夢幻的な美しさに感動した。しかしそののちインドでは仏教がほろびたことを知り、これと異質の中国仏教や日本仏教だけが栄えたのは何故だろうかという疑問を持った。ことに日本仏教にいたっては、中国仏教がほとんど絶滅したかに見える今日でも、全国民的檀信徒と寺院堂宇をもち、ゆたかな仏教文化と季節季節の年中行事をもっている。これを、日本仏教が偽物だといってインド仏教そのものにもどしたら、どんなことになるだろうか。

日本には日本の風土や民族や歴史から生まれた独自の文化と宗教が成立したことを、虚心にみとめなければならない。これが日本人を日本人たらしめ、世界にもめずらしい日本人を生んだものと、私は信じている。このような日本人の民族宗教、あるいは固有信仰は、大陸の陰陽道や神仙術、道教、儒教、仏教を受容して、その内容を豊富にし、高められ、洗練されたけれども、その固有の本質をうしなったわけではない。その本質的な部分は、各宗派の現実的な信仰内容や、葬式法事や年中行事・講・俗信などのなかにのこされた。

ことに年中行事というものは季節感をともなうし、農耕のような季節労働の折り目折り目におこなわれるので、他民族のものはそのまま移植しにくい。多くは土着の年中行事に外来宗教の衣と意味づけをくわえたにすぎない。このように見てくると、お盆という行事が、『盂蘭盆経』に説かれたインドの「僧自恣《そうじし》」の日の「百味飲食」と似ても似つかぬものである理由がわかるし、むしろこれによって日本人の霊魂観や祖先崇拝の特色があきらかになる。当面の四月八日の花祭という年中行事も、このような観点に立って、日本人の花にたいする宗教観念や山と祖霊の関係をかんがえるための、好個の資料とすることができる。

山の花供養

さきにのべたように、四月八日に民衆、といっても今日ではお爺さんお婆さんが多いが、ぞろぞろと山寺へ登って行って本尊に花をそなえて先祖供養する光景は、紀州《きしゅう》山地から大和吉野地方、播磨《はりま》、但馬《たじま》、美作《みまさか》、丹波《たんば》から四国、九州各地に見られる。これはかならずしも、釈尊の降誕を祝うためのものでないことを注意しなければならない。私は三十年ほど前に、大和五條《ごじょう》市にはいった旧牧野村北山の草谷《そうこく》寺や、水沢の大沢《だいたく》寺（千早《ちはや》峠のすぐ下で葛城山《かつらぎさん》に属する）などに登って行く老人たちと一緒だったことがある。播磨ではとくにこの民俗は多く、光明山の光明寺、金蔵《かなくら》山の金蔵《こんぞう》寺などに見られ、但馬では妙見山に登り水向供養をしてから種籾《たねもみ》に混ぜる籾と杉の枝をもらって帰る。

九州では国東半島の熊野の胎蔵寺で二十年前にこれを見たが、今年（昭和五十三年）二月十二日にここを訪れて、二十年前の四月八日には青木の枝を持って参る人々と一緒だったが、と言ったら、それは六月一日のことではないでしょうか、という答えであった。私の記憶ちがいか祭日の変更かをたしかめる時間がなかったけれども、この青木の枝も杉の枝も、もとはハナであった。熊野の胎蔵寺では有名な不動明王と大日如来（像容は阿弥陀如来か）の磨崖仏《まがいぶつ》のある熊野神社の神前へ、青木の枝と団子十二個をそなえ、これと交換に前にお詣りした人のそなえた青木と団子をいただいて帰るのである。私は原始的な宗教的無言交易《サイレント・トレード》の残存例として放映したことがあるものだが、この青木の枝（ハナ）に祖霊が乗ってきて、田畑に立てれば耕作をまもるという信仰であった。但馬の妙見山の種籾も、これに祖霊がやどり、これを混ぜて種を播《ま》けば祖霊の加護がある、とおなじである。

もちろんこのような花供養は四月八日だけにかぎったことではない。たとえば三月十日の高雄法華会の中日《なかび》（第五の巻《まき》の日）には、京都中の人々が花枝を持って踊りながらお参りした。これもまさに花供養であって、平安中期には「やすらい花」の祭となった。この高雄法華会というのも坊さんのほうは妙法蓮華経を講讃して祖霊供養するのにたいし、民衆のほうは「法《のり》の華《はな》」という花で供養した。

しかし日本で「法の華」といえば、「花枝」とか「香花《こうはな》」とか「香柴《こうしば》」と呼ばれる樒《しきみ》が本来のものであった。

また空也上人《くうや》などによってはじめられた、勧学会《かんがくえ》あるいは供花会《くげえ》と呼ばれるものも三月が多かった。これは鎌倉時代にはいってもおこなわれているが、旧暦で三月はいまの四月半ばにあたり、百花撩乱《ひゃっかりょうらん》の季節だったからであろう。これを現存の民俗として見ると、三月三日をヤマアソビといって山に登って行楽することが、岩手県釜石《かまいし》地方、愛媛県北宇和地方、長崎県五島地方などに報告されている。これにたいして、ヤマユキといって四月中に桃の花の咲く山へ行って行楽するのは大阪府南河内《かわち》地方であり、ヤマイサミといって四月八日に高い山に登って海を見るというのは徳島県の剣山《つるぎさん》山麓の村々である。これらは旧三月（春の終わり）から旧四月（夏の初め）にかけて山に登って花供養する習俗が、いろいろ変化してのこったものである。

日本人は季節の折り目（変わり目）に先祖を祀るという基本的な習俗がある。冬の終わり、春の初めの祖霊祭が「大晦日《おおみそか》の魂祭」であるし、春の終わり、夏の初めの祖霊祭が四月八日の「花祭」である。夏の終わり、秋の初めの祖霊祭が「お盆」であることはいうまでもないが、秋の終わり、冬の初めには「十夜会」というものがあって、いずれも仏教と習合した行事となっている。このような暦はいまとちがって、一・二・三月は春、四・五・六月は夏、七・八・九月は秋、十・十一・十二月は冬ということを心得ていなければならない。そのなかで、冬の終わり、春の初

天道花（大阪府能勢町）

めには造花しかないので、造花やケズリカケの花、あるいは餅花をもって祖霊を祀るのが正月行事で、これを仏教化して、「修正会」と「修二会」になった。薬師寺の花会式は修二会の代表的な花供養である。またこの時期に神楽をもって祀るのが花神楽《はなかぐら》で、奥三河の有名な「花祭」はこの花神楽にほかならない。

四月八日の花祭の民俗として注目に値するのは、丹波の氷《ひ》上《かみ》郡（現・丹波市）で新仏のある家から嫁に出た娘が墓参りに戻ることを、「花折始め」と言っていることである。「花折始め」は修験道儀礼では四月八日に「夏の峰入り」という修行を開始することを意味し、この日から山伏は山にはいって花を折り、諸仏、諸神に花をそなえはじめる。そしてこれを九十日ないし九十七日つづけて、七月十五日に終わることになっている。これが「花折始め」ということばとしてのこったのである。

これをもう一つ傍証するのが紀州山間部の「夏花《げばな》」ということで、四月八日に花を庭先の竹筒にそなえはじめて七月十三日のお盆まで毎日つづける。山伏の「夏の峰入り」はインドの夏《げ》安居《あんご》（インドの雨期の四月十五日から七月十五日まで、托鉢《たくはつ》行脚をやめて寺院内で勉強に専念すること）にならったものとして、「夏行《げぎょう》」ともいうことからおこった。そのために山伏のことも夏衆《げしゅう》といったが、山村ではこれにならって、四月八日から七月十五日前後まで花をそなえて花祭をした。しかも四月八日は山伏が夏行をはじめるので、「山開き」の日となっている山が多い。吉野から登る大峯《おおみね》山では、旧四月八日の大峯山上ヶ岳の「御戸開け」を新暦の五月八日にしたが、戦後は連休をねらって五月三日にしている。

ところが、四月八日の花祭はまた別の意味をもつようになった。それは男女の成年式をおこなう日であって、男子は大峯山などの高山に登って成年式をあげ一人前の男子としてみとめられる。女子は低い山に登って、ヤマツツジなどの花を採ってきて竿《さお》の先につけて庭先に立てる。この花が花祭にあたるわけでタカバナともテントウバナ（天道花）とも言うが、これで求婚さるべき成女のいることを表示したものといえる。

灌仏会の「山形」と百石讃嘆

以上のように、日本人の花祭はいずれも山に関係がふかいことは注目を要するところである。これは私がしばしば指摘したように、日本人の原始的霊魂観では死者

正倉院の蓮池
（『図説いけばな大系』2より）

の霊は山にとどまり、山の中には祖霊の世界があると信じたので、高野山や熊野妙法山や伊勢朝熊《あさま》山や恐山《おそれざん》のように、山に納骨したり祖霊供養したりするところがすくなくない。またいたるところの山に、賽《さい》の河原と称して死者のために積石供養をするところがある。

　そのように、祖霊のとどまる山にハナという常磐木《ときわぎ》の枝を立てて祖霊を祀るのが、花祭であった。ハナは「端」であって、その先に祖霊がとどまって供養をうける依代《よりしろ》なのである。これは祖霊がやがて神（氏神）となったとき、ヒモロギとして神殿内に立てられるようになる。そしてこの常磐木のハナがケズリカケ（アイヌならばイナウ）となり、これが麻や木綿になればヌサであり、紙になれば御幣《ごへい》である。花と御幣はもともとおなじものであった。

　しかしこのような春と夏の折り目の祖霊祭が四月八日に固定したのは、何といっても釈尊の降誕を祝う灌仏会《かんぶつえ》の影響といってよい。この日に花御堂をつくることは唐代の僧義浄《ぎじょう》の『南海寄帰伝』などに見えているから、わが国でも古代からこれをつくり、「天上天下《てんげ》唯我独尊」の誕生仏に香水《こうずい》を浴《か》けたことであろう。しかし、この灌仏台に「山形」を置いたということには日本固有の花祭が反映していた、と私はかんがえている。

平安時代の『江家次第《ごうけしだい》』のしるす灌仏会には花御堂は見えないで、清涼殿の昼《ひの》御座《おまし》を撤して灌仏台二脚を据え、金色釈迦像と「山形」二基を置くことになっていた。これは室町時代の『公事根源《くじこんげん》』でもおなじで、「山かた」をかざり五色の糸をかけて水に見立てた。しかもこの「山形」は「仮山」という目録銘で正倉院御物にあるから、奈良時代から灌仏会にもちいられたことはうたがいがない。

このことは、インド伝来のままで花祭の灌仏会がおこなわれてきたと信じているインド仏教至上主義者には、一つのショックかもしれない。花祭は山でおこなわれるものであることを「山形」は表現しており、それは日本の花供養であった。

しかし、それよりも平安時代の人々は灌仏会を父母・先祖への報恩のためにするものとおもっていたらしい和讃が、『三宝絵詞』の四月灌仏の条にのっている。

承和七年四月八日に　清涼殿にしてはじめて御灌仏の事を行はしめ給ふ（中略）又もゝさく《（百石）》に　やそさか《（八十石）》　そへて　たまひてし　ちぶさ《（乳房）》のむくい　けふ《（今日）》せずば　いつ《（何時）》かわがせむ　とし《（年）》はをつさきはへにつゝ　といふ事は行基菩薩のとなへたるなり

とあって、この灌仏会こそは父母や先祖への報恩であるとしている。「百石讃嘆《ももさかさんたん》」と呼ばれる和讃の発祥である。これはのちに『拾遺和歌集』にとられて、

もゝさかにやそさか添へて賜ひてし乳房のむくい今日ぞ我がする

となっている。人間は母の乳百八十石をのんで一人前になるという歌である。それを今日報ずるという。今日といったのは四月八日の花祭の日のことで、この日こそ「たらちね」の母はもとより、幾世代にわたって我をはぐくみそだてた、七世の父母への報恩の祭であるという。

私は四月八日の花祭を釈尊降誕の日として祝うことになんら異論はないが、それとともに日本人はその美しい花に祖先を供養する心をこめていたことを、わすれてはならないであろう。

桜会と鎮花祭

東大寺の桜会

東大寺《とうだいじ》では三月堂《さんがつどう》を法華堂《ほっけどう》とも呼ぶが、本尊が不空羂索《けんさく》観音なので古くは羂索院と呼んでいた。東大寺発祥の金鐘寺《こんしょうじ》はこれである。しかもこの堂は良弁僧正の創建以来の建物が、連綿千二百五十年にわたってのこっているもので、まことにめずらしいことである。鎌倉時代に改築された礼堂もよく天平初期の建築にマッチして、堂々たる威容をほこっている。

金鐘寺の発祥はいうまでもなく、良弁の前身である金鷲優婆塞という山林修行者が、この地で執金剛神を本尊として礼仏悔過していたことにはじまる。これを東山の光物で知った聖武《しょうむ》天皇がその苦行をほめて建てたのが金鐘寺であるから、もとは金鷲寺《こんじゅじ》で、金鍾寺《こんじゅじ》となり、文字の類似から金鐘寺になったのであろうとおもう。したがって奈良時代には『不空羂索神変《じんぺん》真言経』によって、密教（雑部密教）による加持や護摩や灌頂がおこなわれていたであろう。これに合わせて法華経を講讃する法華会が、『東大寺要録』によれば天平十八年（七四六）からおこなわれ、これを桜会《さくらえ》と呼んだ。

こういうと、東大寺は華厳宗ではないかというかもしれないが、それはのちのことで、このころは宗派として固定したものではない。おそらく良弁は聖武天皇の意をうけて金鐘寺の麓《ふもと》に東大寺を建立するのに盧《る》舎那《しゃな》仏《ぶつ》を本尊とするために、これを説く『華厳経』六十巻を、審祥《しんじょう》にたのんで講讃させたのであろうとおもう。このことは東大寺の鎌倉時代の学僧、凝然《ぎょうねん》の『三国仏法伝通縁起』に、

（前略）遂に天平十二年庚辰十月八日を以て、金鐘道場すなわち東大寺の羂索堂なり。法華堂と名づくに於て、大いに京城（奈良）の名僧大徳を集め、審祥師を以て其の師宗と為し、方《まさ》に此の大華厳経を講宣す。

とあり、『興福寺官務牒疏』によると、一年に二十巻ずつで三年かかったという。そうすると天平十五年までかかったのに、天平十八年には法華経の講讃をはじめている。当時、東大寺大仏の造営はたけなわだったはずである。

そうすると、このころの東大寺では不空羂索観音を本尊とする密教と、盧舎那仏を説く華厳経と、法華経とが同居していたことになる。仏教民俗学の立場から見れば、これはたいそう興味のあることである。『不空羂索神変真言経』は、その第十九巻の「大衆護持品第四十一」と第二十四巻の「執金剛秘密主問疑品第五十一」に執

金剛神の功徳を説くので、不空羂索観音を本尊としたのであろうが、このお経の中には罪や禍《わざわい》を消除する真言（呪文《じゅもん》）や、印や曼荼羅《まんだら》や、護摩や結界法などが説かれている。良弁はこの罪や禍を消除する経典として、もう一つ法華経を講讃させたのではないかとおもう。

日本人の宗教観念では、すべての病気や不幸や禍《わざわい》は罪と穢《けがれ》の結果おこるものだとした。現代のように、すべて禍を社会のせいにしたり政治のせいにしたりしないで、自分の行為や先祖の行為として反省し、懺悔《さんげ》したのである。その懺悔の方法は密教の忿怒形《ふんぬ》の「怒りの仏」の前で懺悔の「額突き《ぬかつ》」をしたり、法華経の滅罪の力にたよったりした。あるいは「罪ほろぼし」のために橋を架けたり、道路を造ったりする社会奉仕に参加した。

ところで、法華経を講じて死者の罪をほろぼすのを法華八講とか法華懺法と言うが、これらはのちのもので、法華八講は、延暦十五年（七九六）に奈良地獄谷の石《いわ》淵《ぶち》寺で、大安寺の勤操《ごんぞう》が栄好《えいこう》の亡母のために修したのがはじめとされている。これが石淵八講または同法八講といわれるものである。また京都の高雄の法華八講はこの山に葬られた和気清麿《わけのきよまろ》と広虫のためにはじめられたものとおもわれ、延暦十八年（七九九）からのものである。そうすると東大寺の法華講讃はそれ以前のもので、法華会と呼ばれた。これについては『東大寺要録』（諸会章第五）に、

（三月）十六日法華会　天平十八年丙戌二月十八日、良弁僧正、公家に奏聞し、諸寺相共に羂索院に於て、之を修す。真雅僧正の任、他寺の聴衆を止む。又深観大僧都の任、初めて講堂に移して、之を修す。

とあるから、このころ法華会と呼ばれたことがわかる。

ところが、この法華会は俗に桜会とも呼ばれた。これは承和十三年（八四六）の『東大寺桜会縁起』に見えていて、『東大寺要録』（雑事章第十之二）には、

東大寺桜会縁起亦法花会と名づく。根本僧正（良弁）観音の化身の由、此の縁起に見ゆ。

とある。また別の『法華会縁起』には、

即ち去る天平十八年歳次丙戌春三月十六日を以て、公家に奏聞して、初めて件の会を修す。爾《それ》より以降《このかた》、毎年の間、諸寺の高徳を請ひ、妙法玄宗の講演す。（中略）然るに本願上綱（良弁）の御意を伝へ聞けば、紅桜開敷《かいふ》の春は妙法蓮花を講じて、種智の果（覚り）を期し、黄葉飛散の秋は、無辺仏土を示して、常楽（涅槃）の道を訪ふ。

と言っているが、春の法華会も秋の法華会も、ともに死者の霊の滅罪を目的とするものであった。これは何故かといえば、死者の霊がもし十分満足して鎮まらなければ、疫癘《えきれい》がおこると信じられていたからである。このような霊は疫神とも御霊とも呼ばれて、これを鎮めるための祭が春は鎮花祭として、夏は道饗《みちあえ》祭としておこなわれていたが、これが仏教化して春は法華会、夏は御霊会となったのである。

鎮花祭と「鎮めの花」

鎮花祭が法華会となったのは、ともに花に縁があったからであろう。しかも法華経が滅罪経典になるのも、鎮花祭に代わって法華会がおこなわれたためかもしれないのである。というのは日本人は花にいろいろの呪力をみとめていたので、「霊妙《(妙)》なる仏教《(法)》の蓮華《れんげ》」には特別な力があるとおもったのであろう。庶民信仰では法華経の内容よりも、これを「花の経」としてうけとったものとおもわれる。

鎮花祭については『大宝律令』の『令義解』（神祇令）に、季春（三月）の祭として次のようにあげている。

季春《スエノ》　鎮花《シツメノハナ》祭　謂く、大神と狭井の二祭なり。春の花飛散するの時、疫神分散して、癘を行ふ。其の鎮遏の為め、必ず此の祭有り。故に鎮花と曰ふ。

これは大和の三輪山《みわやま》の麓にある、大和一之宮である大神《おおみわ》神社と狭井《さい》神社の三月の祭であるという。その理由は、桜の花の散るころになると疫癘（流行病）がはやりやすいので、疫神を鎮め遏《ふせ》ぐために、鎮花祭をおこなうのだという。

これをいろいろの学者は、桜の花が散るとき疫神分散するというので、桜の花が散らないように鎮める祭だと解した。そうすれば疫神も分散しないから、疫癘も流行しないだろうというのである。しかしいったい、桜の花の散るのをとどめることができるのであろうか。桜の花をこよなく愛した桜町中納言は、散りやすい桜の命を延ばすために、人間の寿命を司る神と中国で信じられた泰山府君《たいざんふくん》に桜の命乞いをしたという話がある。これは花を愛する艶に優しき心をほめるための逸話にすぎない。しかも一方では、桜の花の散るのをいさぎよい大和心の象徴としてほめたたえるのである。

これにたいして折口信夫氏は、桜の花が散るのは稲の花が散ることの予兆だから、「花よ散るなよ」という心をこめたのが「やすらい花」であり「花鎮めの祭」だと言う。そしてこの予兆ということが、「はな」(花、端、穂)だと言う。これも、わかったようでわからないようで、結局わからない説である。これはすべて花を擬人化したロマンチックなメルヘン的発想だからで、花にマジカルな呪力をみとめないことからおこった。

そこで私は「花を鎮める祭」としないで、「鎮めの花の祭」と解するのである。花を依代《よりしろ》として立て、これに御霊や疫神に依り憑《つ》いてもらう。すなわち、みたされない霊や疫神が分散浮遊するから疫病がはやるので、これを花に招き寄せてそこに鎮まってもらう祭が鎮花祭だとおもう。『令義解』は「鎮レ花《シツメノハナ》祭」と書いているが、もとは返り点なしに「シツメノハナ」だったかもしれない。これにたいして『令集解』は「釈説」という一説を引いて、釈に云く、大神《おおみわ》・狭井二処の祭なり。大神（大神神社）は、祝部、神祇官の幣帛を請ひ受けて祭る。狭井（大神神社の摂社・狭井神社）は大神の麁御《あらみ》霊《たま》なり。此の祭は、花の散るの時、神も共に散りて、疫を行ふのみ。此の疫を止めんが為に祭るなり。古記別に无し。

とある。

大神神社は大己貴神《おおなむち》と大国主神の別名といわれる大物主神《おおものぬしのかみ》を祀るもので、これは三輪山の山神である。これにたいして狭井神社は大物主神の荒魂《あらみたま》で、崇神《すじん》天皇の五年には、

国の内に疾疫《えやみ》多く、民《おほむたから》、死に亡《まか》れる者有り。且大半《なかばにすぎ》なむとす。

とあるので、大和の人民の半数が死ぬほどの疫病をはやらせた。その神の意志をきくための巫女に倭迹々《やまととと》日《ひ》百襲《ももそ》姫《ひめ》命がえらばれ、

我は是れ倭国の域内《さかひのうち》に居る神、名を大物主神といふ。

という神話を託宣した。この大物主という神名そのものが「物《もの》の気《け》」（物怪）の主ということで、疫神である。これを鎮めるために「鎮花祭」がはじめられたというのだから、鎮められるのは疫神であって花ではなかった。花は疫神を鎮めるための手段だったのである。

鎮花祭はなにも大神神社と狭井神社にかぎるものではなかったが、『令義解』が

とくに大神と狭井の二社の祭としたのは、『日本書紀』（崇神天皇五年）の記事に因《ちな》んだからである。またこの二社の祭としたのも、大物主神をこの神の後裔という大《おお》田々根子《たたねこ》なるものが祀ったところ、疫病が止んだのでその和魂《にぎみたま》を大神神社に祀ったために、荒魂を鎮め祀る狭井《さい》神社と二社になった。そうすると鎮花祭は狭井神社が根本で、ここだけで十分なのを、和魂の本社、大神神社でも祀ったのである。これは大神神社の神主である大神氏（大三輪氏）の氏の上（氏の宗）が、鎮花祭の祭祀権をもっていたからである。このことは、狭井神社の祭が平城京にうつされて、率《いさ》川《がわ》社の三枝祭《さいぐさまつり》となっても、大神氏の宗（家長）がこれを祀ったことで知られる。

『令集解』の孟夏（四月）の三枝祭の条に、

謂く、率川社の祭なり。三枝《さいくさ》（山百合）の花を以て酒罇《さかたる》を飾りて祭る。故に三枝と曰ふなり。釈に云く、伊謝川《いざかわ》社の祭なり。大神《おおみわ》氏の宗、（日を）定めて祭る。定めざれば祭らず。即ち大神族類の神なり。（下略）

とある。そして、三枝の花に疫神（荒神）を依り憑《つ》かせて鎮めるのが鎮花祭であった。狭井神社と率川社は、おなじ神社だったのである。

このように日本人は春三月に死霊や御霊を鎮め祀って疫病を防ぐために、「鎮めの花」を祀った。それは一方では「やすらい花」となったが、一方では「花の経典」である法華経によって仏教的に祀るようになったのが法華会であった、ということができる。

桜会の大行道と稚児舞楽

法華会をおこなうのは、桜の開花が一つの目的になったのでこれを桜会といったが、こうなると法華会は花見になってしまった。これは何故かといえば、鎮花祭そのものが花を先につけた竿や、花傘や、造花の花縵《はなかづら》（花鬘）の下で、これをまわりながら足踏みをして踊ることであった。これが踊念仏にもなり、「やすらい」祭にもなる。また法華会の大行道《だいぎょうどう》ともなるのであって、『一遍聖絵』（巻十）に正応二年（一二八九）二月九日の大三島神社法華会の大行道が出ている。

いま一遍上人参詣して、桜会の日、大行道にたち、大念仏を申。（下略）

とあるように、結縁《けちえん》の人々が次のような今様法文歌（御詠歌）をうたって行道したり、踊念仏をしたりしたのである。

法華経をわが得しことは薪《たきぎ》こり菜摘み水汲み仕へてぞ得し

これにたいしてもう一つの法華会の踊りは、延年舞であった。すべて日本の仏教の法会には、神事の直会にあたる酒盛と歌舞があった。鎮花祭と桜会、法華会がおなじ祭の神事と仏事のちがいだけで、根本はおなじように神事の直会が仏事の延年

桜会の延年（『天狗草紙』東寺・醍醐・高野巻、東京国立博物館蔵）

であった。この延年には神楽も田楽も散楽、猿楽もあったが、桜会にはとくに舞楽が盛んにおこなわれた。東大寺に多く所蔵される舞楽面も、この法華会（桜会）の延年にもちいられたものが多いとおもう。鞍馬《くらま》寺《でら》でも雲珠《うず》桜《ざくら》の咲くころに法華会がおこなわれ、その延年の舞楽には多く稚児が奉仕するが、遮那《しゃな》王《おう》（牛若丸）などもこれに奉仕する稚児として、『義経記』に設定されたものであろう。したがって謡曲「鞍馬天狗」などでは、花見の稚児として登場することになる。

花咲かば、告げんといひし、山里の、山里の、使は来り、馬に鞍、鞍馬の山の雲珠桜、（下略）

そして延年の舞楽の稚児のもっとも人気のある者が、「延年の時の若」と呼ばれるものであった。また醍醐《だいご》の花見の起源をなすのも、桜会の延年である。その光景は幸いなことに『天狗草紙』の

「醍醐桜会」として、絢爛《けんらん》華麗な絵にのこっている。爛漫たる満開の桜の下に朱勾欄の舞台が据えられ、四人の垂髪の稚児が舞楽装束で舞っている。そしてもう一人の稚児は清滝《きよたき》明神に向かって拝舞の姿である。舞台のまわりは練絹《ねりぎぬ》の袈裟《けさ》で頭を裹《つつ》んだ裹頭《かとう》の山伏が立ち並んで、開いた扇子をふりながらこの舞楽を賞翫《しょうがん》する。鎌倉時代の桜会を見る好個の資料になる。

また福井市に編入された旧川西町糸崎の糸崎寺観音堂の「仏の舞」も、白山修験系の法華会延年ののこったものとおもわれる。もと旧三月十八日で、いまは隔年の四月十八日におこなわれるが、ときあたかも真っ青な日本海を背景に、境内を埋める桜花の下に舞台がつくられ、四人の四天王と八人の舞手とすべて少年が、菩薩《ぼさつ》の面をつけて夢幻的な舞を展開する。かつての稚児舞楽の「菩薩」の曲がのこったものとおもわれる。これが法華会であったことはわすれられているけれども、三月（現在は四月）におこなわれる稚児舞楽はかなり多く、各地の諸大寺が疫病退散の鎮花祭に代わる法華会をおこなっていた名残りである。

このように、日本人は法華経を「花の経」と理解して、鎮花祭に代わる法華会を「疫神を鎮める花の祭」とし、そのために法華経は滅罪経典として普及したのである。日本人の仏教理解のパターンの一つとして興味ぶかい。

夏

賀茂の御蔭祭と「みあれ祭」

賀茂祭の山宮祭

私は昭和十一年の四月から京都に住むことになって、その年の五月にはじめて葵《あおい》祭《まつり》を見た感激はわすれられない。史学科の補助学科として有職故実《ゆうそくこじつ》学というものがあるのも京都らしかったが、その第一回目の実地見学が葵祭であった。しかもこの見学指導は、有職故実の生字引のような出雲路通次郎《いずもじみちじろう》先生で、検非違使《けびいし》や山城使や勅使などの位階による服装の相違などが、微に入り細を穿《うが》って考証されるのを聞いていると、目の前を通り過ぎていく行列は、ほんとうに王朝人であるような気持になった。

もっとも戦前は、これらの乗馬の諸役はほんとうの堂上《とうしよう》公卿だったようで、いまの臨時雇いやアルバイトでなかったから、それだけ品があった。したがってその後何十回か、人の案内や学生の見学指導や、何かのついでに葵祭の行列に出会ってしまったりしてこの祭の行列を見ているのだが、初回のような感激がないのは当然であろう。

葵祭の魅力は、その後冷静になって分析してみれば、京都の風土と初夏の新緑と快適な気温が大きな要素で、王朝絵巻といわれる公卿上﨟《じょうろう》の華麗な服装や牛車《ぎっしゃ》、風流傘などは、この自然の点景にほかならないのである。しかもこの行列はたんなるパレードの演出にすぎないもので、賀茂祭はすでに三日前の十二日（昔は四月の中の午《うま》の日）の、下鴨《しもがも》神社の御蔭《みかげ》祭と上賀茂神社の「みあれ祭」のときにすんでしまっていることを知ると、いっそうこの行列が空虚に見える。戦前までは官祭といってありがたがったが、いまはいわば観光の見世物なのである。しかしこのような憎まれ口を言って観光客が減っても困るだろうし、私祭である御蔭祭と「みあれ祭」に物見高い見物人が押しかけても困ることなのである。世の中はいつも本物は隠れて人目につかずひっそりとしている、という例の一つであろう。

だいたい、ありがたいものは見たら目がつぶれるという信仰が昔からあった。したがって御蔭祭と「みあれ祭」は人に見せなかったのである。その見せない部分が神人交流のほんとうの祭で、見せる部分には神様はいないわけである。しかし下鴨の御蔭祭はいつのころからか昼間おこなわれるようになって、その神秘性はうしなわれた。これにたいして上賀茂の「みあれ祭」はいまも十二日の深夜に、人目にふれることなくおこなわれている。だから京都市の観光案内などには、御蔭祭は載っているが、「みあれ祭」はない。

御蔭祭も「みあれ祭」も、御神霊を御蔭山と「みあれ野」から本社へお遷《うつ》しする祭となっている。したがって神社側の説明では、賀茂祭に先立って本社に神をむかえる準備だというにちがいない。そうすると、すこし理屈っぽいようだが、御本社の神様はその時点ではあの社殿にはおられないことになる。毎年毎年、御蔭祭と「みあれ祭」で本社にむかえられる神霊は、いつの間にか御蔭山と「みあれ野」へお帰りになっているわけである。最初の見学のとき、出雲路通次郎先生はその説明になると苦笑いしておられた。

しかし柳田國男翁とその門下による神道の民俗学的研究がすすむと、神社は本来社殿をもたなかったもので、祭のときに神籬《ひもろぎ》を建てて神をまねき、祭がすめば神籬はもとにもどしてしまう。そして次の年はまたあらたに神籬を建てるのだという説になった。これはいまでは通説になっているとおもう。したがって天武天皇のころから仏教の常設の伽藍建築の影響で常設の社殿建築ができるようになっても、別にひっそりと原始の神籬の祭をしていたのが賀茂祭の御蔭祭と「みあれ祭」だったわけである。

もちろん、常設の社殿は人の参詣に便利なところに建てられる。そしてもとの祭地は山奥や山の中腹などにあることが多く、奥宮とか古宮《ふるみや》とか山宮《やまみや》と呼ばれるが、この旧祭地がいったい何かということをあきらかにしないと、賀茂祭の神秘の祭である御蔭祭と「みあれ祭」の本質は解明されない。このことに多年、想《おもい》をひそめられたのはやはり柳田國男翁で、終戦直後の昭和二十二年（一九四七）に「新国学談」第二冊として『山宮考』（『定本柳田國男集』第十一巻、筑摩書房、昭和四十四年）を発表された。これは国家神道の跋扈《ばっこ》した戦前では発表を許されない説であったから、先生は終戦を待っていたようにこれを発表し、紙の不自由な時代だったにもかかわらず弟子たちに寄贈してくださった。資金をどうされたか知らないが、先生には何か期するところがあったのであろう。先生がこの書であつかったのは主として伊勢の神路《かみじ》山の山宮であったけれども、この説は賀茂祭の御蔭祭や「みあれ祭」にも適用されるとおもう。そして『山宮考』の帰結は、山宮はかつての葬地であったというのである。これはまさにショッキングな説であった。

先祖祭と墓

神社の起源が古墳であり墓であることは神道考古学からも言われており、社殿の背後に古墳をもつ神社もすくなくない。しかしそれよりも、社地の移動によって古墳や葬地の山宮から離れて現在の社殿がある例が多い。そして下鴨神社の御蔭祭の

花籠（京都府丹後町）

おこなわれる御蔭山は古墳であるといわれている。私がこのことに気づいたのは、江戸時代末期の国学者・伴信友《ばんのぶとも》（安永二年〈一七七三〉—弘化三年〈一八四六〉）の『瀬見小河《せみのおがわ》』（三十六巻）に、御蔭山の御蔭《みかげ》とは『日本書紀』持統天皇元年の、

華縵《はなかづら》を以て殯宮《もがりのみや》に進《たてまつ》る。此を御蔭《みかげ》と曰ふ。

という一文があげられてあったからである。

伴信友はこの華縵を仏教の華鬘《けまん》と説いていたが、古代葬制では、死者の殯《もがり》されているまわりに立てられる繖状《きぬがさじょう》、あるいは傘状に放射したヒゴ竹に、切紙をつけて造花のようにした天蓋《てんがい》柱である。いまも各地の墓に立てる花籠《はなかご》（竿の先につけた籠から細い竹のヒゴを放射状に出し、これに切紙を花のようにつけたもの）にあたるから、御蔭山はかつて古墳に華縵を立てて先祖祭、山宮祭をしたためにこの名がつけられたのであろうと私はおもった。しかもここには上賀茂とおなじ「みあれ野」もあったのである。

下賀茂御祖《みおや》神社より北東の方二十町ばかり、日吉山《ひえのやま》（比叡山）の西麓、高野村の東、御蔭山の麓、みあれ川の東、みあれ野の北に、御蔭社とてあり。下賀茂の摂社なり。四月中ノ午ノ日、御祖神その御蔭社に臨行《いでまし》ありて、即日還行《かへり》給ふ神事あり。これを御蔭祭、又、御蔭山祭といふ。

として、伴信友は、むしろこの御蔭山の名は古語の「天ノ御蔭日ノ御蔭」から出たものだろうと言っている。しかしこれも、

天の御蔭、日の御蔭と隠《かく》り坐《ま》して

という祝詞《のりと》の古語は、もともとは「お隠れ」になった御魂を籠り隠すための「御蔭」の華縵（華状の傘）だったであろう。

そして、「御祖神社」の名も『山城国風土記』の賀茂縁起によって、上賀茂社の別雷神《わけいかづち》の母・玉依姫《たまより》と祖父・建角身命《たけつぬみ》と祖母・神伊賀古夜日売《かむいかこやひめ》を祀った三井の社（下鴨神社）だから、「御祖《みおや》」というのはこの一族の祖先神を祀った社という意味である。この賀茂縁起も、日向の曾《そ》の峰に天降った神が大和の葛木山（葛城山《かつらぎさん》）から山城の賀茂に移ったというのは、それぞれに独立して祀られた山神と神名の類似から、同一神の移動としてつくりあげた神話にすぎない。またこの神話に、

八尋《やひろ》屋を造り、八つの戸扉《とびら》を堅め、（中略）七日七夜楽遊《うたげ》し給ひき。

とあるのは、一辺一尋《ひとひろ》（約一間）の八角形の建物を指し、これはのちに死者の廟《びょう》と

円錐型殯（滋賀県高島市）

して建てられることの多かった八角円堂だから円錐《えんすい》型殯《もがり》（モンドリ型モガリ）にあたり、この殯で八日八夜の哤楽《えらびあそび》をした残像が、この神話に反映しているとおもう。

上賀茂神社の「みあれ祭」に立てる「御囲《みかこい》」は青山《あおやま》型殯にあたるものであるが、これは円錐形または八角形の殯が四角形になったものと推定される。そして御蔭山の祭にも上賀茂神社とおなじ「みあれの御囲」を立てたであろうことは、伴信友が言うように、御蔭山に「みあれ川」「みあれ野」の地名があることで十分に察せられよう。

私の説明は神社と古墳または墓の問題、また祭と葬式という、常識的にはまったく相反する二つの命題をむすびつけるには説明が不十分かもしれない。これは紙面がたっぷりあって、繁をいとわなければ納得できるところまで説明することができ、そうすれば日本民族の先祖祭と祭の原点を理解してもらえるとおもう。宗教はつねにその原点において生々した生命をもつが、これが支配者の権威の誇示に利用されたり、装飾過剰になったり、遊びになったりして、祭から神は消滅してしまう。神

青山型殯（和歌山県橋本市）

のない祭はいかにもしらじらしく空虚である。このように文化の発展というのはつねに「神々のたそがれ」に向かって進むことなのであるが、賀茂祭においては幸いにもその原点にあたるものが御蔭祭と「みあれ祭」として、ほそぼそながらも保たれてきたのは幸いであった。

ところが、その御蔭祭も昼間の祭典と御神幸になった。これは伴信友のころもそうだったらしく、また『花洛細見図』などにも描かれて、神馬に錦蓋《きんがい》をのせて御神幸があった。その説明に、

此あいだに御さかき《(榊)》、あおにぎて《(青和幣)》、しらにぎて《(白和幣)》あり。神馬にみおや《(御祖)》の御かみのせ《(乗)》たてまつり、きぬかさ《(衣笠)》さし《(翳》かく《隠)》す。むまのうへに日かくしあり。

などとある。いまは錦蓋といって、馬の背の御神体（榊か）をかくすものが「きぬがさ」であり、「日がくし」であったことがわかる。

これがもとは華縵《はなかづら》（御蔭《みかげ》）と呼ばれるような繖または花籠だったのであろうとおもう。しかし数年前に私が偶然この御蔭祭の御神幸に出会ったときは、神馬はなくて自動車になっていた。

みあれ祭と墓前鎮魂祭

十年ほど前に私は賀茂県主《かもあがたぬし》同族会の系図祭にまねかれて、御蔭祭のみならず「みあれ祭」が先祖祭の墓前祭であるという講演をした。集まった旧社家の方々はあまりおどろきもせず、お世辞かどうか、よくわかったという反応であった。しかし江戸時代から「みあれ」は「御生《みあ》れ」で、神が生まれることであり、神の出現だということが定説化している。『山宮考』を書いた柳田國男翁でも、まだ御存命だったら一応おどろかれるとおもう。

しかし私は昭和三十年前後に上賀茂神社の宮司代理として、困窮時代の神社を経営された矢島俯仰《やじまふぎよう》（旧姓・山田）氏の厚意で、「みあれ祭」を見学することができた。だいたいこの祭を公開しないというのは、賀茂県主一族の私祭、すなわち同族祭なので、同族以外は参加させないというのがこの祭の封鎖性の意味だったとおもう。それを同族がそっぽを向いて、神社職員だけの祭になったのである。それで私は水槽をはこぶ白丁《はくちょう》を仰せつかって、膝までのみじかい括袴《くくりばかま》に子供用のような水干《すいかん》をつけて、行列の後からついていった。研究者がこの機会に三人、同行をゆるされた一人であった。

「みあれ祭」には、もとは上賀茂の村は全戸燈火《とうか》を消して暗闇だったというが、そのときは人家の燈はあった。いまは「みあれ野」の近くにマンションも街燈もあるから、すけすけであろう。生暖かい五月の夜気のなかに低音の祝詞がながれ、神官の裸足《はだし》の颯々《さつさつ》という行道があった。闇の中を白の浄衣の神官が「みあれ」をめぐるのである。これなども墓前祭をおもわすものであるが、やがて神官は地面に腰をおろして、御料《ごりょう》（ヒホロキのばらずし）を手づかみで食べる。「摑《つか》みの御料」ということであった。これも葬送儀礼の喰《く》いわかれにあることである。衛生思想の発達した神官は白紙を掌にのせて、それで御料を摑んだ。神酒《みき》もまわる。すべて太古さながらで私は大いに感動し、そのとき、これは墓前祭であり山宮祭であるとおもった。しかし去年の「みあれ祭」の前日、ここを拝観に行ったら、神官のすわる板敷の座ができていたので、地面にすわることはなくなったのであろう。「摑みの御料」も箸《はし》などを使うようになったかと、心許ないことである。「みあれ」の神事がすむと宮司が御神体（榊か）を捧持《ほうじ》して御本殿にはいり、その合図で神殿、境内内外の燈火が一斉についた。

ところで、「みあれ」は「御生《みあ》れ」という巧妙な解釈が一世を風靡《ふうび》し、神道家も国学者も、明治・大正・昭和の硯学もみなこれである。これに楯突くことなどは暴《ぼう》虎《こ》憑河《ひょうが》、蟷螂《とうろう》の斧《おの》もいいところである。しかし賀茂の旧記には、

奥山の賢木《さかき》を取り、阿礼を立て、種々の綵色を重る。

とあることを伴信友も書いており、『万葉集』(巻一)には「安礼衝く」とあって、「あれ」は幡《ばん》のことだろうという。すなわち、

安礼衝して御魂を鎮め奉りて御寿《みよ》遠長く、

という意味で、鎮魂祭に御巫《みかんこ》が天鈿女命《あめのうずめのみこと》のように槽《うけ》を伏せて、幡をつけた桙《ほこ》で突くことを意味するとのべているが、どうも徹底した説明になっていない。しかしこの「みあれ祭」が祖霊の荒魂《あらみたま》を鎮めるための鎮魂祭ではないか、と感じていたことはたしかなのである。

同族の祖霊は荒魂としてはしばしば祟りをあらわすが、これを鎮め和めて和魂《にぎみたま》とすれば恩寵《おんちょう》を垂れる。その荒魂は墓や墳にいるからこれを墓前で鎮め、和魂として本社にむかえて山城一国なり皇室や同族の守護をねがうという筋書きである。そうすると「みあれ祭」は荒魂鎮魂祭であって、荒魂を封鎖するために殯《もがり》の形の「御《み》囲《かこい》」を立て、その真ん中に依代《よりしろ》の杉柱二本を立てたのが「角《つの》」といって、斜めに御囲の外に突き出してある。

上賀茂神社の「みあれの御囲」（京都市）

いま「みあれの御囲」は本社から三〇〇メートルほど北の境内につくられるが、伴信友は、

今別雷神社（上賀茂神社）より一町ばかり北に、御旅所とて在り。道の西なる岡を御あれ所の壇と称《い》ひて、祭の時其処に仮宮建て祭儀《まつりわざ》ありとぞ。

とのべて実地を見ていないことがわかるが、現在地は後世の変化で、もとは、

上賀茂別雷神社の後《しりへ》の神山《こうやま》を、みあれ山とも云ふ。

としたのは正しい。すなわち神山は上賀茂神社の神体山といわれているが、ここにもと同族の先祖の祭地とつたえる山宮があって、そこで「みあれ祭」がおこなわれていたのであろう。賀茂氏久の、

みあれ木にゆふしで(木綿幣)かけし神山のすそ野の
葵いつか忘れむ

は、神山で「みあれ祭」がおこなわれたことを暗示している。これがのちに本社に近いところ

に山宮としての殯の形の御囲を立てて山宮祭をおこなうのが、いまの「みあれ祭」になったと推定されるのである。

華麗な王朝絵巻の葵祭行列を見るのもよいが、その背後に日本民族の精神史をのこす二つの祭が、ひそかにおこなわれることも、知っておくべきであろうとおもう。

五月五日は女の家

田植えと早乙女の潔斎

五月五日は端午の節供、菖蒲《しょうぶ》の節供、だから男の節供だといって具足（鎧兜《よろいかぶと》）飾りをし、武者人形を飾り、男児の出世を祝うといって鯉幟《こいのぼり》を立てる。いわゆる尚武の節供という語呂合わせを、まことしやかに唱えて物知りぶる人もすくなくない現代である。

ところが、すくなくも近世のはじめの大阪では、五月五日を「女の家」と呼んでいた証拠がある。義太夫の好きな人なら、サワリだから口ずさむことがある近松門左衛門の『女殺油地獄』下の巻のはじめに、

五月五日の一夜さを女の家といふぞかし。身の祝月祝日《いはひづきいはひび》に、何事なかれ、撫付けて、髪引く湯津の爪櫛の、歯のハァ悲し。一枚折れた。あきれてとんと投櫛は、別れの櫛とて忌むことをと、口にはいはず気にかゝる。

という一段がある。もちろんその初めのほうには「葺き馴れし、年も庇の、蓬菖蒲

は家毎に、幟の音のざわめくは、男子持の印かや」とあって、端午は男の節供とも言われていた。しかも、その晩またはその前夜を「女の家」であるという。この矛盾をどう解決したらよいのか。日本文化のありようをかんがえるよすがとして、これをとりあげてみたい。

五月五日を「女の家」とか「女の夜」、あるいは「女の屋根」「女天下の日」などと言うのは民俗学の常識である。しかし何故そのように言われるのかは、ほとんど研究されていない。従来、「女の家」の伝承は中部地方に多いとされてきた。折口信夫氏は「民俗学上よりみた五月の節供」(『折口信夫全集』第十五巻、中央公論社、昭和四十二年)という簡単な論文で、名古屋付近では五月五日を「女天下の日」と言うと言いながら、これは男が成男戒をうけるために物忌《ものいみ》に出払ってしまうから、女だけ家にのこることだと言っている。すなわち折口氏は、「女の家」とか「女天下の日」に格別の意味をみとめなかった。その成男戒をうけるために、男は印地打(石合戦)を五月五日にしたのだと言いながら、端午の節供は中国の習俗だなどと、首尾一貫しない説をのべている。この中国起源説を、鳥越憲三郎氏は『歳時記の系譜』(毎日新聞社、昭和五十二年)のなかで祖述し、これを、一般民俗学者が田植起源説をとるのは間違いだ、とまで断定している。

五月五日の祭日を中国の端午の節供の模倣だというのは、すでに江戸時代の随筆家がみな言っていることで、べつに新しい説でも何でもない。これにたいして柳田國男翁は『家閑談』（『定本柳田國男集』第十五巻、筑摩書房、昭和四十四年）のなかの「女の家」で、女天下の日は、

それは家々の大切な日で、中央部では五月田植に先立つ節供、是が「女の家」の言ひ伝へのもとかと思われる。

とのべたのが新しいかんがえ方なのである。しかし翁はこのような女天下の節日、すなわち女だけが家に籠っていて神を祀る日がほかに何日かあったので、女権が強くなるのを制限するために、東北地方の「女房《おかた》ぼん出し」とか、「女房の尻叩《しりたた》き」とか、京都なら大晦日に男が妻に小言を言う儀式がのこったのだという。しかし、どうして五月五日に女が家に籠って田植えに先立つ節供をするかという、宗教上の問題を解決せずにのこしてしまった。

たしかに『万葉集』（巻十四）の東歌《あずまうた》では、女だけが家に籠って神を祀る日が新《にい》嘗《なめ》の祭にもあったことをしめしている。

誰ぞこの家の戸押《お》そぶる新嘗《にふなみ》に我が夫《せ》を遣《や》りて斎《いは》ふこの戸を
鳰鳥《にほどり》の葛飾《かつしか》早稲《わせ》を饗《にへ》すとも其の愛《かな》しきを戸《と》に立てめやも

などとあって、もうこの時代には女一人だけ斎籠って穀霊、または田の神に新穀を饗《にえ》して祀っているのをいいことにして女に言い寄ろうとするけしからぬ男がいたり、

可愛いい男を家に引き入れようとするけしからぬ女もいた。そのような異常な相聞歌だから万葉にのこったのだろうが、その反面には真面目《まじめ》に斎籠る女が大部分だったわけで、このことは穀霊または田の神は女だけの祀る神霊だったことをしめすものだろうとおもう。これは狩猟時代には男は外で狩りをし、女は家で耕作をした時代の名残りとすることができよう。

そうすると、稲作の開始にあたって田の神を祀るのが女子であり、女(早乙女)のほかは田の中にはいることができず、早乙女の潔斎のために女だけの斎籠があっても不思議はない。その斎籠が平常生活する家屋を掃除して注連《しめ》を張ったくらいでおこなうこともあろうが、べつに斎籠のための仮屋を建てたのが原初的で、のちには常設の神社の拝殿とか精進屋、行屋《ぎょうや》などがもちいれられたのが古式だったとおもわれる。仮屋のときは穢《けが》れや魔がはいらないように、呪的霊力があると信じられた蓬《よもぎ》や菖蒲で屋根を葺《ふ》いたであろう。どちらも芳香があって、菖蒲の壁に菖蒲と蓬で葺いた屋根のなかはどんなに香ぐわしく、清々しかったかとおもう。これほどのことに中国人の知恵を借りねばならないほど、われわれの先祖は無智ではなかったであろう。

たしかに中国の年中行事をしるした『荊楚《けいそ》歳時記』には、

五月五日、四民竝びに百草を踏む。又百草を闘はすの戯あり。艾《よもぎ》を採りて以て人（形）に為《つく》り、門戸の上に懸け、以て毒気を禳《はら》ふ。

と艾人形のことがあるが、艾と菖蒲で屋根を葺くことはないのである。私は田植えの早乙女の斎籠の仮屋には、真《ま》菰《こも》や葦《あし》や菅などでもよかっただろうとおもっている。これを蓬と菖蒲にしたのは中国の影響とみてよいのであるが、これで仮屋をつくり、屋根に葺くことは中国にはなかったといわなければならない。

近ごろあまり見かけなくなったが、五月五日に屋根に菖蒲と蓬を挿した記憶をもつ人はすくなくないとおもう。去年（昭和五十二年〈一九七七〉）、信州下伊那郡の根《ね》羽《ば》村で総合民俗調査をしたとき、藁《わら》屋根にこれを挿した家はすくないけれども存在した。京都などでは戦後でもまだ、薪《たきぎ》に菖蒲と蓬をむすびつけて屋根の軒端近くに上げていた。これなどは菖蒲蓬の仮屋をつくることがなくなっても、斎籠をする家のシンボルとしてこれで屋根を葺くまねをしたのである。そしてこれを「葺き籠り」と言っていたことが、近ごろわかってきた。

ふきごもりの蓬と菖蒲

「女の家」の報告は、さきの名古屋の例のように、中部地方の愛知県、岐阜県に多かったのであるが、江戸時代では大坂でもその伝承があったことはさきにのべた通りである。関東地方では神奈川県の津久井郡で五月五日を「女の屋根」と言い、群馬県多野《たの》郡では「女のウチ」と言ったという。ところが最近の文部省緊急民俗資料調査では、群馬県甘楽《かんら》郡甘楽町秋畑では五月四日の夜を「フキゴモリ」と言って女が上座にすわるという報告があり、長野県下伊那郡清内路《せいないじ》村（現・阿智村）では五月四日の夜を「女の天下」と言って女の威張れる夜であった、などの報告が追加された。「フキゴモリ」ということばから、この晩は蓬と菖蒲で仮屋の屋根を葺いて女が忌み籠った行事があきらかになる。おなじく群馬県多野郡万場町（現・神流《かんな》町）でも、五月四日を「女衆の家」と呼んだという。

また四国では、柳田國男翁の『家閑談』に、讃岐《さぬき》五郷村（現・観音寺市）で五月五日に「女の屋根」という伝承があり、菖蒲や蓬を屋根の軒にのせるのは「今夜は女子衆《おなごしゅ》の家ぢゃけに威張るのだ」とか、「こいさら肩ひろげて足伸ばして寝られる」とか言ったという。また阿波《あわ》の名西《みょうざい》郡地方では五月四日を「女の夜」と言い、土佐の高岡郡地方でも「女の家」の伝承があることはすでに知られていた。

ところが、私が昭和四十八年（一九七三）に学生と一緒に民俗調査した土佐長岡郡本山《もとやま》町でも「女の家」の伝承が聞かれ、蓬と菖蒲と茅《かや》を束にして女の人が屋根を葺いたという。しかし妊婦は「フキコモル」からといって参加しなかったとある（『土佐本山町の民俗』第九章・年中行事、大谷大学民俗学研究会、昭和四十九年）。

ここにも「女の家」は「フキゴモリ」だという感覚がのこっていたのである。このように私の調査では、旧五月四日の夜は女が集まって飲み食いする習俗が従来知られなかった兵庫県の但馬《たじま》側の各地でも聞かれ、新暦の六月五日に浜坂町《はまさかちょう》（現・美方《みかた》郡新温泉町）の久谷《くたに》・大味や温泉町（同）の高山・熊谷などでは「女の家」と言って、茅と蓬と菖蒲を屋根にほうり上げて「草屋根葺き」と言った（『美方郡の民俗』第七章・年中行事、同、昭和四十六年）。

そのほか九州では大分県北海部《あまべ》郡海辺《あまべ》村津留《つる》（現・臼杵市）でも「女の家」が採訪され（『沿海手帖』）、五月五日の節供に女性が蓬菖蒲の仮屋に斎籠をした痕跡は、東北地方をのぞいて全国をカバーすることがわかってきた。

以上のように、日本では五月五日の節供は田植え儀礼に関係のある節日で、早乙女になる女性が田の神（サンバイサマ）や穀霊に仕える清浄な神子の資格を得るために、忌み籠りをしたことがあきらかになった。これが「女の家」や「葺き籠り」の意味であって、これに菖蒲と蓬をもちいることと、五月の田植え月のあいだであればいつでもよいものを五月五日と日をきめたことは、中国の端午の影響がはいったとかんがえてよい。この菖蒲と蓬については、やはり私の調査で岐阜県郡上《ぐじょう》郡美並《みなみ》村（現・郡上市）で「フキゴモリ」の伝承が得られたが、ここでは五月五日は「フキ」（蕗）を食べて籠ることだというように転訛していた。しかし蕗と蓬と菖蒲には悪魔を避ける呪力《じゅりょく》があって、山姥《やまうば》に追われた男が蕗《ふき》と蓬と菖蒲にかくれて助かったという「食わず女房」型の昔話もつたえているのである。

「食わず女房」という昔話も全国的に分布していて、五月五日の蓬と菖蒲の由来を説く。


生来吝嗇《けち》な男が、女房をもちたいけれども、喰わせる食べ物が惜しい。食わず女房があったらほしいもんだとおもっていたら、ある日美しい女が訪ねて来て、私は物を食べないから女房にしてくれと言う。そこで男は、これはいい塩梅《あんばい》だとおもって女房にする。ところが家の米と味噌《みそ》がどんどん減っていくので不思議におもった男は、仕事に行くふりをして隠れて台所を見張っていた。すると女房は飯を炊いて汁をつくって、髪の毛を指で分けると、頭の上に大きな口が開いている。その口へ飯と汁を食べさせて知らん顔をしていた。男も知らん顔して山から帰ったふりをして、「都合が悪くなったので離縁するから、この家を出て行ってくれ」と申しわたす。

すると女は、「さてはお前は見たな」と言うと、たちまち山姥に変わって、男を風呂桶に入れたままかついで山へ向かって走り出す。男は折を見て、上に垂れた木の枝にとびついて桶から脱け出し、里へ向かって逃げる。気がついた山姥が追いかけて来て、もうすこしで捕まりそうになったとき、傍に菖蒲と蓬の叢《くさむら》があったのでその中にとび込んで隠れる。山姥は叢の中に入ろうとして菖蒲の葉で目を突き片目になり、男を追うのを断念する。

この昔話にはいろいろのヴァリエーションはあるが、この日が五月五日だったので菖蒲と蓬を屋根に挿すようになったのだ、ということで一致している。

この昔話は、五月五日に菖蒲と蓬を屋根に挿す由来を説明するために語られたものであるが、この二つの草が山姥に代表される魔を避ける力があるという庶民信仰を根底にしている。ということは、この日または田植え月には魔が近づきやすいという俗信があったことを予測せしめる。中国の習俗でも前述の如く『荊楚歳時記』に、「艾を採りて以て人（形）に為り、門戸の上に懸け、以て毒気を禳ふ」と言っており、またこの日に屈原《くつげん》の霊をとむらうとしている。

按ずるに五月五日の競渡《きようと》、俗に是れ屈原が汨羅《べきら》に投ぜし日、其の死を傷み、故に竝びに舟葺《しゆうしふ》を命じて以て之を拯《すく》ふと為す。

とあって、亡霊の苦を済《すく》うために競漕をしたという。

これに対応するように、わが国でも五月に御霊会を修したことが『三代実録』の貞観五年（八六三）五月二十日の条に見える。これは六月（現在、七月）祇園《ぎおん》御霊会のもとをなすものであるが、神泉苑で六座の霊をなぐさめるためにおこなわれ、雑伎・散楽のほかに種々の芸能と競技があった。これなどは多少中国の影響をうけているかもしれない。しかしわが国では民間にも御霊会があって、特定の霊のためというよりも、耕作の妨害をしたり疫病をはやらす、不特定多数の御霊（怨霊《おんりよう》）が荒れぬように鎮める御霊会があった。その疫病を鎮めるのが祇園御霊会や八幡の放生会《ほうじようえ》で、農耕の害をなす御霊を鎮めるのが五月の御霊会とかんがえられる。

その民間の五月の御霊会も五月五日の節供に関係があり、五月五日を備後《びんご》の比婆《ひば》郡（現・庄原市）では「五月御霊」とか「ゴレイ」（御霊）と言う。また壱岐《いき》では、五月三日は小座頭《こざつ》が流れて死んだ日だから雨が降る、もしも雨が降らなければマガ（禍・魔）が天上するなどと言い、「コザツケ」の祭があった。これが中世の奈良や京都や日吉でおこなわれた「小五月会」の転訛であることはうたがいないが、これも五月の田植えに雨の降ることを祈る農耕儀礼であった。したがって、「食わず女房」の山姥のように、蓬と菖蒲で防がなければならないマガというものは、田植えの無事を邪魔する悪霊（御霊）だったのである。

武者絵幟と鯉幟

一国の文化をかんがえるとき、これをすべて外来文化として解釈することはきわめて容易である。何故かといえば、外来文化を受容したのは文字のわかる文化人、知識人、したがって古代・中世では支配階級だったから文献や史料がのこっている。しかし庶民は文字に書かれないながらも彼等なりの生活と文化をもっていたのであって、それは外来文化の影響をうけない日本民族に固有の宗教や年中行事であった。

したがって、日本文化とは何か、日本民族とは何かをかんがえるとき、庶民のあいだに伝承された祭や年中行事や信仰に重点をおくほうが、日本民族に固有の文化を知ることができる。しかし純粋な固有文化というのは稀《まれ》で、なんらかの形で外来文化の影響があるから、ここまでは固有文化で、これに中国の陰陽道《おんみょうどう》や『荊楚歳時記』のような年中行事、あるいは仏教や儒教がこれこれの点でくわわったのだ、という分析をする必要がある。

ところが、従来の研究は文献だけを金科玉条とするから、『日本書紀』の五月五日の記事や、『続日本紀』や『延喜式』の端午の記事に、『荊楚歳時記』や『五雑組《ござっそ》』などに似たものがあると、鬼の首を取ったように、日本も中国や韓国の模倣文化をもっていたと自慢する。主体性のないことおびただしい。もちろん、そのような模倣文化を享受したのは、一握りの文化人や支配階級だけである。大部分は黙々として日本固有の氏神祭や農耕儀礼や祖霊祭、御霊会《ごりょうえ》などをおこなっていたのであった。

そのように庶民のあいだに保持された民族固有の精神と生活と文化は、古代から中世・近世を通じてあまり変化なく伝承されてきたのである。それは祭や年中行事や昔話・伝説などの民俗を、蒐集《しゅうしゅう》・整理・分析・類推することによって次第にあきらかになりつつある。その一つの例が五月五日の節供であって、『続日本紀』（天平十九年〈七四七〉五月五日条）に、

詔して曰く、昔は五日の節には常に菖蒲を用《もっ》て縵《かつら》となす。比来《ちかごろ》已に此の事を停《や》む。今よりのち、菖蒲縵に非る者をば、宮中に入るゝこと勿れ。

とあったり、薬玉（長命縷《ちょうめいる》）を献上したり菖蒲湯に浴し菖蒲酒を飲むから、これをすべて中国の模倣であるというのは、一握りの宮廷人や官僚のしたことを全国民におしつけたことになる。折口氏も鳥越氏も民俗学者であるというのに、どうして民間伝承よりも支配者の文献ですべてを判断したのであろうか。鳥越氏が柳田民俗学に挑戦すると意気込む『歳時記の系譜』の「端午と田植え」では、「田植え行事の立場から五月節供を理解しようとしたり、規定することはできないはずである。……五月節供は中国に起源をもつ節日としての立場から、その性格と、わが国に入って以後の変遷を見るべきである」という。そして「女の家」や「食わず女房」という、ほぼ全国的な分布を追跡できる貴重な民俗資料を、一顧だもしないのである。

ここで折口氏は、五月五日を男の節供で成男戒をうける日だから「印地打《いんじうち》」（石合戦）をすると言うが、石を河原や村境で投げ合うことは、それぞれの村に他村か

ら来る悪霊を入れさせないための呪的行為にほかならなかった。菖蒲を束にして地を打つショウブタタキもおなじである。そのうえ、この五月五日の前後は早乙女の忌《い》み籠《こも》る時であるから、村から悪霊を追い出さなければならない。そのために、早乙女の忌み籠る仮屋の前や村境には恐ろしい顔を描いて刀をさした藁《わら》人形なども立てたにちがいない。これは鹿島人形とか大助人形などといって、七月十日に村境や辻《つじ》に立てたり流したりするのもおなじことである。

こうした人形を忌み籠りの仮屋の前に立てる代わりに、布に鍾馗や武者絵を描いて幟にしたのがその第一の変化とかんがえられる。これは一つの装飾の意味もあったであろうが、鍾馗《しょうき》が鬼を踏みつけた絵は悪魔を祓《はら》うのにもっともふさわしかったとおもう。

武者絵のほうは『源平盛衰記』の勇士、悪七兵衛景清《あくしちびょうえかげきよ》と三保谷《みほのや》の錣《しころび》引きとともに、足柄山《あしがらやま》の山姥と金太郎や朝比奈《あさいな》三郎義秀の鯉退治はもっとも愛用された図柄であった。朝比奈は中世では「朝比奈地獄破り」という念仏狂言で知られ、地獄の鬼を退治する力が悪魔除けになると信じられたらしい。

しかし朝比奈は『吾妻鏡《あずまかがみ》』では、青年のときに由比ヶ浜《ゆいがはま》で海中の大魚をつかまえ抱いて上って来た勇士となっている。ところが、この大魚と足柄山の金太郎を組み合わせた作り物が、いまも五月武者人形一式にふくまれた飾り物になっている。これはミニチュアの鯉幟竿《ざお》から下った鯉に、裸の子どもが抱きついた細工物である。しかしこれが五月空におよぐ鯉幟になるためには、もう一つの中間項が必要である。それは五色の「吹き流し」であって、丸い大きな竹の輪のまわりに五色の布五枚の半分ほどを筒状に縫いつけその端を吹き流したもので、いまも鯉幟竿の下の段につけてある。この五色の旗というのも陰陽道や修験道では魔除けの旗とする。これが鯉の形に変化して、鯉幟ができあがったと推定される。鯉幟という名称も本来は幟旗、すなわち縦に長方形の旗であったことをしめしており、本来は幟に描かれた鯉の絵であったろう。これに横に長い五枚の旗を円形にした吹き流しを組み合わせることによって、鯉は立体化され、五月空におよぎ出したのである。

われわれのもっている民間の年中行事というものは、農耕や狩猟、漁撈《ぎょろう》のような生産に関するものや、それをまもる祖霊を祀るもの、あるいは生産や生命をおびやかす悪霊を追い祓うための祭であった。これが中国伝来の年中行事の影響をうけて、多少変化することはあっても、もとの姿は民俗伝承のなかにのこっている。それを集めて整理すればもとの姿が類推されるわけで、五月五日の「女の家」の伝承は、田植えにともなう早乙女の忌み籠りの仮屋を菖蒲《しょうぶ》と蓬《よもぎ》で葺《ふ》いたのが、いろいろと変化したことがわかる。しかもその仮屋の魔除けに立てた人形や武者絵幟が、やがて鯉幟になった次第も以上のように追跡できるのである。

二十五菩薩練供養と「生まれかわり」

当麻のレンゾ

新緑の五月十五日は京都では葵祭で華やいだ気分になるが、大和では十四日が「当麻《たいま》のレンゾ」で、人々は仕事をやすんで御馳走《ごちそう》をつくり、晴着に着飾って当麻寺詣《まい》りをする。戦前は菜種畑やレンゲ畑の畦道《あぜみち》を、晴着の老若男女が当麻へいそぐのが見られたものであった。いまはいたずらに他所者のカメラマンや物好きな見学者ばかり多くなったが、もとは素朴《そぼく》な縁日であった。そのころは練供養の菩薩《ぼさつ》になる人も厄年の人々で間にあったのに、このごろは人も寺も厄年の人が厄をおとすことをわすれてしまったので、二十五菩薩の装束を寺僧がつけるそうである。

「当麻のレンゾ」は当麻寺の二十五菩薩練（踟《ねり》）供養のことで、レンゾは練道《れんどう》の訛《なま》りであろう。しかし大和では、レンゾは仕事をやすむお祭の意味につかわれて、今日はどこそこのレンゾだから仕事はやすみだ、などと言う。それほど当麻寺の練供養には大和一国がお祭気分にわき立ったのである。これは一体どうしてそうなったのか。また練供養というのは何の意味なのか。これを掘り下げていくと、日本人の心の深層、あるいは日本の庶民信仰の本質につきあたることになる。

京都にも那《な》須与《すのよ》一《いち》供養塔で有名な泉涌寺即成院《せんにゅうじそくじょういん》に、二十五菩薩練供養がある。それが十月十二日（現在は第三日曜日）におこなわれる由緒は私にもよくわからない

当麻寺の二十五菩薩練供養（奈良県當麻町）

泉涌寺即成院の二十五菩薩練供養（京都市）

が、この練供養を拝観する人は、すんだらすぐ帰ってしまう人が多い。しかし本堂の後ろにまわれば那須与一供養塔があって、長寿と安楽死の信仰で老人が集まっている。この供養塔は平安末期の石造宝塔で、逢坂山《おうさかやま》追分の関寺《せきでら》長安寺（いまは時宗）の牛塔《うしとう》（石造宝塔）、六波《ろくは》羅《ら》蜜寺《みつじ》阿古屋塔とともに、日本有数の名塔である。これを知る人は重要文化財としてこれを見に行くが、ここに集まるお年寄りはそんなことは知らない。ただ無事に老後をおくらしてもらって、嫁や孫に「あとしり」の厄介にならずに死にたいとたのみにくる。ポックリ寺は近ごろ流行の吉田寺《きちでんじ》（斑《いか》鳩《るが》町）や阿《あ》日寺《にちじ》（當麻《たいま》町〈現・香芝市〉）がはじめたのではなく、このような庶民信仰の石塔やお寺にすでにあったのである。またこの石塔の堂守の庵はお参りの老人に自由に開放されていて、「老人憩いの家」の役目もはたしている。開放したお寺も立派だが、昔の庶民にはいまの福祉行政の役人より知恵があったことがわかる。

　じつは私は、この供養塔と練供養とは別物でない、とにらんでいるのである。それは、庶民信仰というものと当麻寺の練供養（練道）とを分析推理していけば、大風が吹けば桶屋《おけや》がもうかる式にわかってくる。このような卑近な疑問から大きな問題を解明していくのが学問というものであり、庶民に奉仕する民俗学の使命でもあるとおもう。

　那須与一供養塔はおそらく、石造美術の様式からいって那須与一よりも古いとい

那須与一供養塔（京都市・泉涌寺即成院内）

ってよい。そしてこの石塔は即成院が旧地伏見の大亀《おおかめ》谷《だに》にあったときから存在したものである。『山州名跡志』（巻十二）は大亀谷即成就院の項に、「那須与一宗高塔」として図示までしているので、この寺が泉涌寺境内に移転したとき同時に移されたことはたしかである。那須与一と即成就院の関係については、仏前の幡《ばん》を旗印の上につけて出陣したとか本尊に祈って扇の的を射たとかとのべて、これが「逆修の石塔」であったと言っている。

　即仏前の幡を採て、験の上に加へて西海に趣く。果して扇の的を射て名を天下に響す。是即本尊の加護也。遂に当院を建立し、所願成就の義を以て、改て為二即成就院一、兼又《かねてまた》菩提の感果を誓て、逆修の石塔を起立せり。已上伝記。

ここで那須与一を出したのは彼が即成院二十五菩薩の信者であったからであろう

が、この寺に現存の二十五菩薩座像の半分は平安末のもので、石塔とともに那須与一以前からあったものである。『山州名跡志』は「兵乱の時、半失して今十一体あり」とするから、十四体は後補であることがわかる。これを弥陀十菩薩の造像例とする美術史家もあるが、十一菩薩になったのは『山州名跡志』のように十四体は佚《いっ》失《しつ》したものとするのがよい。そうとすれば、弥陀二十五菩薩という群像造立の意図は、平安末に盛んに制作された阿弥陀聖衆来迎図の彫刻化ということではなくて、二十五菩薩練供養、すなわち迎講《むかえこう》(来迎会)をおこなう本尊としてであったと推定されるからである。

ところで、私は絵画の阿弥陀聖衆来迎図と彫刻の阿弥陀聖衆群像との相違をのべたいが、それはあまり専門的になる。これは未だ誰も言及したことがないのでくわしい論証を必要とするからである。しかし一言だけのべれば、絵画の来迎図は原則として臨終仏であったが、彫刻群像は逆修仏であったろうということである。逆修というのは、生きているあいだに一度死んだことにして、再生する儀式をすることである。これは日本仏教ではいろいろの形でおこなわれてきたので、私は「擬《ぎ》死《し》再《さい》生《せい》儀礼」と名づけている。中国でも「捨身」といって寺にはいり、身代金を払って再生することがあったが、日本では死ぬことによってそれまでの罪を滅ぼしてしまう。ほんとうは死ぬ一歩手前までの苦行実践によって滅罪するのを、たんなる儀式ですますようになったのである。そうして再生の儀式をすると生命力は更新されて健康になり、病気は治り、長寿が約束され、死ねば地獄の責苦をまぬがれて、極楽に往生できる。

この逆修、すなわち擬死再生儀礼の形式は、この世（娑婆《しゃば》）からあの世（極楽または地獄）へ往き、そこで新しい人格に生まれる。それから再びこの世にもどってくるのが「生まれかわり」であり、再生である。そうすると娑婆にあたる娑婆堂と極楽にあたる浄土堂または阿弥陀堂（当麻寺では曼荼羅堂）を建てて、その間を橋でつなぎ、その橋をわたって浄土堂にはいり、往生（死）または即身成仏の儀礼をしたのち娑婆堂へ還ってくることになる。これが逆修儀礼であり、擬死再生であるが、当麻寺では中世にはいると、当麻曼荼羅信仰よりも、当麻曼荼羅縁起と中将《ちゅうじょう》姫《ひめ》（法如尼）説話の唱導による勧進活動のために、中将姫中心の迎講に変質してしまったのである。

即成院と那須与一さん

当麻寺の迎講（二十五菩薩練供養）は、旧四月十四日におこなわれたものがいまは五月十四日になった。この日は中将姫の命日のようにいい、中将姫の棄《す》てられた伝説をもつ紀州有田《ありだ》の雲雀山得生寺《ひばりやまとくしょうじ》でも、この日に練供養をする。また伯耆《ほうき》引地（松崎町〈現・湯梨浜町〉）の九品山大伝寺《くほんざんだいでんじ》でも中将姫のための練供養をおこなうが、これは精霊流しを兼ねている。備前《びぜん》の千手山（牛窓《うしまど》町〈現・瀬戸内市〉）弘法寺踟《ねり》供養も天童、二地蔵、六観音の行道で、中将姫の人形を蓮台《れんだい》にのせて常行堂にはいるけれども、旧七月四日（現在、五月五日）の行事で中将姫命日と関係がない。

これにたいして大和郡山《やまとこおりやま》の矢田寺（矢田山金剛山寺）では四月二十四日に練供養をおこなうが、二十五菩薩《ぼさつ》のほかに満米上人と地蔵菩薩と鬼がくわわる。これは本堂を極楽と地獄になぞらえたもので、満米上人が閻魔《えんま》大王に招かれて地獄へ行き、地蔵菩薩の亡者救済をするありさまを歴覧してこの世に生き還った、という縁起にもとづいている。これはまさしく満米上人に仮託《かたく》した擬死再生であって、菩薩になる人は、厄年の厄をまぬがれるための逆修をうける人であった。

当麻寺でもつい近ごろまで厄年の人が菩薩に扮《ふん》したというので逆修の信仰があったとおもわれるが、中将姫往生の演出に重点をおいたため逆修をわすれたらしい。したがってあらかじめ娑婆堂へ中将姫の小木像を置き、二十五菩薩は曼荼羅堂（浄土）から中将姫を迎えに来迎し、やがてその木像を蓮台にのせて浄土へ還って行く。したがって菩薩に扮した人は娑婆に再生する機会がない。すなわちあの世へ行きっぱなしである。これは宗教儀礼というよりも、一つのショーになってしまったからである。この点では泉涌寺即成院も逆修をわすれたもので、二十五菩薩は過去帳の巻物を蓮台にのせて本堂へはいってしまう。

私が、即成院練供養が逆修法会で擬死再生をおこなったものであろうと推定するのは、はじめにのべた那須与一供養塔という逆修石塔が存在するからである。そうすると、逆修をうけて老後の健康と安楽死と死後の往生決定をねがう人々は、菩薩に扮して娑婆堂から橋掛りを本堂へはいり、往生の儀礼ののち、娑婆堂へ還ったであろう。そのような儀礼のために本堂に阿弥陀如来と二十五菩薩の像を安置し、往生者はその菩薩の一員として蓮台の上に坐したであろう。これと同時に逆修供養塔として石造宝塔を起立したものに相違ないと判断する。

そうすると、二十五菩薩に扮して逆修をうけられない人はこの逆修供養塔に参詣して結縁し、老後の健康と安楽死と死後往生を祈願することができる。というのは、二十五菩薩になれる人は数に限りがあるし、寺への志納金や仕度や祝いの振舞など莫大な費用が要ったとおもわれるから、大部分の人は逆修供養塔に結縁《けちえん》したであろう。この信仰があったことが、即成院が大亀谷から泉涌寺境内に移転したときに供養塔も一緒に移った理由であろうし、ここにきても昔の逆修信仰はいまだにおとろえていないのである。

庶民信仰の伝承というものは不思議なもので、誰かたるともなく、那須与一さんへ詣ればあとしりの世話にならなくとも楽に死ねる、と平安時代から言いつたえたものであろう。それは第二次大戦後の社会情勢や家族関係のために、現在いっそうの盛況を来しているようにおもわれる。私は数年前に、即成院の練供養見学のあとで石造美術も見ようと那須与一供養塔へ行ってみたら、集まった老人たちが、

ようお願いしときや。那須与一はんは大往生さしてくれまっせ。

と言い合っているのをきいて知ったことであった。きけば、これは京都の老人のあいだではひろく知られたことだという。しかし何故この逆修供養塔が那須与一に関係がついたかは問題であるが、生まれかわりの儀式に開いた扇子三本を合わせて円形にし、それを笠にして頭にいただく「扇笠」ということがあるのと、「扇の的」との関係があるにちがいない。この扇笠は修験道の正灌頂《かんじょう》道場の及位《のぞき》という天蓋にするので、行者はその下にすわって即身成仏の儀礼をうける。この即身成仏ということは、密教の理論的即身成仏（三密瑜伽《ゆが》）ではなくて、庶民信仰では逆修往生とおなじなのである。したがって即成院という名称も「即身成仏」から出たものと解するのが妥当である。

擬死再生儀礼の変化

そこで当麻寺の迎講にもう一度もどってみると、この寺では昭和三十二年（一九五七）から三十五年（一九六〇）までの曼荼羅堂の解体修理で、天井裏から四十余枚の平安時代中末期の板光背《こうはい》と蓮台座十余台が発見された。台座には光背を立てる枘穴《ほぞあな》がないので、仏像の台座でなく、一時的に仏像か人形か人間をのせて儀式をおこなったものだろうと想像できる。中将姫の人形を現在蓮台にのせてはこぶのもこれから出たかとおもわれるが、発見された蓮台座は人間がすわれるほどで、そのまま持ちはこびはできない。そうすると、この台座を曼荼羅堂の中にならべておいて、仏・菩薩の装束をつけた人がはいって来て台座にすわり、光背を後ろに立ててもらって即身成仏の儀式をしたと想像することができる。このような想像をするのは、当麻寺がもと二上山《ふたかみ》の山岳信仰の寺として禅林寺と言ったからである。『当麻寺縁起』にある麻呂子《まろこ》親王の万法蔵院との関係はあきらかでないが、弥勒如来《みろくにょらい》を金堂本尊とする禅林寺がまず存在し、その境内堂宇として建てられた曼荼羅堂が、当麻曼荼羅信仰の上昇とともに本堂にのしあがったと推定される。浄土信仰だけなら当麻寺は浄土宗でよいのに、真言宗の中之坊が本坊で浄土宗とともに一山寺院を構成しているのはそのためであろう。

そうすると、平安時代まではこの蓮台座と光背で即身成仏と往生の擬死再生儀礼、すなわち逆修をおこなってきたものと私は推定する。そのとき、菩薩の装束をつけた逆修行者が娑婆堂から橋掛りを堂内へ行道し、台座に乗って光背を立て、灌頂作法をうけると仏となって即身成仏が成就したことになる。このような作法は堂を密閉しておこなわれる秘儀であり、出ても口外してはならないものなのでいろいろのものに書かれなかったのである。しかし最近では、私の修験道史研究でこうした儀礼は白山でもおこなわれたと推定でき、立山では布橋大灌頂となり、これが奥三河では「白山《しらやま》行事」として安政二年（一八五五）までおこなわれていたこともわかってきた。私は羽黒修験の秋峰入峰に参加して、この正灌頂と即身成仏儀礼の体験もしている。また近世末の遊行者で彫刻家であった木喰《もくじき》行道が、日向《ひゅうが》国分寺で寛政七年（一七九五）に完成した五智如来像五軀《く》の中尊大日如来には、即身成仏儀礼をおこ

立山の「布橋大灌頂」
（『立山曼荼羅』大仙坊Ｂ本〈個人蔵〉）

奥三河、花祭「白山行事」の復原図
（早川孝太郎『花祭』より）

再建された立山の布橋
（富山県立山町）

なったと私が推定する背面空洞と腰掛がある。

したがって現在当麻寺でおこなわれる二十五菩薩練供養は非常に変化した形であることがわかるが、もう一つの迎講の形式をあげると、『水左記』（承暦四年〈一〇八〇〉十月八日）に、

今日、五条橋に於て迎講の事あり。河原。

とあるように、実際の橋の両岸を彼岸（浄土）と此岸（娑婆《しゃば》）に想定し、これを往来して擬死再生儀礼をおこなったことである。おそらく清水寺側の五条河原に仮屋を建てて、往生成仏の密室儀礼をおこなったのであろう。これには善導《ぜんどう》の『観経《かんぎょう》

疏《しょ》』の二河白道《にがびゃくどう》にならった点もあるが、白山の布橋儀礼も実際の橋でおこなわれたと推定されるし、これをうつした立山の「布橋大灌頂」も橋の両側の閻魔堂と姥堂《うばどう》を往復しておこなわれた。立山の布橋大灌頂は明治維新前までおこなわれ、近年、橋は芦峅寺《あしくらじ》の「富山県風土記の丘」指定と同時に再建された。

　このようにいろいろの証拠で、二十五菩薩練供養は日本人の庶民信仰の中にひそむ擬死再生信仰の表出であることがわかる。しかも、現在当麻寺や泉涌寺即成院でおこなわれる形式に変化する跡もつきとめられないことはない。それを私は鎌倉時代の平経高《つねたか》の日記『平戸記《へいこき》』に見つけたが、その仁治三年（一二四二）九月二十九日の条に、経高が自分の発願で自分の邸《やしき》内で迎講をおこなった記事がある。これはすばらしく盛大なもので、高野聖《こうやひじり》の敬仏や仕仏上人、あるいは性阿弥陀仏・定心・成願などの「能声」（美声）を集めて、その念仏詠唱と雅楽演奏のうちにおこなわれた。その次第をくわしく語る余裕はないが、この中で注意を要するのは、経高の木像をつくって新成《しんじょう》菩薩とし、これを蓮台《れんだい》に乗せて運んだことである。

　次に迎講の事あり。其の儀例の如し。仍て委しくは注《しる》さず。事了って分散す。但し新成菩薩は予(私)の願念の旨あり。予の形を作摸《さくも》し僧形、其の色黄、墨染の衣を用う金蓮華に乗せ、後方に小僧等三四輩を取り付く。件の蓮華の中の彫刻なり。此れ善結縁衆の姓名を悉く書きて入れ籠むるなり。

とあるように、自分の擬死再生に自分の僧形木像を蓮台に乗せてはこばせ、また結縁者の名を小僧像の彫刻の胎内に納入したのである。これが当麻寺で中将姫の像をはこぶことに変化したもとであるし、即成院で過去帳をはこぶことにもなったのである。

このような例からみて、迎講というのは、はじめは生きた人の長寿と健康と安楽死と、そして死後の往生を願うものであった。これが浄土教の浸透とともに死者の往生だけになり、近世・近代にはショー化してしまった。そのいずれが宗教として正しいかは、言わずしてあきらかであろう。大和の人々が「当麻のレンゾ」に物に憑かれたように集まっていくのも、この古い迎講の擬死再生に結縁して現世の幸福と来世の安楽をねがった、祖先以来の心意伝承にうながされたものと私は見ている。すべて物事は、庶民伝承や庶民信仰を重視して過去に遡ることによって真実が得られるのであって、経典や教理だけに頼って観念論をもてあそぶ坊さんの言うことが、一番あてにならないことがよくわかるとおもう。

祇園御霊会の穂木から鉾へ

鉾《ほこ》の原型

いまの祇園祭《ぎおんさい》は炎天の七月十七日にもっとも豪華な山鉾巡行があるが、昔は旧六月七日の御輿迎《みこしむかえ》と十四日の御霊会《ごりょうえ》に山鉾が出た。そのころも盛夏炎天はいまとかわりはなかったであろう。私などは祇園祭を想い出しただけでも汗が出てくる。それだけに、浴衣《ゆかた》がけの宵山のそぞろ歩きが祇園祭の情緒であった。その宵山の情調は戦後の観光ブームでうしなわれた。昨今はおそらく祇園祭史上に比類のない隆盛時代であろうが、それはよろこぶべきことか悲しむべきことか、判断にくるしむ人も多かろう。そのような人は祭の当日は庭に打ち水でもして、家にこもってこの祭の昔の姿をおもいうかべるほうがよい。その昔の姿は、さいわいなことに『年中行事絵巻』の第九巻に、平安時代末期の様子が描かれている。そうすると平安時代にはいまの山も鉾もなかったし、子どもなどもホコ（穂木）をかついで、都大路を跣足《はだし》で自由にはしりまわれたのである。お巡りさんが立っていたり縄が張ってあったり、有料観覧席があったわけではない。

文化人は祇園祭といえば、すぐ「町衆のデモンストレーション」と言う。応仁《おうにん》の乱後の焼け太りで、材木や生活物資を買い占めてしこたま儲《もう》けたブルジョア町衆が、お遊びではじめた祇園祭は、もう祭でも何でもない。それは屏風《びょうぶ》やゴブラン織を自慢できる町衆のものではあっても、子どもや貧民の祭ではなくなっている。そうすると応仁の乱以前、あるいは平安・鎌倉時代の祇園祭はどんなものだったのだろうか。宗教とか祭というのは、その原点に遡ったときほんとうの精神を見出すことができる。しかし罪深い人間というものは、それを政治や経済（金儲け）に利用したり、お遊びや娯楽や見世物（観光）に変質させる。

そうは言うものの、日本人は宗教や祭に関するかぎり、原型と古態を「伝統」の名において保存した。したがって現状を手がかりにして、これに関する文献や絵画や伝承を宗教民俗学の立場から処理すれば、その原型があきらかになる。そうすればその後の変遷と意識の変化、あるいはこの祭の現代的意義などもあきらかにすることができるであろう。それを祇園祭全体でこころみることはできないので、鉾だけをとりあげることとする。

もともとホコというのはホ（穂、秀、梢）のついた木で、ヒモロギのように榊《さかき》や杉の梢《こずえ》の尖《とが》った枝を指した。ホコ杉などというのも梢の尖った杉の木である。した

サンヤレ祭（京都市）

祇園祭の鉾に立てる
真木の榊（京都市）

祇園御霊会（『年中行事絵巻』〈田中家蔵〉）

がって武器になる前は、神の依り憑《つ》く依代《よりしろ》として立てられたのである。比叡山や興福寺の僧兵などが、嗷訴《ごうそ》のために都にかつぎこんだ神木というのは、榊や梛《なぎ》のホコを神輿にのせたものであった。私は、天鈿女命《あめのうずめのみこと》が天岩戸《あまのいわと》の前で神楽《かぐら》を舞ったとき、「茅纏《ちまき》の矟《ほこ》」を持ったというのも、茅《ちがや》を注連《しめ》にしてつけた常磐木《さかき》の枝であったろうとおもう。

祇園祭の鉾（鉾山車《ほこだし》）の上に立てる柱を真木《しんぎ》と言うのは、この常磐木の枝の神木《しんぎ》からきていることはうたがいがない。発祥においては一本の枝であったものが、山（山車）に立てた枝葉のついた松の柱になり、やがて町衆とやらの見栄で馬鹿でかい五、六十尺の枝葉のない真木になったものと私は推定している。そのしるしに、真木にはもとの穂木《ほこ》の榊の束がしばりつけてある。

そうすると鉾山車のホコ（真木）の前は、山（山車）に立てた梢付《うれつき》松の柱であり、その前は一本の常磐木の枝であったであろう。そのような枝のホコを持った子どもたちが、『年中行事絵巻』の祇園祭の図に描かれている。このホコは枝だけで葉が描いてないが、これに注連の紙手《しで》（垂）をつけているので「茅纏の矟」の一種であることがわかる。このような常磐木の枝のホコを子どもも大人も持ってパレードするのは、京都上賀茂のサンヤレ祭にもある。

サンヤレ祭は祇園祭（祇園御霊会）とおなじく正月（いまは二月二十四日）の御

霊祭、または山宮祭《やまみやまつり》で、村中の悪霊を鉦《かね》・太鼓や唱言（もとはおそらく念仏）で追い祓う祭であった。この攘却儀礼を村の若衆組が担当したところから、若衆組入りの十五歳の少年の成人式のようになってしまった、というのが三十五年間上賀茂に住んだ私の帰結である。

この祭についてはまた稿をあらためて説きたいが、十日間（いまは一日だけ）各町内の若衆宿で寝泊まりした十五歳の「上り」の少年と「翌年上り」の少年たちは、二十四日の当日には樫《かし》の木の枝を手に手に持って山の神に参る。山の神は山中の積石であって、ここに石を積んでホコを置いてくるのが、御霊（荒魂《あらみたま》すなわち山の神）を山中に送って封じこめてくる意味であった。現在は神官の指導で大田神社や上賀茂神社に参ることになったけれども、上賀茂の山中にはいたるところに積石の址《あと》がのこっている。また、この祭のあいだ少年たちの石投げ（印地打）があったのも、御霊を追い祓うためだったのである。

御霊会のホコ流し

祇園祭が明治以前は祇園会《ぎおんえ》と呼ばれ、中世以前は祇園御霊会《ぎおんごりようえ》であったことは誰でも知っている。古代の宗教観念では、疫病の原因はみたされぬ死者の霊魂が荒れすさぶためとしたので、その怒りを鎮めて共同体の外へ去ってもらう御霊会が、いろいろの形でいろいろの季節におこなわれていた。なかでも夏は疫病が流行しやすかったから、夏祭といえばほとんど御霊祭の性格をもっている。

祇園社はいまは素戔嗚《すさのお》神を祀るが、もとは中央（大政所《おおまんどころ》）に牛頭天王《ごずてんのう》、東間（今御前）に蛇毒気《だどっけ》神、西間（本御前、少将井）に婆利采女《はりさいによ》を祀った。これらの神はいずれも行疫神《ぎょうえきじん》であって、社殿は南面している。これにたいして四条通に向かって西向きに小さな疫神社があり、祇園御霊会の山鉾は四条通を東進して、この疫神社に向かって敬意を表するものであった。これは京都市中の御霊を山鉾に依り憑《つ》かしめて祇園疫神社に引きわたす形であるが、祭のときは祇園社の神々は東京極の御旅所にいるから、ここで引き渡せばよいはずである。

しかし山鉾のないときはどうしたであろうか。『年中行事絵巻』は常磐木のホコを持った子どもを十七人と法師形のもの一人を描いているが、これら十八人は雑然と田楽や陪従《べいじゅう》（武官の服装をした舞人で、十列または十烈と書かれたものにあたるであろう）や、獅子舞《ししまい》、種女《うえめ》（植女で、田植えの早乙女）、巫女《みこ》、細男《せいのお》、王舞《おうのまい》（舞楽の貴徳の振桙《えんぶ》）と神輿の行列にまじって勝手に歩いている。これはさきにあげた京都上賀茂サンヤレ祭のみならず、摂津や播磨に多い「お禱《とう》」の花振りとか、美濃《みの》や信《しな》濃《の》の「神送り」（疫神送り）に、子どもたちが常磐木の枝、もしくは篠を持って村境の川へ行ってこれを流すのに似ている。これらのホコに依り憑いた疫神や悪霊を山中に封じ込めたり、川に流してしまう意味である。

『年中行事絵巻』には鴨川が描かれてないので、これを流すという推定は、「神送り」から推定したりお盆の「精霊送り」から類推しなければならないが、もう二、三の材料がある。その一つは京都今宮（祇園疫神社にたいして、新しく祀られた疫神社の意味）の「やすらい祭」にのこった紫野御霊会である。これは『本朝世紀』の正暦五年（九九四）六月二十七日の条に、

疫神の為に御霊会を修す。（中略）都人士女の幣帛を賫持《さいじ》するもの幾千万人なるかを知らず。礼し了って難波の海に送る。此れ朝議に非ず。巷説より起れり。

とあり、幣帛《へいはく》というのはホコにつけた注連の紙手（垂）のことである。これを持った幾千人か万余人の人が難波の海までホコを流しに行った、というのである。

もう一つの材料は大阪の天神祭である。この祭では神幸の船渡御《ふなとぎょ》に先立って「鉾流し」がある。天神祭も、菅公霊が怨霊《おんりょう》になって雷神や疫神を使って災害をもたらすのを鎮め送る祭である。船渡御という形態をとったのも鉾に依り憑いた雷神・疫神を川に流し去るためであるが、いまでは水の都の夏祭の景物のように誤解されている。このような祭の由来と宗教上の目的を知れば、たんなる馬鹿騒ぎでない敬虔《けいけん》

な祭になるであろう。

もう一つのホコ流し祭をあげれば、津島《つしま》祇園といわれる尾張《おわり》の津島牛頭天王社(もと日本総社津島牛頭天王といった)では、疫神の依代といわれる「御葭《みよし》」を天王川に流す。ここも船渡御で、楽車船《だんじりぶね》が五艘《そう》出るが、その豪華さは京都祇園祭の山鉾以上である。旧六月十四日の祭で、翌十五日早朝には青竹に白い旗(これが注連の紙手にあたる)をつけたホコと称するものを、市江船《いちえぶね》の若者が水中を泳いで神社に納める。

またその日の深夜に全町の燈火《とうか》を消して、深秘《じんぴ》の口伝という「御葭流し」の神事がある。これは「ホコ流し」と「御葭流し」が分化した形であるが、この御葭は疫病をもたらすものといわれ、下流の御葭が流れ着いた村では、疫病がはやらないように「御葭着岸祭」をしなければならない。私が十余年前に拝観したときは古式通りであったが、いまは「御葭流し」も真昼間におこなわれるそうで、祭の意味の喪失は宗教のもつ神秘性をうしなわせるものである。祭や宗教というものはその原点に遡《さかのぼ》らなければ意味のないものになって、「見るも阿呆《あほう》、見ぬも阿呆」の滑稽な祭になるか、空威張りの豪華な浪費になるかのいずれかである。

以上のいろいろの例でわかるように、祇園祭が御霊会であるかぎり、疫神の依代であるホコ(穂木)は鴨川に流されたであろう。祇園御霊会に先立って貞観《じょうがん》五年

（八六三）からおこなわれた神泉苑《しんせんえん》御霊会も、疫神を神泉苑の池に流すものだったものとおもわれる。

ところが町衆の豪奢《ごうしゃ》をほこる「ばさら」の時代がくると、ホコはいま見るように山車《だし》に乗せた巨大な柱になって流そうにも流せないようになった。それでも御霊会《ごりょうえ》の名はあったのだから、災害の原因となる疫神や御霊は鉾に乗ったまま、それぞれの町内へ戻ったことになる。このような「ばさら」はどうも、南北朝の動乱で肥大化した守護大名などが京都で荒い金使いをした『太平記』の時代にはじまるらしいが、守護大名と町衆とそして観光業者が、祇園祭をダメにした三大元凶と私は見ているのである。

標の山と山鉾《やまほこ》の山

以上のようにのべると、柱状の鉾が平安時代にあったのではないかという異論が出るにちがいない。それは『本朝世紀』の長保《ちょうほう》元年（九九九）六月十四日の条に、

今日祇園天神会なり。去年より京中に雑芸者有り。是れ即ち法師形なり。世に无骨《むこつ》と謂ふ。（中略）件の法師等、京中の人に見物せしめんが為に、村《（柱）》を造り、彼の社頭に渡るに擬す。而して云々する如くんば、件の村《（柱）》の作法、宛も大嘗

会の標を引くが如し。（下略）

とある「村」が「柱」の誤写ではないかといわれているからである。ここにいう雑芸法師というのは散楽法師あるいは田楽法師で、『本朝世紀』長和二年（一〇一三）六月十四日の条には、この散楽人（雑芸者）が散楽空車《うつぐるま》を出したことが出ている。これは箱形の車に乗って散楽（曲芸と茶番劇）を演じて見世物にしたことを意味するので、これに屋根をつけて鉾柱（真木）を立てれば、現在の鉾（鉾山車）の原型ができるようにおもわれる。

しかし雑芸法師のつくったという「村」は柱でも桙でもよいが、その作法はあたかも「大嘗会の標《ひょう》」を引くようであったということがポイントである。標は「標の山」ともいうもので、山型をつくり、これに依代《よりしろ》としての常磐木の梢付《うれつき》柱を立てたものである。これを台にのせて舁《か》くか車にのせるかしたであろうが、これこそ現在の「山」にあたる。いまの「山台」または「山車」は神話や中国の故事、あるいは仏教に関する風流（趣向）の造り物と人形を飾ったものであるけれども、共通しているのは、台の後方に籠《かご》を伏せて胴幕をかぶせた山型と、これに立てた松の梢付柱をもつことである。この中心構造はまさに大嘗祭の「標の山」にほかならない。ただ「山」のなかで車にのせて引く岩戸山と南観音山、北観音山は、その屋根の上に松の梢付柱を立てるので、山型は円錐形《えんすいけい》に胴幕を掛ける。これは車をもつ「鉾」

（鉾山車）の山型でもおなじことである。

このような推論をすると、常磐木の枝のホコを手に持って歩きこれを鴨川に流した段階から、雑芸法師の趣向でこのホコ（穂木）を山型に立てて台または車にのせるようになり、やがて守護大名や町衆の「ばさら」のデモンストレーションで鉾の柱（真木）になったことがはっきりわかる。ただ『年中行事絵巻』にホコを台や車にのせたものがないのは、長保元年（九九九）に雑芸法師の「柱」が左大臣宣で禁止となったり、長和二年《ちょうわ》（一〇一三）には散楽空車が左大臣の仰せで破却されたことなどによるのであろう。しかしその禁止は神意にそわなかったと書かれているのは、民衆の要求があったことを物語るものとおもわれる。

しかしこの「山」の風流（趣向）は鎌倉時代には復興されたらしく、南北朝期の『尺素往来《せきそ》』には、

祇園御霊会は今年殊に結構。山崎の定鉾《しづめぼこ》。大舎人の鵲鉾《かささぎぼこ》。処々の跳鉾《おどりぼこ》。家々の笠車。風流の造り山。八撥。曲舞。在地の所役、定めて神慮に叶うか。

とあって、現在のような人形をのせた風流の「山」があった。そして定鉾、鵲鉾、跳鉾があるが、これとてもいまの「鉾」のような鉾柱（真木）を立てたものでなく、「家々の笠車」とおなじく風流傘を立てた「山」であったとおもわれ、いまも踊念仏（風流）の花傘は「かさぼこ」と呼ばれる。私は定鉾というのも風流傘で、やす

らい祭の「鎮め花」とおなじく、その傘の下に疫神や御霊を鎮めるものであったとおもう。鵲鉾は風流傘の上に鷺《さぎ》の造り物を立てたもので、山口の祇園社の笠鷺鉾は京都の祇園社のものをうつしたという。

跳鉾も私は踊念仏の風流傘で、この下で踊るところから跳鉾と言われたものとおもう。これの名残りがおそらく綾傘鉾《あやがさぼこ》で、江戸時代の山鉾の図には、綾の垂幕（水引）をかけた風流傘の下で鬼の棒振りをした光景が描かれている。壬生《みぶ》の六斎念仏講衆が奉仕したとつたえられるが、天保五年（一八三四）に綾傘を山車にのせて引くようになった。しかし三十年後の元治元年（一八六四）には山車が焼けて、綾傘と棒と棒振りの図がのこっている。近く綾傘鉾の巡行が復興されるという。

ともあれ祇園祭といえば山と鉾がすべてを代表するけれども、そのもとは御霊会の疫神の依代である常磐木の枝のホコにすぎなかった。そのような自然祭祀の形こそ、ほんとうの祭であった。中世の京都を支配した守護大名や町衆はこれを豪華な文化祭祀《さいし》に変化させたけれども、祭の原点の庶民信仰だけは見うしなわないようにしなければならない。

水無月の川祭と胡瓜

牛頭天王（祇園）と川祭

水無月《みなつき》（六月）は川に縁の多い月である。旧六月一日に薩摩《さつま》では川祭をおこなうが、肥前《ひぜん》の五島《ごとう》では六月十五日が川祭で竹筒の清酒と団子と胡瓜《きゅうり》をあげる。また大隅《おおすみ》半島では六月一日が「亀の子配り」で、この日、河童《かっぱ》が亀の子を川に配って歩くという。この河童は水神の化身と信じられている。

京都の祇園祭はいまは川と水をわすれているが、各地の祇園祭や天王祭はたいてい川祭である。しかも旧六月十五日であったものが多い。五島では六月十三日を祇園祭といい、十五日を川祭というのは、これが一連の祭だったことをしめすものである。京都の祇園祭も、祇園御霊会といったときは旧六月七日から十四日までの祭だったのを、新暦で七月十七日から二十四日までとしたのである。これも吉符入《きっぷい》りの六月一日にはじまり、十日の神輿《みこし》洗いには川にはいって神輿を洗う。まさに川祭だった名残りである。

津島祇園といわれる尾張の津島牛頭天王社の祇園祭は、旧六月十四日、十五日の祭で、五艘の楽車船が出るので有名である。これも川祭だったからで、十四日の深夜には深秘の行事といわれる「御葭《みよし》流し神事」という川祭もある。深秘といえばなおいっそう見たくて、その「御葭」とはいかなるものか、私は当日、津島神社の社務所で神官に根掘り葉掘り聞いたことがある。というのは、御葭は深夜に町中の燈火を全部消して流すものなので、誰にも見せられないというからであった。そしたら神官は、御葭は隣の室にすっかり用意してありますが、どなたにも見せないものですよと言って、サッと室を立ってしまった。この謎《なぞ》めいたことばで、私はおそるおそる隣の室をのぞいてみた。安達原《あだちがはら》で一夜の宿を乞うた旅人のような気持ちであった。この御葭は特定の場所で刈ったという葦《あし》を、二つは三尺くらい、一つは四尺くらいに切って、直径八寸くらいに束ねたものであった。その中には神符を入れて麻糸で七五三にしばってある。大きな御葭は「人形《ひとがた》の御葭」といって、人形幣《ぬさ》を麻糸につけたものである。これは「夏越《なごし》の祓《はらい》」とおなじく、人形《ひとがた》流しだったのである。祓《はらい》の人形は、これに息を吹きかけて穢《けが》れを人形にうつして流す。すべて川祭はこのように穢れと禍《わざわい》を流す祭であって、京都の祇園祭も禍を鉾にうつして賀茂川に流す川祭であった。そうすると、山鉾の鉾柱（真木）につけた榊の束は御葭にあたるものだし、長刀鉾《なぎなたぼこ》の「天王さん」（和泉小次郎ともいう）という人形や、月鉾の造り物の人形も、もとはその年かぎりで流すものであった。すべての山の人形も、もとはみな流し鉾の人形《ひとがた》で、穢と禍を負わせ流すものであった。「彭祖《ほうそ》」などの「月読命《つきよみ》」、放下鉾の「放下僧」、函谷《かんこ》鉾の「孟嘗君《もうしょうくん》」、菊水鉾の

祇園祭の調査も、市の観光課が有名な学者に委嘱して詳細な記録を作成したり、国立民族学博物館がアルバイトをつかって現状の鉾や鉾町を調査したりしているが、現状というのはもとの精神と信仰をうしなって形骸《けいがい》化した、デコレーションとデモンストレーションにすぎないものである。その点では葵祭《あおいまつり》のデラックスな行列とおなじことである。ショーとして観てたのしむ人がいるかぎり、京都の春と夏の景物として大切なものではあるけれども、歴史的研究としては現状にいたるまでの発展過程をあきらかにすることに意味がある。金と暇に飽かせて微に入り細をうがって記録にのこすといっても、その精神と信仰があかされなければ何にもならない。

ところが地方の民間には、祇園祭の原型をのこす川祭がいくらでもある。宗教民俗学は、見捨てられた山村や僻地《へきち》や離島の貧困な民衆がいまなお保持している民俗の川祭から、現状の豪華な観光祇園祭にいたるまでの発展過程をあきらかにしようとしている。そうすると、いま金がかかりすぎて持ちきれなくなった祇園祭も、何をのこし何を捨てるかという、起死回生の道も模索できるだろうとおもう。いまの祇園祭は、もと穢と禍を川に流して神の力で人々の生活をまもろうとする、川祭の

心もわすれてしまっている。大阪の夏祭の豪華版、天神祭のほうは、まだ川祭の形をのこして「鉾流し」や「お迎船」を出しているが、何のために鉾を流すかもわすれているのではないだろうか。十大都市をはじめ、都市の祭は見栄と無駄が多すぎる。祭や年中行事は、もっと内面化され素朴《そぼく》にならなければならないとおもう。

現在は文化と文明の見直しの時代にはいったのである。私は第二ルネッサンスの入口だと書いたことがあるが、飽くなき近代文明の追求も、人間なり民族なりに叡《えい》智《ち》があるならば引き返すことができるはずである。これはひとり、祭だけの問題ではない。厖大《ぼうだい》になりすぎた近代的軍備で人類の破滅がさけばれながら引き返せないのは、近代文明全体への見直しがないからである。軍備縮小がさけばれても、先進国の文化縮小と生活縮小がないかぎりそれは達成されない。私は、「文縮」と「生縮」がなければ「軍縮」はありえないとかんがえている。祭も生活も、民俗にもどる必要がある。民俗学の研究はつねにわれわれの生活の原点、祭の原点、社会の原点をもとめ、その中に文明に毒されない人間精神と民族精神の本質を見出そうとしている。素朴と貧困の中にこそ、人間の心のゆたかさがあることを知るからである。

水神（河伯）と胡瓜（匏）

私なども子どものときから、夏祭といえば天王祭か愛宕祭とかんがえていた。愛宕祭は火の祭であり、天王祭といえば水の祭であった。それが何故かはわからなかったが、天王祭にはかならず神輿《みこし》が川や海へはいって水をかけ合い、「神輿を揉《も》む」といって暴れまわるのをはらはらしてながめていた。後年になって、天王祭は疫神祭であり御霊会《ごりょうえ》であることを知り、愛宕祭の旧六月二十四日に愛宕火を焚くのは愛宕修験の夏峰入りの蓮華会で、万燈会の献燈がマンドロ火やカギマンドウになったことがわかってきた。

奥三河と信州の伊那地方には津島神社が多いが、旧六月一日を「天王おろし」と言い、十四日を「天王上げ」と言う。このことばは牛頭天王（疫神）の御旅所が河原にあったことを暗示し、京都の祇園《ぎおん》さんの御旅所も河原町通りの西だけれども、もとの河原であろう。「天王上げ」には牛頭天王を送り出すといって、初物の胡瓜《きゅうり》を川へ流す。胡瓜は水神の供物だからこれは水神の祭のように見えるが、これを流すというのは、疫病を人形《ひとがた》の代わりに胡瓜にうつして川へ流すという感覚をもっていたのである。胡瓜はもと瓢《ひさご》で、その中空の中に疫神を封じ込めて流したのであろう。そうすると疫神である牛頭天王は水神と別のように見えるが、疫神も水神も山

神も、原初的神観念では「荒ぶる神」であって同格であった。八坂神社の御祭神がのちに素戔嗚尊《すさのおのみこと》になったのは、

　青山を枯山なす泣き枯らし、河海は悉に泣き乾しき。是を以て悪《あら》ぶる神の音なひ、狭蠅《さばへ》なす皆涌き、万《よろず》の物の妖《わざわひ》、悉に発《おこ》りき。

とある荒神的性格が、牛頭天王とおなじだったからである。

胡瓜を牛頭天王の供物とするのは、京都の祇園さんもおなじである。祇園社の氏子は祇園祭がすむまで、胡瓜を食べてはならぬといわれた。祇園社の神紋が割木瓜《わりもっこう》なのは、胡瓜（木瓜）を輪切りにした図案であるからだ、ということはよく知られた話である。祇園さんや天王さんに胡瓜をあげたり食べないのは、さきにあげた五島や信州ばかりではない。飛驒《ひだ》の丹生川《にゅうかわ》村（現・高山市）の祇園さんも旧六月十五日は胡瓜を食べない。そればかりか、この日は瓜畠へ祇園さんが降りてくるといって、畠へはいることも忌《い》む。また東北地方では尻《しり》のねじれたヘボ胡瓜は河童胡瓜といって川へ流すもので、食べてはならないことになっていた。また但馬《たじま》美方《みかた》郡地方では旧六月十六日と十七日が祇園さんの祭で、胡瓜をあげ、田にはいってはならないとされた。もっともこの地方から丹波にかけては、「川下《かわすそ》祭」（川裾祭）が祇園さんとおなじ川祭で、旧六月一日の神輿洗いから十七日の宵祭、十八日の本祭と、祇園祭とダブっているのは、もとおなじ祭だったからである。

浜坂《はまさか》（兵庫県新温泉町）の川下祭は但馬三大祭の一つで、岸田川《きしだがわ》河口の砂浜でおこなわれる。この河口ということが川裾の意味だったようであるが、のちに裾ということから、女性の下の病気を治すための「砂ぬくめ」「砂籠《ごも》り」がおこなわれたという。この夏祭に性の解放があった名残りであろう。

ところで、水神が荒神であり、胡瓜を供物とすることはたんなる民俗とおもわれているが、じつは『日本書紀』（仁徳天皇十一年条）に記載があって、古い信仰と習俗であることがわかる。仁徳《にんとく》天皇は河内《かわち》の茨田《まった》の堤を築くのに、川が荒れてなかなか完成できなかった。そこで武蔵《むさし》の人強頸《こわくび》と河内の人茨田連衫子《ころものこ》の二人を召して、「河伯《かはのかみ》」を祀らしめた。ところが河伯は荒れるばかりでなく、人身御供《ひとみごく》を要求した。まず強頸が水に没して死に、次に衫子が死ぬ段になって、衫子は水中に瓢簞《ひょうたん》を投げ込んだ。

衫子、全《おほし》匏《ひさご》両箇を取りて、塞ぎ難き水《かは》に臨みて、乃ち両箇の匏を取りて水中に投げいれて謂《こ》ひて曰く、河神祟りて、吾を以て幣《まひなひ》（人身御供）と為す。是を以て今吾れ来れり。必ず我を得むとならば、是の匏を沈めて、な泛《うか》ばせそ。則ち吾れ真の神と知り、親《みづか》ら水中に入らむ。若し匏を沈むることを得ずば、自ら偽の神と知らむ。何ぞ徒に吾が身を亡なはむや。

と言ったところ、飄風《つむじかぜ》がおこって匏《ひさご》を沈めようとしたが、栓をした中空の匏だったので、沈んだとおもったらすぐ浮き上がり、沈めることができなかった。そこで衫子は水中に没して死なないでも、堤はできあがったという。

ここには河伯すなわち河の神、水神は荒神で人間に災害をもたらし、人身御供を要求する悪神であるが、瓢簞の呪力《じゅりょく》にはかなわず、人間に服従し農耕をまもる神となったことをしめしている。それでは瓢簞の呪力というのは何であろうか。

瓜子姫と胡瓜封じ

茨田の堤の河伯と茨田連衫子の話は、水神についての神話が仁徳天皇の治水という事蹟を説明する歴史の中にはいってしまったのである。しかしこの神話は昔話の中にはいると「蛇聟入《むこいり》」「河童《かっぱ》聟入」「猿聟入」などの異常婚姻談（難題聟入型）になって、全国にひろく分布している。苗を植えかねている老人のところに男がたずねてきて、手伝ったかわりに娘を嫁にもらう約束をする。その男の本体は蛇や河童や猿であることがわかるが、末娘は瓢簞と針千本を持って嫁に行く。いよいよ淵《ふち》にはいる段になって瓢簞を投げ込み、あれを沈めてくれたら自分も淵の中にはいって蛇や河童の嫁になろうと言う。もちろん沈めかねているところに針千本を投げ込むので、蛇や河童は針にさされて死ぬという大筋で、いろいろのヴァリエーションがある。

蛇がミヅチ（蛟＝水の霊）といって水神の化身であることは、簸川《ひのかわ》と八岐大蛇《やまたのおろち》や『常陸国風土記』の夜刀《やと》の神以来、神話・伝説・昔話にきわめて多い。また河童が水神の化身であることも、河童をミヅチ、ミンブチ、メンドチ、ガタロ（河太郎）などと言うことからも推定できる。柳田國男翁は、河童は水神の零落した姿で、子どもの形だから河童（かわわっぱ）がカッパになったのだろうと言う。しかし私はむしろ河伯《かはく》が変化してカッパになったのだろうとおもうし、河童は水神の想像的表象の一つの形なのである。それは「水の神・山の神交代説」で説明できるように、山神としての猿が水にはいって、水中の亀と習合した姿である。甲羅を背負い、亀の嘴《くちばし》と水掻と爪をもちながら、身体全体が毛の生えた猿なのはそのためである。

そうすると川祭の水神の供物となる胡瓜は瓢簞とおなじで、熟すれば種をぬいて中空になるところに呪力がみとめられるであろう。それは神や霊の容器となるもので、荒神、悪霊ならばその中に封じ込めて荒れないようにすることができる。美濃の高賀《こうが》山（岐阜県美濃市・同郡上市・同関市にまたがる）の瓢ヶ《ふくべ》岳の伝説に、藤原高光《たかみつ》が鬼退治に都から下ったとき、神の霊夢で鬼は瓢ヶ岳の瓢の中にかくれていることを知り、これを射ると瓢から血がしたたり落ちて退治することができた。この伝説を彫刻僧円空《えんくう》はたくみな祭文につくっているが、これなどは、瓢が霊の籠りかくれる物という観念の縁起・説話化であろう。

もう一つ言えば、「瓜子《うりこ》姫《ひめ》と天邪鬼《あまのじゃく》」という昔話なども、姫が瓜から生まれたという異常誕生談とおもう人が多く、柳田國男翁の分類もそうなっている。しかし私は、天邪鬼が瓜子姫を殺して皮をはぎ、その中にはいって瓜子姫に化けたというところが重要だとおもう。これも瓜や胡瓜や瓢簞が、邪霊を入れて封ずる呪力ある植物だった宗教観念が根底にある昔話である。

川祭の水神に胡瓜をあげるとか、これを食べることをタブーとするという民俗や伝承の前には、荒神、疫神（牛頭天王）としての水神を封鎖鎮魂するという呪術（呪物）信仰があった、と私はかんがえている。これは瓢簞が河伯をくるしめて人身御供をあきらめさせたという、『日本書紀』の記事に先行する宗教観念である。この古い宗教観念に私が気づいたのは、土用になると日本中いたる所の黒板塀などに貼り出される「胡瓜封じ」の広告である。これに気がついたら、民衆というものは『日本書紀』以前の信仰や民俗を保存するものだと今更ながらおどろいた。また爺婆が幼童に語ってきかせる他愛ないとおもわれる昔話が、そのもっとも古い宗教観念の上に形成され、伝承されているのに二度びっくりした。

いうまでもなく「胡瓜封じ」は、病気を真言加持によって封じてもらうことになっているが、病気をおこすのはみずからの罪穢か、疫病神や邪霊の仕業だというのが庶民信仰である。そのために庶民は真言加持にはソッポを向いても、胡瓜の原始呪力には弱い。それで怪しげな梵字《ぼんじ》を書いたヘボ胡瓜を、大事に持ち帰って庭先に埋める。そのあとで「カッパ巻」で一杯やっても、その胡瓜が河童や水神や牛頭天王を封じ、病気を封じた胡瓜とおなじものだとは気がつかない。むしろそれを知らないから、信ずることができるといったほうがよいであろう。

水無月《みなづき》は、漢字をあてるからまずいのである。ミナモト（源）、ミナカミ（水上）、ミナソコ（水底）のように、ミナツキ（水月）と言ってもよいが、「ミ（巳《み》＝蛟《みづち》）の月」とかんがえてもよいであろう。水月《みなつき》説は『古今要覧稿』を編纂した江戸時代の考証学者、屋代弘賢《やしろひろかた》などが出している。しかし「巳の月」説は私よりほかにまだ誰も主張していないようである。これは水神を祀る月、川祭の月なのである。私は「水の月」といえる月は「サ（水）ツキ」で、これが「サ（水）ミダレ」の月だとおもう。昔の水無月は現在の七、八月の盛夏にあたり、疫病を祓《はら》うための水神（巳《み》）を祀る月とするほうが、より妥当なのではあるまいか。

鞍馬竹伐と蓮華会

鞍馬竹伐の謎

鞍馬《くらま》の竹伐《たけきり》といえば京の観光のメイン・イヴェントの一つで、新緑に顔も染まるばかりのつづら折りで有名な坂道を人の行列がつづく。最後にひと汗かいて本堂の前へ登ると、見物人とカメラマンで立錐《りっすい》の余地もない。私などは何度も来ているので雰囲気をあじわえばいいのだが、見物の人は一歩でも中へ割り込み、一部始終を見のがすまいと熱心である。しかし、この人たちは何のために青竹なんかを伐《き》るのかわかっているのだろうか、とおもうとまことに心許ない。

近ごろの観光というのは、いわば好奇心の満足である。だから、奇祭などと銘打ったものほど人が集まる。鞍馬の竹伐が奇祭ならば、吉野の「蛙跳び」も奇祭である。太秦《うずまさ》の牛祭《うしまつり》などは奇祭の尤《もっと》なるもので、三河西尾市《みかわにしお》の「福地テンテコ祭」や美濃の美濃市大矢田の「ヒンココ祭」なども、奇祭の名に恥じない。越後《えちご》浦佐《うらさ》（現・南魚沼市）では裸男が押し合う堂押《どうおし》が奇祭といわれ、青森のネブタも奇祭である。

しかしそれは祭の意味がわからないから奇祭といわれるだけのことで、じつはこれらは宗教民俗学の立場からは不思議でも奇妙でもなく、立派に筋の通った祭なのである。しかもその根源になる信仰や精神に遡っていけば、日本民族の本質、あるいは思考論理というものが浮き彫りにされてくる。

このことはあの、好奇心に憑《つ》かれたように傍若無人に人を押し分ける群集にも、無意識的にわかっているのだとおもう。なにかわれわれにとって大事なものがある、という本能的な嗅覚《きゅうかく》が、あのような祭に集まる人には、はたらいているようにおもわれる。その大事なものというのは、国土の八割が山である日本民族の山にかける信仰であり、山には心の故郷があるという遠い祖先以来の感覚である。

われわれの祖先にとって平野なり都市なりは生産と生活の場であったし、いまもそうである。しかし山にはいれば日常生活とは次元のちがう精神の世界があり、神々の世界がある。その神という超人間的実在は、あるときは毘沙門天《びしゃもんてん》のような仏教の神となるが、また鬼や天狗《てんぐ》のような霊物にもなる。それはいわば山の神霊や山神が、われわれの心のなかでいろいろに姿を変えたものにほかならない。そのような山神の化身は、あるときは大蛇となりあるときはムカデとなるが、のちには神の使いという地位に転落するのである。

鞍馬の竹伐の本質を理解するには、この根本の原理を知っている必要がある。そしてもう一つ大切なことは、山というものは水源だということである。したがって山上湖や山上池のある山はとくに神秘化され、そこには山神の分身である水神が蛇や大蛇や龍となってひそんでいる。この蛇にたのめば、飲水はもちろんのこと、その聖なる水で病気も治してもらえるし、その下流では田の水となって豊作をもたらしてくれる。農耕の豊作はやがて都市民にとっては福と富のゆたかさに変質して、鞍馬の毘沙門天は福の神となる。このことから「鞍馬の富」という富鬮《とみくじ》が、宝鬮《たからくじ》の先鞭《せんべん》をつけたのである。また狂言の『連歌毘沙門』では、

毘沙門の福ありの実と聞くからに

付、くらまぎれにて　ムカデ食ふなり

などと、神から賜《たま》わった梨を「ありの実」にかけ、暗闇で食うので「くらまぎれ」と洒落《しゃれ》る。鞍馬のムカデは富の象徴だから、ムカデを食べたら金持ちになるということである。

このようにして山岳宗教の原理をつかえば鞍馬のいろいろの謎が解けるのであるが、竹伐の竹が大蛇を意味するといったのは後世の付会《こじつけ》であるということもまたわかってしまう。竹伐は開山峰延《ぶえん》上人の護摩修行中に、大蛇があらわれてこれを邪魔したので、上人が大蛇を退治して切った故事によるというような説明をしたのは、おそらく室町期くらいかとおもう。これが貞享《じょうきょう》二年（一六八五）にできた『日次《ひなみ》

紀事《きじ》』や、正徳三年（一七一三）の『滑稽雑談《こっけいぞうだん》』に書かれて、竹伐の説明といえばすべてこの説がもち出される。もちろんこのような「物語的縁起」談ができるにはそれなりの理由があるのだが、これをそのまま信じて熱心に竹伐を見るのは、すこし人が良すぎる。もうすこし謎を解いて真実を知りたい、という好奇心をはたらかせてもよさそうなものである。

私などはそれほど人が良くないので、先年、竹伐のほうは人垣でよく見えないということもあって、義経《よしつね》背くらべ石のあたりから山道をたどって、本堂の真上にあたる大蛇の住む池にのぼってみた。さきの伝説には尾鰭《おびれ》がついて、峰延上人の邪魔をした大蛇は二匹で、雄蛇のほうは切ったが雌蛇はたすけた。そのときこの山に水を出すことを誓わせたので、この池に住んで本堂の後ろの小さな滝に水を出すのだという。これなどは、山神（これが奥之院の魔王尊、すなわち大僧正坊という鞍馬天狗）の化神である水神には、恐ろしい懲罰（たたり）の面とやさしい恩寵《おんちょう》（めぐみ）の面との二面があることを民衆が知っていたから、こんな話ができたのである。すなわち、恐ろしい面は雄蛇で、やさしい面は雌蛇である。

その雌蛇（水神）の恩寵にあずかろうとする真剣な人たちが、ここにはいた。しかも背負《しょ》い籠《かご》にいっぱいのお供物を持った夫婦だった。話しかけると、市内で豆腐屋をしているが心願があるのだという。そのうちデップリした五十がらみの男が供

鞍馬の竹伐（京都市）

物を持って登って来た。これも話しかけると、自分は水商売をしているが「巳《みい》さんにほんまに厚かましいお願いしてまんねや」と言った。そのような人が後を絶たないので、小さな池のまわりは、餅《もち》、お米、野菜、菓子、蜜柑《みかん》、卵などで、ほんとうに足の踏み場もない。鞍馬竹伐のあのさわぎには目もくれぬ切羽つまった信仰が、ここには生きていたのである。

山伏の入峰修行と蓮華会

いうまでもなく、鞍馬竹伐は六月二十日におこなわれる。これは旧暦のときも六月二十日だったので、謎解きには都合がよい。というのは、私の修験道史研究からいって六月は非常に大切な月である。これをはじめから説明するには紙幅が足りないが、鞍馬が修験道の山だったことは誰でも知っている。あの竹伐の装束一つとってもわかるように、白い袈裟《けさ》で頭を包むのは裹頭《かとう》といって、弁慶などに見られる山伏の正装の一つである。しかし近ごろは頭巾風にちょっと変わったようだ。これをするのは大僧《おおぞう》仲間の人で、大僧というのは一人前の山伏のことである。その半人前の山伏は僧達であり、小僧であり稚児である。しかし、大僧といってもけっして一人前の坊さんということではない。それどころか、鞍馬寺の天台宗の坊さんの従者であり走りつかいであった。これはまた童子とも呼ばれて、妻帯はできるが五十になっても六十になっても童子の階級から出ることはできない。この人たちが鞍馬山麓の村を形成して、明治維新以後は普通の村人になった。

この村人がかつて山伏であったときの修行が、竹伐と火祭にのこったのである。その修行の形態も、修験道史の研究でかなりよくわかってきた。これには原則として、春峰、夏峰、秋峰、冬峰と呼ぶ四季の入峰修行があった。入峰の山は時代によって変遷があるが、中世には大峯修行もあったであろう。しかし近世には鞍馬の峰修行と貴船の谷修行だったとおもう。また大悲山（峰定寺《ぶじょうじ》）や比良山へ修行することもあったであろう。

入峰には古くは、百日とか九十日とか七十五日とか、山中を歩いたり籠ったりするが、終われば寺なり村なりへ帰ってくる。このとき三つの行事があった。一つは山の神を村へ迎えて来てお祭をすること、二つは修行中に得た験力《げんりき》の試験、三つは入峰修行の慰労の祝宴と芸能である。鞍馬の火祭は、私の推定では秋峰修行の山の神祭と験競べの柱松行事である。そして鞍馬の竹伐は夏峰修行の験競べにほかならない。

ところで、このような出峰の行事は総括して蓮華会《れんげえ》と呼ばれる。わが国では明治維新で修験道は廃止され、その後復興したといっても微々たるものであるが、この蓮華会はいくつかのこっている。しかしそれは、第一形式の山の神祭だけのこったり、第二形式の験競べであったり、第三形式の祝宴と芸能であったりする。そのなかで、鞍馬竹伐の場合は第二形式の験競べがのこって、他はうしなわれた。しかし、琵琶湖《びわこ》竹生島《ちくぶしま》の蓮華会などは、旧六月十五日（いまは八月十五日）に管弦船の渡御《とぎょ》で芸能祭があり、隠岐国分寺《おきこくぶんじ》の蓮華会は旧六月十五日から三日間おこなわれ、いま「蓮華祭」と言っているが、陵王《りょうおう》とか仏舞、太平楽、林歌《りんが》、貴徳、抜頭《ばとう》（ばどん）などの舞楽がのこった。おなじ隠岐の黒木村（現・隠岐郡西ノ島町）美田《みた》八幡の十方拝礼祭は田楽をのこしているが、もとは「蓮華舞」と呼ばれて蓮華会であった。安芸《あき》の厳島《いつくしま》神社でも管弦祭が旧六月十五日から三日間おこなわれるけれども、厳島《いつくしま》弥山《みせん》の修験道の蓮華会であることはまちがいない。

これにたいして羽黒《はぐろ》山は旧六月十五日に出羽《いでは》神社花祭といって、三山山神祭の蓮華会をおこなっている。修験道の山では寺が廃されて神社になり祭典化したために、蓮華会の意味をうしなったものが多いが、その残存としての祭や芸能をおこなうところはすくなくない。そのなかで吉野は、蔵王堂《ざおうどう》（金峯山寺）を中心に修験道が復興したから、山伏によって「蛙跳び」という行事がおこなわれ、これに蓮華会の験競べがのこったのである。

鞍馬山の蓮華会については、『滑稽雑談』に、

寺僧語りて曰、六月二十日竹伐のこと、つぶさには蓮華会といふ。これ中興開山峰延和尚の呪力にて、大蛇段々となすの遠忌会なり。

とあるので、江戸時代中期には蓮華会ということが知られていた。そして江戸末期になって、『注増山の井』（文化三年〈一八〇六〉）のように、東方《ひがしかた》（本堂）は近江《おうみ》方、西方《にしがた》（観音堂）は丹波方と分けて、早く竹を伐《き》ったほうが豊作になるというような説が出た。こうなると、蓮華会ということはもうわすれられて現在にいたったのである。

吉野蔵王堂の「蛙跳び」行事
（奈良県）

出羽三山修験の「兎の神事」
（山形県）

竹伐と験競べ

験競べということばは今日、試験という語にのこっている。験というのは山伏がきびしくつらい入峰修行のあいだに得られた力を指すもので、これは超人間的力であり奇蹟をおこす力とかんがえられていた。たんなる腕力や脚力ではないのであるが、だんだん信仰の力もよわまり命がけの修行がおこなわれないようになると、腕力を競うだけのものになった。いま出羽三山修験が冬峰修行の出峰に、「松聖《まつひじり》行事」（松例祭）におこなう験競べでは、松明《たいまつ》に火打石で火をつける遅速をきそうとか、その火のついた松明を引き競べするとか、「兎の神事」といって跳躍をきそうことがある。それはかりでなく、形式的ではあるが兎に扮《ふん》した少年を左右に分かれた山伏がエィッと気合をかけてひっくりかえし、またエィッという気合で立ち上がらせる験競べがのこっている。

この最後の験競べを「祈り殺し祈り活かし」と言うが、鞍馬の竹伐も主要行事はこれであった。しかしこれとおなじ「祈り殺し祈り活かし」の験競べをおこなって

きたのは、吉野の「蛙跳び」である。これも『滑稽雑談』に、

蛙を呼ぶに、後堂《うしろどう》より飛び出で、四口《く》の僧の膝下をめぐり飛ぶ。これを強く祈り責むるに、次第に責められて堂内を逃げありくを、難なく祈り殺す。その後戸板に乗せ、舁《か》きて外へ出だし、湯水を掛けて蘇生するとなり。譬《たと》へば洛北蓮華会の竹伐に同じ。

とあることを見ても、洛北鞍馬蓮華会の竹伐に「祈り殺し祈り活かし」があったことは、あらそうべくもない。

ところで、鞍馬の竹伐が六月二十日というのはどんな意味をもつのだろうか。山伏の夏峰修行は、インドの夏安居《げあんご》に合わせて四月十五日から七月十五日までの九十日だったが、のちに四月八日（山開き）から山にはいるようになると、六月十五日に出峰するのが普通になった。そのために六月十五日に蓮華会をもよおすものが多かったのである。しかし鞍馬山では、この行事がもと観音堂のものだったために十八日の縁日がもちいられたらしく、六月十八日に竹釣りといって、青竹を本堂の前に持ちこんで蓮華会がはじまり、三日目に験競べをしたものと私は推定している。

さて、鞍馬の「祈り殺し祈り活かし」は小僧山伏を尸童《よりまし》に立てた。この尸童は僧達仲間から出すとなっているので、大僧仲間の下の階級であった。例の『日次紀事』によると、

　また夜に入りて、寺僧名々毘沙門堂に聚まり、その内の僧達仲間一人を置き、各々肝胆を凝らしてこれを祈る。一人忽ち倒れ、ややあって蘇生す。これまた疫鬼を攘《はら》ふの遺風なり。僧達とは寺僧のほか下輩の者なり。

とあるが、「祈り殺し祈り活かし」は寺伝では、護法善神である雌大蛇への人身御供としている。しかしこれを修験道儀礼として見る場合は、一つには祈り殺して人事不省のあいだに託宣をさせたのである。このような行事は、美作《みまさか》地方には「護法《ごほう》飛び」という行事にのこっていて、護法というのは天狗《てんぐ》であった。したがって、鞍馬山では山神である天狗が尸童に憑《つ》いて託宣する行事がもとであろう。

　またこのような「祈り殺し祈り活かし」は、神意を問う「うけひ」（誓）としてもおこなわれた。神に祈って何かが死んだり活きたりすれば、それは神がその祈りを納受された験《しるし》とするのである。戦争に出るときなどは、勝敗を占うのに「うけひ」がおこなわれたことが多い。『古事記』の垂仁《すいにん》天皇の条には、皇太子が口が不自由であったのを、出雲《いずも》の大神の神意によって治るかどうかをうかがうのにこれがおこなわれている。

　この大神を拝むによりて、誠験《しるし》あらば、この鷺巣ノ池の樹に住める鷺や、うけひ落ちよ、かく詔りたまふ時に、その鷺地に堕ちて死にき。又うけひ活きよと詔りたまへば、更に活きぬ。

とあって、神の験をたしかめた。それでも足りないで、甘檮《あまかし》ヶ丘の檮の木を「うけひ枯らしうけひ生かし」ている。

このような験競べは日本民族の古代宗教をもとにして成立するもので、平安末期の『鳥獣戯画巻』(高山寺蔵)にも画かれている。したがって鞍馬の竹伐は、このような活殺自在の超人間的力を競うのがもとであったものが、のちに腕力を競うだけのものに変化したのである。近代の文明はすべて神の存在や神意を否定して、人間の力だけを信じながら現代にいたった。しかしその文明も限界が感じられ、人間の人間らしい心を荒廃させる徴候があらわれはじめている。このような年中行事を通して、古代や中世に学ぶものがありそうである。

愛宕火と蓮華会

広河原の「松明上げ」と柱松

去年（昭和五十三年）の夏、奈良絵本国際学会（現・奈良絵本・絵巻国際会議）で京都へ来られたパリ大学のジャクリーヌ・ピジョー助教授を案内して、洛北《らくほく》広河原の「松明《まつ》上げ」を見に行った。八月二十三日の夜で時期おくれの大文字焼《だいもんじやき》のように言われているが、まったく異なることがこの目でたしかめられた。それでは、これは何のためにおこなわれる行事であろうか。

広河原は名の通り、山間にはめずらしく広い河原で、その中央に二〇メートル以上の高い柱が立ててあった。柱の頂上には径一メートルくらいの漏斗状の「火受け」をつけて、その火受けに下から手松明を投げ上げて点火するのである。火受けは藁《わら》だから手松明がうまくはいればよく燃えるが、紐のついた手松明を青年たちが振りまわして勢《はずみ》をつけて抛《ほう》り上げるのだけれども、なかなかはいらない。どだい火受けまで達しないのもあって、その近くまでいくだけでも見物人の歓声と歎声があがる。

河原には数千人の見物人が、道路にも田畑にも墓地にもあふれている。秋めいた山間の涼風が快いので涼みがてらの人も多いが、京都市内で五山の大文字焼を見るより、はるかに趣がある。私もなかなか見る機会がなかったが、どうやら「松明上げ」の謎《なぞ》が解けそうになってきた段階で、外国の知人の案内を兼ねて出向いたのである。

このような行事は近くにいる人はまるで当たり前のようにおもっているし、この行事のない地方で、見たことのない人にはまったく説明のしようのないものである。私のかんがえるところでは、愛宕《あたご》信仰のあるところ、またはその他の修験信仰のあったところでは、全国いたるところでおこなわれていたものとおもう。そして素朴な青年たちはこの火祭に情熱をもやし、自分の腕力を自慢して村の娘たちにいい恰《かっ》好《こう》も見せたのであろう。その祖先たちの火祭にかけた情熱が、広河原で手松明を投げ上げる若者たちにも感じられた。そこには山村に生きる人たちの生甲斐のようなものまでつたわってきて、都会からマイカーで走ってきて、腕組みしながらポカンと見ている若者と、じつによい対照であった。

しかし、どうしてこんな行事で燃料の浪費と体力の消耗をするのかという疑問が、参加する人の頭にも見る人の頭にも、そしてマイカーの整理に走りまわるお巡りさんの頭にも、ふと横切るにちがいない。それでも参加する人々は、先祖以来の行事だから絶やすまいとするのに、見物するほうはただで見られる夕涼みの景物くらいにおもったら、そのあいだに大きなギャップがある。そうするとやがて京都市内の大文字五山保存会連合会のように、馬鹿馬鹿しいから止めようかなどと言い出すようになったら大変である。やはりこのような行事は、どうしておこってどんな意味があるのかということくらいは、一応わかっていたほうがよいのではないかとおもう。

おそらくこのような奇祭と呼ぶに値する行事の謎にひかれて、見物に行く人も多いであろう。戦後の合理主義の時代がすぎて一時期、奇祭と秘境のブームがあったのも謎の魅力であった。ことに火祭となれば、火の興奮で満足する。しかしその火祭の意味がわからないと、火が消えて興奮がさめてののちが、いっそうわびしかろう。おそらく広河原の人々は、八月二十三日というのは地蔵盆の送り火とかんがえているのではないかとおもうが、「松明上げ」は全国的には柱松というもので、大文字焼とはまったくちがうのである。

柱松は京都では嵯峨《さが》清涼寺《せいりょうじ》の三月十五日の「お松明」がとくに有名で、私はこれを愛宕修験の春峰入り行事にともなう「験競べ」とおもう。柱松というのは柱松明ということで、柱の頂上に松明をとりつけて、これに木登りして点火するものと、広河原のように下から手松明を投げ上げて点火するものとがある。いずれも腕力と脚力を競う修験行事であったが、修験道の衰退とともに民間行事になったものだけがのこった。民衆が継承しなかった山ではほろびたのである。

戸隠《とがくし》修験や箱根《はこね》修験、彦山《ひこさん》修験、阿蘇《あそ》修験、妙高《みょうこう》修験などは「木登り型」で、競走で柱に登って頂上の御幣《ごへい》に点火したらしい。中には、「神木登《しぎ》り」とか「幣切り」といって、登って御幣を切るだけで点火しないものもできた。戸隠修験の柱松をのこすといわれる信州飯山《いいやま》市（旧・瑞穂村小菅）の小菅神社（別当修験大聖院）でいまもおこなう七月十五日の柱松は、点火すべき「松神子《まつみこ》」（松明神子《まつみこ》）を抱いた介添の若者が走り登って、燧石《ひうちいし》で点火する。また妙高修験の関山神社（別当修験宝蔵院）七月十八日の火祭には、仮山伏（本物の修験の代わりに民間人が修験に扮《ふん》したもの）三人ずつが二基の柱松《まつ》に乗って大幣・小幣に点火するのである。

これにたいして愛宕修験の柱松は「火揚げ型」と呼ぶべきもので、手松明を投げ上げて柱の頂上の漏斗状の「火受け」に入れて点火する。熊野修験もこれだったらしく、現在、奥熊野の北山川筋にある盆の十五日の柱松（たとえば東牟婁《ひがしむろ》郡北山村大沼《おおぬま》、木屋《こうや》）でも、一〇メートルぐらいの杉柱の上の火受けに手松明を投げ上げている。この手松明は二〇センチほどの肥松《こえまつ》の割木を針金で束ねて紐をつけたもので、火受けに火が点けばすぐ倒してしまう。愛宕修験が熊野系だったろうとおもわれるのは、愛宕山頂の朝日峰白雲寺の愛宕大権現本殿にならんで、東向きに熊野権現があったことでもわかる。しかし、このような祭日は本尊の縁日によって変化することが多く、愛宕は本地仏が地蔵菩薩（勝軍地蔵）なので、二十四日が縁日で、柱松や火祭は二十三日の夜におこなわれたはずである。このような推理で、広河原の「松明上げ」は、愛宕修験の柱松をここの愛宕講が七月二十三日に、火防《ひぶ》せ祈願のためにおこなったものとおもわれるのである。

愛宕千日詣と愛宕火

ところで、京都の人にとって旧六月二十三日の夜は、「愛宕千日詣」に群れをなして松明《たいまつ》を持って登る日であった。明治以後は七月三十一日の夜から八月一日にかけてが千日詣となったが、これは大祓《おおはらえ》を一月おくれにしたものらしく歴史的な意味がない。しかし近畿地方では江戸時代から、七月二十三、四日に「愛宕火」と呼ぶ火祭や柱松もあったから、広河原の「松明上げ」はこれを新暦の八月二十三日におこなう愛宕火であったことはまちがいない。播磨の印南《いんなみ》郡米田町（現・加古川市）では七月二十三日の夜に、子どもたちが麦稈《ばっかん》の松明を持って、
おたぎ（愛宕）さんのごしょうろごしょうろ

と唱えて走りまわり、終《しまい》に堤の愛宕社にそれをすてるという（『近畿民俗』旧一の五）。

これにたいして因幡《いなば》各地では六月二十三日が愛宕火で、子ども組が万燈をともしたり柱を立てて「火揚げ」をしたりする。これを因幡の若桜《わかさ》地方では「小地蔵講」と言うのは、七月の地蔵盆にたいして子どもの地蔵盆とおもったのであろう。このように愛宕火と呼ばれる愛宕権現の火祭（柱松）は、旧六月二十三日と旧七月二十三日の二種類があったことはたしかである。また旧六月二十三日を「日待」とするのは瀬戸内海沿岸に多く、伊予《いよ》の宇和島《うわじま》では和霊《われい》様の命日としているが、「日待《ひまち》」は「火祭《ひまち》」のことであろうとおもう。この二種類の火祭の伝承が複雑にからみあっているので、柳田國男翁は『歳時習俗語彙』（民間伝承の会、昭和十四年）で、

摂津伊丹地方の愛宕火は、俳人鬼貫《おにつら》の頃から七月二十三、四日であった。この附近では八月望夜《もちのよ》の火祭もあり、丹波では盆の柱松をも愛宕火といふ例さへあるが、因幡の各郡では六月二十三日が愛宕火である。（中略）盆と六月の水の神祭との中間にある此日を、斎ひ祭るといふ慣行は爰だけで無い。日が同じなので、愛宕の信仰に引寄せられたのであらう。

とのべて、この愛宕火に明快な解決をあたえることができなかった。これはむしろ愛宕修験の柱松が、中世には六月十五日または六月二十三日にひろく各地におこな

われていたのを、近世にはいって愛宕修験の衰退にともなって旧七月のお盆の火祭（迎え火・送り火）のほうに引き寄せられたのである。そしてまた柳田翁はこれを修験行事であることに気づかなかったため、六月十五日または六月二十三日の意味が説明できなかったのだとおもう。

寛文二年（一六六二）、中川喜雲《きうん》（北村季吟《きぎん》の門人）によって板行された『案内者』の六月二十四日「愛宕千日詣」の項に、

夜もすがら二十三夜をかけて山上にのぼる。西の京よりは松明の数百千ともし《（燃）》つれ《（連）》たる、まぎれなくみゆる。愛宕粽また名物なり。されば炎暑に汗水になり苦行して参詣する、これ一たびの参詣は、千日にむかふといひつたへし。

とあって、江戸初期にはあきらかに六月二十三日の夜のことで、手松明を手に手に持って登り、山上の斎燈にこれを投げ込んだものであろう。しかしこれが修験山伏集団の験競べであった時代には、二本、三本、四本の柱松に手火を投げ上げて点火を競っていたのである。『案内者』に次いで『増山の井』（寛文三年〈一六六三〉）、『日次紀事《ひなみきじ》』（貞享二年〈一六八五〉）、『滑稽雑談』（正徳三年〈一七一三〉）になると六月二十四日を愛宕千日詣とするが、松明のことも柱松のことも出していない。だいたい「千日詣」は愛宕行人が千日行をした結願《けちがん》を意味し、人々がこれに結縁する参詣《さんけい》だったであろう。

ところが甲斐《かい》の市川大門《いちかわだいもん》にちかい飯富村（現・南巨摩郡身延町）で、「風祭」と称して柱松の投松明をしていた例がある。昭和九年（一九三四）六月の『旅と伝説』に報告された「風祭と投松明」（石川緑泥氏報）で、

風祭は六月二十三日、永久寺大門に近い、南町の道祖神屋敷で行はれる。当日は村中の人々が永久寺本堂に集つて、風祭のお題名を唱へる。道祖神屋敷には永久寺から贈られた三本の大竹を立て、その竹の天辺から三方に縄を張る。（下略）

とあって柱松の準備をするが、どうしたわけかこの日は点火しない。おそらく道祖神屋敷には愛宕権現も祀られていたのだろうが、それは六月二十三日の縁日と火伏せの信仰だけをのこしてわすれられたらしい。そしてこの三本の大竹は七月一日に南町、仲町、北町に分配されると、七日に富士川の広い河原に三本立て、サカズキという藁《わら》の火受け（径一尺五寸から二尺五寸）をつけ、風祭のときの張縄で三方にささえる。この夜、柱松に投げ上げる手松明は、カンバ（桜の皮）一尺ほどのものを束ねたもので、これがサカズキにはいると竹を倒して富士川へ流す。この投松明は富士川沿岸の下山、共和、富里、大河内などにもおこなわれたという。また六月二十三日の永久寺本堂の「村題目」では、風祭のためのお題目と火伏祭のためのお題目と二回に分けて唱えたとあるので、この柱松はもと愛宕信仰によって六月二十

三日に焼かれていたものと推定できる。しかし村の中の永久寺大門前の南町道祖神屋敷で焼くと火災のおそれがあるので、盆の入り「燈籠上げ」の七月一日か、七日盆の七夕に河原で焼いて流すということになったのであろう。

こうなると、お盆の迎え火、送り火と混同されるようになって、七月（新暦八月）十四日から十六日までの投松明（駿河《するが》沼窪村の舟場＝『駿国雑志』）や七月七日と十六日の柱松（周《す》防《おう》の海岸＝『あられ』六巻一号）、七月十五日の柱松（筑前鞍手《ちくぜんくらて》郡吉川地方＝『鞍手郡誌』）などになった。その証拠には、柳田國男翁の『柱松考』（『定本柳田國男集』第十一巻、神樹篇、筑摩書房、昭和四十四年）にあげる広河原の奥の芦生では、七月十四日の柱松を「愛宕火祭」といったことであきらかである。

> 然るに近頃迄丹波北桑田郡知井村大字蘆生《あしふ》に於て、七月十四日の夜施行せしものは、之を愛宕火祭と称へた。竿は高さ十五間（二十七メートル）ほど、其上端に苧《を》稈《がら》を傘のやうに束ね、松明に火を点じて下より之を投げ、傘が燃え終ると竿が倒れる。其倒れる方を見て年の豊凶を卜したと云ふことだ（『風俗画報』四十八号）。

これは広河原を彷彿《ほうふつ》させるが、広河原のほうは義理堅くもとの愛宕の縁日の二十三、四日をまもったので、旧七月二十三日の夜、柱松を焼き、月おくれ盆になって八月二十三日の「松明上げ」となったものであろう。

蓮華会の験競べ柱松

私が前にのべたように祭や年中行事の日取りを便宜で変えるのは、その祭や行事の衰亡の第一歩である。堤防の蟻の一穴のようなもので、そこから行事内容も信仰も意味も変わっていく。神主や坊さんは頑固なほど、良い宗教家なのである。広河原の「松明上げ」が愛宕火であることを証明するためには、いろいろの例をあげたがスペースがないので十分意をつくすことができない。そこで最後に、愛宕火のもっとも古いのは、六月二十三日ではなくて六月十五日だったろうという推定をのべておきたい。

これはたいそう珍しい例であるが、『郷土研究』(第七巻四号、昭和八年)に石見《いわみ》邇《に》摩《ま》郡温泉津《ゆのつ》の民俗を報じた「影わに・犬神・牛神・河童」(山崎里雨氏報)が載っており、その中に、

新の七月十五日をレンゲと云つて、愛宕神社の例祭日である。此の日各戸は仕事を休んで胡瓜ザント(鱠《なます》の方言)や団子等を食す。レンゲに水泳に行けば必ずエンコ(河童)に取られる。

とある。新の七月十五日は旧の六月十五日であろうが、六月十五日を蓮華会と称す

るのは修験道の山にきわめて多い。これは山伏の夏峰入り修行が終わって出峰したときの祭で、延年の芸能とともに、修行で得た験力を試す験競べがおこなわれる。その験競べにもっとも多かったのが柱松の点火で、もとは悪魔祓《ばら》いの斎燈（柴燈護摩）だったものが競技用に変化したのである。鞍馬修験の夏峰入りの出峰蓮華会には、柱松の大竹を焼くと火事になるので伐ることにしたために、「鞍馬竹伐」がはじまったものと私はかんがえている。もちろん「鞍馬火祭」は秋峰入りの出峰験競べだった時代があるであろう。

愛宕修験の場合は、旧二月十五日の春峰入りの「駈入り」験競べが、いま「嵯峨のお松明」として三月十五日にのこっている。そして各地の愛宕火や柱松や「火上げ」「松明上げ」は、愛宕修験の夏峰入り出峰蓮華会の験競べだったと推定される。いままではまったく謎であった民俗行事が修験行事の民間残留として、その起源と本質をあきらかにすることができるものはすくなくない。夏峰入りは多く四月八日または四月十五日に入峰《にゅうぶ》し、古くは七月十五日に出峰したが、のちに六月十五日出峰が大部分となった。このときにもっとも盛大な蓮華会験競べがおこなわれた。

ところがおそらく中世になって、愛宕信仰が、天狗（山神）信仰よりも地蔵信仰が優越するようになって、その縁日の二十三、四日に験競べ柱松がおこなわれることになったものとおもう。しかしそれもおとろえると、千日詣と称して人々が手に手に松明を持って山頂へ登るようになった。それは愛宕権現を分祠《ぶんし》した各地の愛宕山でもおなじだったので、その松明《たいまつ》の行列は遠望すれば鈎形《かぎがた》や鍋鉉形《なべづる》に見えた。これが各地に「まんどうび」（万燈火）や「かぎまんどう」（鈎万燈）、「なべづるまんどう」（鍋鉉万燈）、「みのてまんどう」（箕の手万燈）などのある所以であるが、いまは昔の語り草だけで、実際に見られるのは稀である。

秋

七夕は棚幡

七夕さまは作神さま

『万葉集』には約百三十首の七夕の歌がある。そのなかでまとまって多いのは巻八の秋雑歌「山上憶良《やまのうえのおくら》の七夕の歌十二首」と、巻十の秋雑歌「七夕」の九十八首であるが、憶良の歌の、

天漢《あまのかは》　相向《あひむき》立而《たちて》　吾恋之《わがこひし》　君《きみ》来《き》益奈利《ますなり》　紐解《ひもとき》設《まけ》奈《な》

というすこし露骨な歌は、養老《ようろう》八年（神亀《じんき》元年）に新帝聖武《しょうむ》天皇の召によって詠んだ歌であった。またおなじとき左大臣長屋王《ながやおう》の家にもまねかれて、

久方之《ひさかたの》　漢瀬爾《あまのかはせに》　船泛而《ふねうけて》　今夜《こよひ》可《か》君之《きみが》　我許《わがり》来《き》益武《まさむ》

とも詠み、長歌（一五二〇番）では牽牛《ひこほし》と織女《たなばたつめ》の星合のロマンスを、年一回の逢瀬《おうせ》としてうたっている。

　こうした七夕の歌というものが、まず中国趣味の貴族文人のものであったということに注意しなければならない。このような七夕が庶民にまで一般化したのは、江

七夕棚
（兵庫県新温泉町浜坂）

戸時代の寺子屋教育のためであったことはよく知られており、習字の上達を祈って芋の葉の露で磨《す》った墨で短冊を書くようになった。これも七夕を乞巧奠《きっこうてん》といって、技芸の上達を祈った中国の伝統によったものである。

しかしわれわれの民俗調査によると、幼稚園や小学校で七夕を祝うまでは七夕竹を立てることはなかった、という聞書を得る地方もすくなくない。また中国地方（山陰、山陽）では七夕竹は二本立てるものだと信じており、その二本の竹のあいだに横竹をわたして、索麺《そうめん》やささげ豆や赤酸漿《ほおずき》などを下げる。しかもその下に机を出して、茄子《なす》や胡瓜《きゅうり》や西瓜《すいか》などの初物をあげる。このような地方では、七夕さまは作神さまで初物喰《ぐ》いだなどと言う。牽牛《けんぎゅう》・織女《しょくじょ》の星合の七夕とは似ても似つかぬ、庶民のタナバタがあったのである。

七夕竹二本というほかに、三本また四本で棚をつくって祭壇にするところもある。播磨《はりま》西部の揖保《いぼ》郡あたりでは若竹の四本竹で軒下に棚をつくり七夕棚と言っているが、その代わりにお盆には精霊棚《しょうりょうだな》をつくらない(『郷土研究』四―十)。私の見たところでは、お盆にはただ一本の杭の上に三〇センチ角ぐらいの板をつけて餓鬼棚《がきだな》とし水棚と呼んでいるが、もとは七夕棚がそのままお盆までおかれて、この精霊棚になったと推定してよい。

こうした推定をたすけるのは紀州の高野山麓、旧天野村(現・かつらぎ町)志賀あたりで、三本竹で七夕棚をつくり、そのままお盆までおいて精霊棚にしたことである。私は昭和二十九年(一九五四)夏の調査でこの聞書をえたが、いまもその通りおこなわれているだろうか。山村の人々はラジオ・テレビや雑誌や絵本などで、都会では七夕竹を一本しか立てないのを見ると自分のところはまちがっているのではないかと、幼稚園の先生などのアドヴァイスで変えてしまうおそれがある。しかし昭和四十四年に文化庁の出した『日本民俗地図』(第一巻、年中行事)で見ると、高野山を水源とする有田《ありだ》川下流の有田郡金屋《かなや》町石垣地区(現・有田郡有田川町)の聞書として、

たなばた様の日ともいうが、この地方では七日盆《なぬかぼん》とよばれ、盆初めの日である。庭先や軒下に青竹で「お棚さん」と称する四脚の盆棚を作り、茄子や瓜を供えて祭る。なおこの日は仏具のみがきものを行なう。年一度の井戸さらえもこの日にする。昔は奉公人の出替りもこの日であった。

という伝承が得られているから、志賀にもまだのこっているであろう。また淡路の三原《みはら》郡緑町鳩町（現・南あわじ市）の伝承として、「七夕には軒下に台をおき供物として団子・茄子・胡瓜などを蓮の葉に盛る。翌朝早く川へ流しにゆく」という七日盆の行事をのせている。

このように、中国伝来の七夕と日本の民俗伝承としてのタナバタの相違は、日本ではこの日をお盆の初めの日としていた点にある。すなわち、タナバタは祖霊祭だったのであり、祖霊を作神《さくがみ》とする日本人の神観念からいえば、農耕感謝と豊作祈願の祭であった。『日本民俗地図』をひもとくまでもなく、七夕を「七日盆」と言ったり、たんに「お盆」と言うところは全国に分布する。都会人は七夕を牽牛・織女の星合の祭とかんがえてうたがわないばかりでなく、七夕をお盆だというのは田舎者の何かの間違いだろうとおもっていると、とんだ恥をかく。七夕ばかりではない。卯月《うづき》八日やお盆もインドの風習だとおもったり、五月五日の端午の節供や三月三日の上巳《じょうし》の節供が中国の習俗だとおもっている人が多いが、それはひと握りの支配者階級だけの行事を、日本人全体のものと見誤ったのである。

世には、記録文献だけが歴史だという迷信が横行している。それは、高松塚古墳のような墓が日本人の墓だとかんがえる誤りとも共通する。よくかんがえてみると、都会の文化人だとおもっている人も、二、三代前の先祖はみな田舎から出てきた者である。その田舎者にこそ、大部分の日本人の生活と文化（宗教や儀礼や年中行事）が脈々と伝承されてきた。こうした田舎者の庶民伝承を基層文化といって、民族の本質をそこに見出そうというのが民俗学である。このような観点から七夕でも五月五日や三月三日の節供でも見直せば、薄っぺらな馬鹿騒ぎや見栄っ張りの贈答で苦労することもなくなるだろうとおもう。

七夕棚の分布

そこで、日本の七夕は「棚幡《たなばた》」であるという私の説をたしかめるために、もうすこし七夕棚の分布を見てみよう。従来の報告では飛騨《ひだ》地方では麦藁《むぎわら》で棚をつくるので、これを「麦殻ほんがん」（本願は勧進のこと）と言う。これは子どもが村一軒一軒をまわって麦藁をもらってきて、村共同の七夕棚をつくったのである。また私の調査したところでは、豊後《ぶんご》（大分県）の日出《ひじ》町でも四本の若竹で棚をつくっていたから国東半島あたりは棚が多かったらしく、『日本民俗地図』では、宇佐《うさ》郡四日《よっか》市《いち》町高家（現・宇佐市）では七夕竹に向かって台をおいて供物をあげる、とある。

広島県下も七夕棚の多いところで、帝釈峡《たいしやくきよう》で有名な比婆《ひば》郡東城《とうじよう》町帝釈（現・庄原市）では、二本の七夕竹に板をわたして棚をつくり、胡瓜と茗荷《みようが》その他の野菜をそなえる。これをナナカビ（七日日）と言って七日早朝に川へ流すが、「七度水浴して七度着物を着替える」というのは、厳重な潔斎をして祖霊を祀った名残りであろう。また牛を洗う日となっているのも、牛までも穢れてはならない日であった。また安芸《あき》郡矢野《やの》町（現・広島市）では旧幕時代から手習師匠の家へ子どもが集まって、例の牽牛・織女の七夕を祝いながら、棚に作物をにぎにぎしくそなえた。そして盆踊り初めといって、「七夕の歌」をうたった。

七夕さん、ほうづき取ってもだんないか。エーだんないだんない。一年一度の硯箱、稲かぶもって洗やんせい。七夕さんが棚から落ちて灰《(きカ)》もつぶれ、瓜や茄子びが機嫌とる。七夕さんがお帰りなって、なごりほしや、なごりほしや。

これで見ると、七夕さんというのは棚で祀られ、瓜や茄子がそなえられ、七夕竹や供物を流して七夕を送るとき、名残りを惜しんだのである。これはお盆の精霊送りとおなじ感覚であって、越後各地では夜七夕《よだなばた》といって燈籠《とうろう》流しや七夕丸などという船流しがある。そのとき、

おたなばた様よ　又来年ござれ

と囃《はや》すのは、精霊送《しんしゅう》りによく似ている（『高志路』三―八）。

ところが信州諏訪《すわ》地方となるともっとはっきりしていて、七月七日の夕方には、

ぢっ様ばば様　このあかり《(明)》で　ごんざれごんざれ

と火を焚《た》いて精霊をむかえる。また山形県の庄内《しょうない》地方では、七月六日の夕方に川辺で松明をともして、

たなばたはん　たなばたはん
このあっかり《明》で　ござらへえよう

とむかえ、七日の夕方には、

たなばたはん　たなばたはん
このあっかりで　もんどらへえよう

と送り、まったくお盆のお精霊とタナバタ様はおなじものであった。

このような七夕と盆の混同は、民衆がタナバタというのはお盆の精霊を祀る棚の祭壇、すなわち精霊棚であることを知っていたからにほかならない。ところがこのことに関しては文化人、インテリゲンチャのほうが無知であった。したがって民衆が七夕にお盆類似のことをするのを見て、無知なことよと笑っていたが、いまになればそのインテリこそ無知だと言って笑われる立場になった。たとえば読本《よみほん》の名作をのこした柳亭種彦《りゅうていたねひこ》の随筆『用捨箱《ようしゃばこ》』（天保十二年〈一八四一〉刊）には、

七夕にそなふべき牛馬（茄子や胡瓜の牛馬）を、霊祭《たままつり》の棚におく類《たぐひ》なり

といって、二月八日の「目籠出し」という江戸の行事は、節分にすべきことの誤りであることと類比する例に出している。いまの民俗学ではそのどちらも民衆のやる

ほうが正しくて、インテリが誤りと言っているほうが誤りだ、と断言できる。現代のインテリもやがて民衆から笑われねばいいが、と私は気が気でない。

七夕棚をつくるのはどうしたわけか関西以西にかたよっているが、岡山県下と鳥取県下と島根県下は七夕竹二本に横竹をわたし、それに枝豆、粟《あわ》や黍《きび》の穂、赤酸漿《ほおずき》、ささげ、栗の枝などを下げ、ほかに机を出して南瓜《かぼちゃ》や西瓜《すいか》、それに胡瓜の馬や茄子の牛をそなえる。しかし稀《まれ》には四本竹で棚をつくるところがあるので、二本竹というのも、もとは四本棚だったろうとおもわれる。たとえば鳥取県岩美《いわみ》郡岩美町荒金では、四本の杭に四本の笹竹をくくり立てて苧殻《おがら》で棚をつくるのである。このような棚は四国、とくに徳島県では「お棚」と呼ばれ、踊念仏をおこなうところもある。あるいは無縁仏の施餓鬼《せがき》をするところもあって、七夕棚と精霊棚の同一性をしめしている。そしてこれにそなえた米の粉団子を「念仏の種」と言って各戸にくばるのは、七夕棚の祖霊祭が、もと村落共同体の共同祭祀であったことを物語るものであろう。したがって、この伝統と七夕棚の構造をもっともよく保存したのは、お盆の施餓鬼と施餓鬼棚であった、と私はかんがえている。

棚幡と施餓鬼棚

以上のべたところで、七夕のタナはすくなくも棚のことであることはあきらかであるが、さてハタは何だろうか。これも、棚をつくるのに立てた笹竹に五色の短冊を下げるのがハタであったと言えば、コロンブスの卵のようにあまりにあっけない解答だから、文字の好きな人のために文献をあげておきたい。スペースが足りないので十分な説明はできないが、さきにあげた貴族文人の詠んだ『万葉集』の七夕の歌のなかに、ただ一首だけ「棚幡」の文字が出てくる。それは巻十の二〇六三番の歌で、佐佐木信綱博士の和文化した『万葉集』では「七夕」にあらためられているけれども、白文では「棚幡」である。

天漢《あまのかは》　霧立上《きりたちのぼる》　棚幡乃《たなはたの》　雲衣能《くものころもの》　飄袖鴨《かへるそでかも》

霧立ちのぼる天の川に立つ織女《たなばたつめ》の雲の袖は、棚にかけた幡のごとくにひるがえっているなあ、ということで、タナハタに織女と棚幡をかけたもの、と私は解釈する。このような解釈ができるのも、実際に庶民のおこなってきた七夕棚の棚幡を現に見ることができるからである。しかも、宮中の七夕にも棚に五色の絹布と木綿の布と白紙を幡《はた》のようにかけたとみられる。『延喜式』（巻三十）大蔵省織部司《おりべのつかさ》の条に、

七月七日織女祭

五色薄絁《あしぎぬ》各一尺、木綿八両、紙廿張（下略）

右料物請二諸司一、造二棚三基一 二基司家料 一基臨時所料 （下略）

とあるのがそれで、この宮中の七夕では織部司に奉仕する織女《おりめ》たちの技芸が上達することを祈った乞巧奠《きっこうてん》であろうが、それでも棚と幡の料の絹、木綿、紙が必要であった。

ところが『万葉集』の七夕の歌には、巻十の二〇三四番の歌のように「棚機」の文字をもちいたものが一首ある。そこで折口信夫氏は例のするどい直観をはたらかせて、神の御衣《おんぞ》を織るために水辺に棚をかまえて、その上で機を織る「水の女」こそ棚機姫である、という説を出した（『古代研究』の「水の女」）。これは、『古事記』神代巻に「淤登多那婆多《おとたなばた》」というのが乙棚機姫である、ということからきた発想である。いうまでもなく昔話の中には、淵《ふち》の中へおとした斧《おの》をさがしに潜っていくと水底で機を織っている女に会った、というような話がある。しかしこれは幻想であり、べつに棚を必要としない。むしろ棚機姫とか乙棚機姫という幻想は、中国の七夕の織女というものと、わが国の祖霊祭の棚幡とが結合したところに生まれたものであろう。

そうすると、祖霊祭にどうして幡が必要であるかということになるが、祭壇に立てる笹竹は祖霊の降り留るべき依代《よりしろ》であるので、その聖なる標示として先端に幡の

施餓鬼棚（滋賀県）

ような幣《ぬさ》を下げる。いま七夕竹の先端につける網袋状の白い紙は、白幣の形をしめしている。そして短冊のほかに紙製の西瓜や胡瓜や茄子を下げるのは、祖霊（作神）の祭壇にそなえるべき初物の供物にほかならない。ところがこの際に陰陽道《おんみょうどう》がはいって五色の幡《ばん》となり、笹竹も五本となった。陰陽五行説により、東西南北中央をあらわしたのである。

私はこれを直観や推定で言っているのではない。その証拠に、これとまったくおなじ形がお盆に寺々でおこなう施餓鬼法会の施餓鬼棚に、いまもそっくりのこっている。棚は既製の枠をもちいるところが多いけれども、その四方の脚に四本の若竹をむすび、正面中央にもう一本の竹を立てて、五本の竹に五色の紙をつないだ五本の幡《ばん》をかけ垂らす。そのほかに五色の短冊をたくさんつけて、さながら七夕竹のようにかざるところもある。幡には五如来の偈《げ》が書かれる。

南無過去宝勝如来　除慳貪業《じょけんどんごう》　福智円満
南無妙色身如来　破醜陋形《はしゅるぎょう》　円満相好
南無甘露王如来　灌法身心　令受快楽《りょうじゅけらく》
南無広博身《こうばくしん》如来　咽喉広大　飲食受用
南無離怖畏《りふい》如来　恐怖悉除《くふしつじょ》　離餓鬼道

しかし、これは五如来が仏教上の邪悪で醜悪な餓鬼を救済するという意味であるが、実際に施餓鬼の棚にまねかれて水向供養をうけるのは、新仏の精霊か三年忌までの祖霊である。したがって施餓鬼法会といえば、三年までの祖霊をもつ家族がお参りするのが普通である。そのほかに村中の人が参加する施餓鬼法会もあって、そのときは導師（住職）の水向けと同時に、村人は争って幡のついた笹竹にとびついて、その一枝を折り取る。これを田畑に立てれば虫がつかず豊作であると信じられているのも、その一枝に祖霊（作神）が憑っているからなのである。五色の短冊はその要求に応ずるために一枝一枝につけられて、七夕竹の観を呈することになる。

しかし争って枝を折るのは、はしたないとおもうようになったので、いまは多く、別に小幡《こばた》というのを小さな串につけて施餓鬼棚の高盛飯に挿し立てておき、檀家《だんか》全体にくばる。これを戸口に挿したり田畑に立てることは、いうまでもない。

施餓鬼法会の餓鬼というものが、けがれ多き新仏の精霊であったり十分に清まらない三年までの祖霊であるという説明は、私も柳田國男翁を納得させるに苦労した経験がある。それほどの難問であるけれども、七夕棚と施餓鬼の関係からは、わりあいに容易に理解できるだろうとおもう。そのうえ七月七日を七日盆といって七夕行事をおこなわなかったところが多かったことも、小町踊といって少女の盆踊や踊念仏がおこなわれることも、スムーズに了解できるであろう。しかもなによりも大きなメリットは、「七夕《しちせき》」という中国の文字を、日本人が万葉の昔からタナバタと読んだプロセスがあきらかになることである。はたらかなければ生きられない庶民は、牽牛・織女のロマンスで優雅なあそびをするよりは、祖霊の加護によって農作の安全を祈らなければならなかったのである。

盆棚の昔

盆棚と施餓鬼棚

日本の年中行事の混乱は、旧暦と新暦の交替のためであることは、誰の目にもあきらかである。この二つの暦のズレを、閏月《うるうづき》というもので何とか辻褄《つじつま》をあわせてはいるが、ときには二か月ちかくズレこんでゆくこともある。しかし平均して一か月ぐらいのズレと見て、月後れの盆というあたらしい歳時暦をつくったのは、庶民の知恵というものであった。それで今年（昭和五十三年〈一九七八〉）は旧盆の十五日は新暦八月十八日にあたり、満月とはいえないまでも、盆三日のあいだはかなりの月が見られる。山村では盆踊も月の下ではずむことであろう。

このような便宜主義というものを、日本人の不合理性ということで悪口をいうインテリも、このごろはすくなくなった。三角形の合同の定理みたいに、正確に一致しなければ承知できないという合理主義は、日本の庶民には向かない。そして、まあまあいい加減のところでいいではないか、という庶民の便宜主義が日本の年中行事をささえ、お寺をささえ、神社をささえている。おかげで、俳句の季題でも秋に入るお盆が、立秋のすんださわやかな残暑のなかでむかえることができる。

　お盆が魂祭りで、亡き魂を迎えては送る日本人の大事な年中行事であることは、説明するまでもない。

　魂棚や　藪木を洩るゝ　月の影　丈草

　魂棚の　奥なつかしや　親の顔　去来

などの句があるように、魂棚、または盆棚や精霊棚をつくって祭壇とし、そこに亡き魂をむかえる。その魂棚に五色の幡を立てるのが七日盆の棚幡《たなばた》であることは、すでにのべた。この魂棚を、庭先や縁先へ今年竹四本を立てて、棚をつくる風習はだんだんうすれていって、よほどの田舎へゆかないと見られぬようになった。しかしお寺の施餓鬼棚ならば、どこででも見られる。

　このように、日本人の民俗というものは、仏教と結合することによって、もとの姿を保存したものが多い。たとえば正月行事の「おこなひ」というものも、仏教寺院の「修正会《しゅしょうえ》」「修二会《しゅにえ》」に結合して、ふるい形がのこっている。それでは年中行事のふるい形の第一の条件はなにかといえば、それは共同祭祀ということである。

　このことは民俗学者にも風俗史家にもわすれられていることで、個別祭祀になる前は何であったかをかんがえなければならない。

日本人だけではないが、古代生活ほど共同体の結合がつよかった。共同で生きなければ災害や外敵から身をまもることができない時代が、人類にはながくつづいた。狩も農耕も共同で、食事も共同の竈《かまど》のまわりにあつまって、「同じ釜の飯」をたべたのである。これを原始共産制などとよんだこともあるが、その共同体意識を日本人はながくのこした民族である。そのためにヨーロッパのような個人主義が発達しなかった。それは、いいとばかりはいえないにしても、悪いことではなかった。そして僻地《へきち》や貧しい人々ほど、共同体をつくってたすけ合うのは、そうしなければ生きられないからである。

しかし人間はまた独立を欲するし、プライベートな生活をまもりたい要求がある。そのために経済的な家の独立があるけれども、宗教生活や年中行事はすべて共同でおこなわれた。そうでなければ、お祭や正月やお盆を同じ日に一斉にする必要はなかったであろう。正月には、村人が氏神やお寺にあつまって共同祈願をするために、「おこない」というものがあり、修正会がおこなわれた。したがってお盆には、村中の祖霊をまつり供養するための共同の祭壇をもうけ、村中の人がお寺なり広場なりにあつまって施餓鬼会をしたのである。

この共同祖霊供養のあとで、各戸が別々に自分のところだけの祖霊を個別にまつるのが、今日のお盆である。ところが今日では、各戸別のお盆がまずあって、新仏のある家だけがお寺の施餓鬼会にあつまるようになってしまった。もちろん私は、共同祖霊供養に二種あって、一つはお寺の本堂で村中の祖霊全部を供養する棚と、新仏や非業の死霊だけを村の広場や川の岸でまつる棚と、別であったものとおもう。水辺につくられる棚を水棚というように、各戸別盆棚がつくられるようになっても、新仏やそれに準ずるさまよえる霊（餓鬼）をまつる棚は、戸外や門口に簡単な棚をつくって水棚といっている。これは、新仏や非業の死霊はまだ穢《けが》れがとれていないので、水辺のミソギで穢れをとってやるために、水施餓鬼をおこなった痕跡なのである。

このような共同祭祀、共同供養に仏教が結合したために、日本は世界にも稀な仏教国になった。一般民俗学者は、仏教は日本の民俗を破壊したようにいうが、これはむしろ逆なのである。ただ問題は、仏教は日本人に固有の民俗を、インドから来たもののように言い、仏教の経典（それもあきらかに偽経といわれるもの）にもとずいておこなわれるかのごとくに、説明することである。そのようなとき引き合いに出されるのは『仏説盂《う》蘭《ら》盆《ぼん》経』という偽経である。

盆供とホトキ（瓮）

『仏説盂蘭盆経』によると、釈迦十大弟子の一人である目連尊者《もくれんそんじゃ》が、亡母の死後の世界を知りたいというと、釈迦は神通力で亡母の堕《お》ちた地獄を見せてくれた。そこで目連の母は倒懸《とうけん》（ウランバナ）の苦をなめていたので、この苦を救うのがウラボンであるという。まるで語呂合わせのような解釈である。それではどうしたら救えるかといえば、七月十五日という夏安居《げあんご》の終りに坊さんを百味飲食《ひゃくみおんじき》で供養すれば倒懸の苦が救われるという。この夏安居というのは、印度では雨期三か月のあいだ、坊さんは一定の寺で学問修業だけするために托鉢《たくはつ》ができない。それでお腹を空かせているので、その終りの僧自恣《そうじし》（無礼講）の日に坊さんを御馳走すれば、功徳が多いという教えなのである。

日本のお盆は坊さんに供養するというよりも祖霊に供養するところがちがうし、『盂蘭盆経』には盆棚のことも、水向《みずむけ》のことも、迎火・送火のことも出て来ない。それどころか百味飲食にあたるお供物が、とても人間にたべられそうもないものである。しかも所と場合によっては、生臭物まで供えるという変り様で、『盂蘭盆経』では説明がつかないのである。奈良の唐招提寺《とうしょうだいじ》では百味の飲食を真面目にうけとって、百種類のなかにはインスタントラーメンも入っているときいたが、このあたりが仏教の形式的なお盆と民俗としてのお盆の相違であろう。民俗としてのお盆の供物に欠くことのできないのは「水の実」とか「水の子」とかアラネコまたはアラレというもので、茄子《なす》・胡瓜《きゅうり》の類の賽《さい》の目《め》切りに洗米をまぜ、水でぬらして蓮の葉や里芋の葉の上にのせる。

これが一体何であるかは問題の存するところであるが、私は庶民のもっとも原始的な食物の一つとおもう。この「水の実」をそのまま蒸すかホド火で焼くかすれば、野菜の混飯（カテ飯）ができる。それを死者の食物として、生のまま供えたものと私はかんがえている。今日では蓮飯《はすめし》といえば趣味的な郷土食となって、糯《もちごめ》を蓮の葉に包んで蒸した香気の高い粽《ちまき》である。しかし昔はこれにいろいろの山草野菜をカテにくわえて、混飯としたのであろう。

しかし貴族のあいだでは混飯にする「水の実」はなくなって、強飯を蓮の葉に包むようになる。これを盆供《ぼんく》（瓫供）といったことは、多くの公卿《くぎょう》日記に見えている。たとえば『実隆公記《さねたかこうき》』（永正三年七月十五日）では、

暁天盆供如レ恒、荷葉《はすのは》強飯等遣二九条、万里小路、入江殿等一（中略）終日看経念仏、及レ晩水向《みずむげ》如レ例

という風に贈答もされ、このとき行器《ほかい》に入れたので盆供をホッカイといい法界となまった。またこの「水の実」を瓫《ほとき》に入れたので、お盆というのはここからおこったという説もある。実際に、『延喜式』や『小右記《しょうゆうき》』などの盆供は多く「瓫供」と書かれていて、『盂蘭盆経』の盆ではない。したがって古い盆棚には土器の瓫《ほとき》か缶《ほとき》が

かざられたものとおもう。『小右記』(寛仁三年七月十四日)には、

拝瓫了って、寺々に頒け遣はす

とか、同書(長保元年七月十四日)には、

拝瓫例の如し。但し今年は故女御《にようご》の御打筥を加う

などとあって、瓫《ほとき》をまつるべき魂の数だけあげたのであろうとおもう。だから今年は新仏の女御《にようご》の平素つかっていた箱を供えたのである。また供物は終ってから寺々へ送りとどけられた。

ここでいう瓫は口の小さな壺《つぼ》のことで、いわゆる盆とはちがうのである。これをホトキということから、ホトキをもってまつられる死者の霊をホトケといったのであろうというのは、柳田國男翁のすぐれた仮説である。しかし仏陀や仏像までホトケというのは、中国でブッダを音訳するのに浮屠《ふと》と書いたのがもとであろうと私はかんがえている。浮屠は仏像や僧侶の意味にまでもちいられたが、これがホトケに近いことから混用されたのであろう。

しかしこの時代には盆棚と施餓鬼棚の区別がなかったことは重要で、盆棚でまつられる新ボトケ、あるいは新精霊(アラソンジョ)と、施餓鬼棚でまつられる餓鬼とは、実はおなじものであった、というのが私の仮説である。

日本では死んでからあまり日のたたない新魂《あらみたま》は、まだ祟りやすい荒魂《あらみたま》としておそ

盆棚〈精霊棚〉（高知県大豊町）

れられた。ほんとうならばモガリ（殯）という墓地の施設のなかに封鎖しておくべきものであった。そのために瓮《ほとき》の中に入っておってもらわねばならないし、盆棚の構造も蓆《むしろ》でかこいこんだり、杉や檜《ひのき》の葉で箱のように囲ったものもすくなくない。この新ボトケとともにおそれられたのは、祀る者がないためにいつまでも鎮魂（成仏・往生）されないまま、人の目に見えずに墓などにうろついている荒魂であった。この両者は荒魂という点ではおなじなので、ともにおなじ施餓鬼棚でまつられたのである。インドでも餓鬼（プレータ）は死者の魂をさすもので、かならずしも『餓鬼草紙』にえがかれたような、瘦《や》せ細って腹だけ大きな怪物をさすものではない。

しかし日本では盆の施餓鬼の共同祭祀では、共同体の安全のためにすべての危険な荒魂をまつって鎮魂しなければならなかった。餓鬼というものに身内の精霊と他人の精霊（外精霊《ほかじょうろ》）とをみとめるようになったのは、お盆の個別祭祀ができてからだったといわなければならない。

御霊会と流灌頂

浮遊する荒魂を鎮めて、その危険から共同体をまもろうとする意味では、御霊会《ごりょうえ》もおなじである。したがって、祇園祭のもとをなす御霊会はお盆とおなじ目的をもっていたが、この方は不特定多数の荒魂だけを対象にした。そしてその荒魂は依代《よりしろ》であるホコ（穂木）とともに鴨川にながされて、はじめて共同体は安全になる。これはおなじ御霊会である大阪の天神祭に「鉾《ほこ》流し」があるのでわかるし、京都の御霊会でも、船岡山《ふなおかやま》の紫野御霊会などは、わざわざ難波の海まで流しに行った。『本朝世紀』によれば、正暦五年（九九四）の六月二十七日には、疫病をおこす荒魂をしずめ送るための御霊会に、

疫神の為に御霊会を修す。木工《もく》寮修理職神輿二基を造り、北野船岡山の窟に安置し、仁王経の講説を行はしむ。城中（京都）の人、伶人を招き音楽を奏す。都人士女、幣帛を賽持《さいじ》し、幾千万とも知らず。礼し了りて難波の海に送る。此れ朝議に非ず、巷説より起れり。

とある。

ところがこれとおなじようなことはお盆にもおこなわれるのであって、いま嵐山の大堰《おおい》川の渡月橋《とげつきょう》の下には大覚寺の大施餓鬼棚ができ、燈籠《とうろう》流しがおこなわれている。これも荒魂を燈籠の依代とともに海の彼方へ流しやることであるが、いまはただ精霊流しの風物をたのしむだけになった。それに大文字送り火の晩なので、大堰川の川霧よりも土埃《つちぼこり》の方が多く立ちのぼる。また宇治川の観月橋のあたりでは黄檗《おうばく》山萬福寺《さんまんぷくじ》の水燈会《すいとうえ》という川施餓鬼が有名で、船の上から卒塔婆《そとば》を流し燈籠を流す。これにならっていろいろの寺が川施餓鬼をするようであるが、いずれも新仏の荒魂を遠くへ送ることにほかならない。

これとおなじことは、もっとも大規模に鴨川の五条の橋下でもおこなわれていた。『洛中洛外図』を見ると、やはり大きな施餓鬼棚が川の中につくられ、何本もの大卒塔婆が立てられている。これも水辺の共同祭祀の施餓鬼会だったのであって、京都の人がみな出向いたことであろう。いまわれわれが盆の八月九日、十日に、精霊迎えといって六道辻《ろくどうつじ》の珍皇寺《ちんこうじ》や西福寺《さいふくじ》へ出向くのは、もとはこの施餓鬼会に出向いたのであった。

戦前までは経木塔婆《きょうぎとうば》を流しても、川を汚染するとか公害とかいわなかったので、この清水の千日詣という日には卒塔婆流しがあった。むかしの五条橋というのはのちの松原橋のことであるから、清水坂を下った鴨川畔でおこなわれた。このときは今の槇《まき》の枝を売るように経木書きがいて、経木塔婆を書いてもらい、これを鴨川へ流したという。これはこの千日詣に六斎念仏の詠唱をした中堂寺や壬生の六斎念仏講の老人の話であった。

しかしこれを裏付けるのは、室町時代初期に画かれた『七十一番職人歌合』である。これには、「いたか」という僧形のものが卒塔婆を売りながら、

ながれくわんぢやうながさせたまへ、そとばと申は大日如来の三摩《さんま》耶形《やぎょう》

とさけんでいる。その歌合わせの歌は、

いかにせむ五条の橋の下むせびはては涙の流くわん頂
文字はよしみえもみえずも夜めくるいたかの経の月のそら読

「いたか」の五条橋の流灌頂
（『七十一番職人歌合』）

とあり、五条の橋の下で、新仏の流灌頂《ながれかんじょう》に来た人が涙にむせんでいる光景をよんでいる。流灌頂というのは、死者の魂が生前の罪穢のために死後地獄に堕《お》ちてくるしむので、この卒塔婆流しの流灌頂で罪穢をはらいきよめてやれば、後世安楽であるという。しかし実際には卒塔婆を依代とする荒魂を鎮めることであった。

流灌頂（和歌山県・高野山奥之院）

このことから見れば、今の京都の人は六道辻へ詣《まい》って鴨川へ流すべき卒塔婆を家へもち帰っていることになり、観念が逆転したのである。しかしお盆という祖霊供養の魂祭が、もとは共同体の安全のために荒魂を鎮め送る共同祭祀であったという伝統は、この精霊迎えにものこっているとおもう。そしてもう一つの共同祭祀は、地蔵盆の方にもっとよくのこったのである。

六道参りと千日詣

京都の六道参り

京都の八月は耐えがたいほど暑い。その九日と十日（現在は八月七〜十日）に六道参りがあって、東山界隈《かいわい》は人の波でうずまる。かき氷や割西瓜《わりすいか》や飴《あめ》水を売る店がならび、幽霊飴もこの日だけの店をひらく。茶道とか香道とか花道という取りすました京都の、もう一つの顔がここにある。それは汗くさい職人や小商人や近郊農民の京都で、この暑い盛りの八月の六道参りから、お盆、大文字送り火と六斎念仏の季節にだけ、この顔は表に出てくる。

私は京都のこの顔がたまらなく好きである。過去の京都の栄光と繁栄を縁の下でささえた人々が、三巾前垂《みはばまえだれ》や古い浴衣《ゆかた》やステテコ一枚で、団扇《うちわ》など持って晴々とした顔で出てくるのである。ここにはスマートな文化人や大学教授や、奥方や令嬢の顔などというものは見られない。生活の労苦を顔の皺《しわ》にきざみこんだ人々ばかりである。

この人々は、先祖や近親の霊をわが家にむかえ、対話できるよろこびでうきうきしているのである。それに、六道の辻から清水坂にかけてならぶ雑然たる出店の雑踏に、過去の京都の、庶民の街の再現を見るからであろう。

しかし六道参りの日には、ここに集まらない人々もある。その人々は六道参りよりも、五条通にならぶ瀬戸物市に興味がある。一年間に使う瀬戸物を買い入れようという料理屋とか、大店《おおだな》の女主人やサラリーマンの主婦である。この二つの通りは客種、そしてその生活意識と信仰がまったくちがうのもおもしろい。もちろんいまの五条通は戦時中の疎開でつくられた大通りで、昔の五条通は、いまの松原通から松原橋（四条大橋と五条大橋の中間）をわたり、清水寺へのぼって行くせまい通りであった。弁慶と牛若丸の物語は、この昔の「五条の橋」のほうである。この通りを「車大路《くるまおおじ》」というのは、鳥辺野《とりべの》へおくられる棺《ひつぎ》をのせた車が通るからであった。

河原おもてを過ぎゆけば、急ぐ心の程もなく、車大路や六波羅の、地蔵堂よと伏し拝む。観音も同座あり。闡提救世の、方便あらたに、たらちねを守り給へや。げにや守の末すぐに、たのむ命は白玉の、愛宕《おたぎ》の寺も打ちすぎぬ。六道の辻とかや。実《げ》に恐ろしや此道は、冥途に通ふなるものを、心細《こころぼそ》鳥辺山、

（下略）

謡曲「熊野《ゆや》」のもっとも有名な一段である。ところで「六波羅の地蔵堂」という

のは、車大路から六波羅蜜寺のほうへ曲がる角にある西福寺《さいふくじ》の位置にあった。昔はここが六道の辻で、この北側に閻魔堂《えんまどう》と姥堂《うばどう》があった。ということは、ここが鳥辺野の入口で娑婆《しゃば》とあの世（地獄）との境なので、六道の辻と呼ばれたのである。

六道というのは地獄道、餓鬼道、畜生道、修羅道、人間道、天道のことで、人は死ねば生前の罪の軽重によって罪に相当する道へ行かねばならない。その罪の判定をするのが閻魔大王で、陪審官が十王である。しかしその前に姥堂で葬頭河婆《そうずかばあ》に賄《わい》賂《ろ》の衣服を出しておけば罪が軽くなるし、生前の信心や作善《さぜん》（造寺・造塔・写経など）を申し立てれば、六道地蔵がもらい下げてくれることもある。ともあれここから先は道が六本に分岐するので辻と呼ばれたが、事実は一本で、三昧聖《さんまいひじり》が受け取ってみな鳥辺野へ送られた。

鳥辺野入口の六道の辻
（京都市）

ここから先は「金次第」で、金を出せば火葬、土葬、そして貧しければ風葬であった。

しかし、六道の辻はいまの珍皇寺《ちんこうじ》だという説もあり、謡曲「熊野」は

「愛宕《おたぎ》の寺」、すなわち珍皇寺のほうを六道の辻としている。これは六波羅蜜寺と愛宕寺の勢力争いの結果かとおもわれるが、平安中期には六波羅蜜寺は天台別院、愛宕寺（珍皇寺）は真言別院となって、きわめて収入の多い鳥辺野斎場の主導権をあらそった。これを証拠立てるのが、『弘法大師二十五箇条御遺告《ごゆいごう》』というもので、その第四条に、

珍皇寺字ハ愛宕寺を以て、後生《こうせい》の弟子門徒の中に修治す可き縁起、右の寺建立の大師は、吾が祖師、故《もと》の慶俊《きょうしゅん》僧都なり。諸の門徒相共に付属することと有るに依って、修治を加へ来る者なり。然れば則ち修治を能くする人を以て、住持せしむべし。不能の者を用ゆること莫れ。

とのべて、珍皇寺すなわち愛宕寺は慶俊僧都の建立とする。これは当時、弘法大師の師匠は慶俊僧都であるという説があったのを利用して、空海の末徒がこれを修理するとともに、その経営の権利を真言側で確保しようとした謀略なのである。というのは、『弘法大師二十五箇条御遺告』というものは、空海没後百五十年くらい後の偽作であることがはっきりしており、十世紀末ごろの真言宗がその権利拡張に利用したものだからである。

珍皇寺が愛宕《おたぎ》寺と呼ばれたのは、このあたりが愛宕《おたぎ》郡だったからで、京都の西の愛宕《あたご》山と文字はおなじでも、場所も読み方も別である。それはともかくとして、愛

宕寺は平安時代中期には、珍皇寺と念仏寺に分かれていたらしい。その原因や事情についてはまったくあきらかでないが、私はその後のいろいろの事情や伝承を総合してかんがえた結果、次のように推定している。それは小野篁《おののたかむら》（八〇二―五二）が愛宕寺に住んで地獄に往来したといわれ、死者滅罪の密教と陰陽道《おんみょうどう》の修法をする寺であったのにたいし、十世紀には有名な念仏者・千観内供《ないぐ》がこの寺にはいって念仏往生をすすめるようになった。そこで愛宕寺は、密教の珍皇寺と浄土教の念仏寺とに分離したものと推定される。

鳥辺野と珍皇寺

京都の六道参りはお盆の精霊迎えなので、地獄その他の六道から帰ってくる精霊を六道の辻まで出迎えに行くと信じられている。全国各地の精霊迎えが墓地から迎えるのもおなじ意味であるが、信州上伊那の高遠《たかとお》などでは、六道原《ろくどはら》というところから松の枝に精霊を迎えてくるのは京都と似ている。東北地方の蓮台野とかデンデラ野と呼ばれるところもおなじだったろうとおもう。そうすると京都の鳥辺野の入口である六道の辻を、天台系だった六波羅蜜寺はいまの西福寺の旧地蔵堂と閻魔堂のあたりとし、真言系の珍皇寺はその境内にあると主張したのであろう。六波羅蜜寺は現在は真義真言宗智山派であり、珍皇寺は臨済宗建仁寺《けんにんじ》派になった。そして念仏寺は天台宗として、嵯峨の愛宕山麓、同名の化野《あだしの》念仏寺の北に移転している。まことに転変がはげしいけれども、民衆は宗派や住職にはおかまいなしに二つの六道の辻へ精霊迎えに集まり、千年来の庶民の鳥辺野を再現するのである。

珍皇寺という寺の名はまことに珍しいが、これが小野篁にゆかりがあるということから、私はもと珍篁寺《ちんこうじ》であったろうとおもっている。はじめから珍皇寺ならば、呉音《ごおん》でチンノウジと読んでもよいのに、チンクワウジというのは、珍篁寺だったからであろう。珍は奇略という意味があるので、小野篁が奇略ある行為をなし、奇行があって「野狂」とも呼ばれたことを指している。また『江談抄《こうだんしょう》』（巻三）や『今昔物語集』（巻二十第四十五話）、『三国伝記』（巻四）などには、冥途《めいど》に通う能力のあった人として記されている。『今昔物語集』では、

（西三条ノ大臣良相）閻魔王宮ニ至テ罪ヲ被レ定ル、ニ、閻魔王宮ノ臣共ノ居並タル中ニ小野篁居タリ。（中略）篁ハ只人《ただびと》ニモ非ザリケリ。閻魔王宮ノ臣也ケリト云フ事ヲ始テ知テ、（中略）篁ハ閻魔王宮ノ臣トシテ通フ人也ケリト人皆知テ、恐《お》ヂ恐レケリトナム語リ伝ヘタルトヤ、

などとあり、珍皇寺の迎え鐘の下の井戸は、篁がここから冥途へ通った穴だという。したがってわが家のお精霊もこの井戸から帰ってくるのだろうと、人々はあの世ま

で聞こえるようにこの迎え鐘をつくのである。

しかしいくら奇略ある小野篁でも、土龍《もぐら》のように地獄までもぐっていくわけにはいかない。それがこのように言われたのは、「冥道供《めいどうく》」という密教修法で地獄の閻魔大王に罪の宥恕《ゆうじょ》をねがったか、「泰山府君祭」という陰陽道の祭奠《さいてん》をして、冥府《めいふ》の主人である泰山府《たいざんふ》君《くん》に延命をねがったかのいずれかであろう。あるいはこのような修法祭奠を冥途の入口という井戸の中でおこなって、擬《ぎ》死再生《しさいせい》の逆修《ぎゃくしゅ》をしたのかもしれない。これを民衆は、小野篁が地獄で閻魔大王に会って逆修の受者のために寿命をもらってくるのだ、と言いつたえたものと私は理解するのである。

珍皇寺の「六道の迎え鐘」（京都市）

　そこで六道の辻《つじ》の「六道」ということばは、愛宕《おたぎ》寺、愛宕《おたぎ》郡などのオタギとともに、なかなかの曲者である。六道と書くから地獄道、餓鬼道、畜生道などとなるが、ロクドはロとドの混用のために、ドクロ（髑髏）から転じたものといわれる。六波羅の地名もドクロ原であったと土地の故老はつたえており、京都所司代がロクロ原から轆轤《ろくろ》町と改めたといっている。鳥辺野には髑髏がゴロゴロしていたことからおこったドクロ原が、六道や六波羅という仏教的用語に変化したという推定は、そうはずれていないだろうとおもう。

オタギのほうもアタゴと同文字であるのは、共通の語源からきていることの証拠である。アタゴはアタシ野（化野または他野）と関係があり、「はかない」または無常を意味するアタから出ている。すなわち風葬、土葬、火葬にかかわらず、葬所をアタシ野とかアタ野と呼んだものとおもう。事実、京都の西の愛宕山麓《あたごさんろく》が風葬もおこなわれる葬所であったことは『宇治拾遺物語』（巻二）の「清徳聖、奇特ノ事」に語られ、空也の伝説があるのも葬場だったためであろう。アタゴのアはア行でオと相通じ、ゴはガ行でギと相通じてオタギとなることが可能だから、オタギも葬所のアタから出たといえる。

すなわち、京都の東の東山山麓と西の愛宕山麓にアタから出た共通の地名があることは、葬所という条件が共通していたためだったと推定するのである。

清水寺千日詣

さて、鳥辺野の珍皇寺や西福寺の六道の辻へ精霊迎えに、京都の庶民が行く日は八月（旧七月）九日と十日である。普通、精霊迎えは盆の十三日であるのに、なぜ京都だけ早いのであろうか。これを江戸時代の歳時記などによって見ると旧七月十日は清水寺千日詣としており、鳥辺野の精霊迎えはこれと関係があるであろう。江戸中期の『滑稽雑談』（正徳三年〈一七一三〉）は清水寺千日詣を「観音欲日《よくび》」と説明して、つぎのように言う。

> 観音欲参記《よくさんき》に曰、七月十日、四万六千日に向ふ。毎年今日、千日詣と称して、貴賤踵《きびす》を突きぬ。按ずるに観音欲日とて、正月より十二月まで、一月一日《ひとつきいちにち》の日取は（侍）べる。その中に七月十日をもって最上の欲日とす。ゆゑに参詣するならし。欲日と称すること、たしかなる説なきことなれども、俗に言ひならわせり。

これはまさに俗説であり、一日で千日や四万六千日分の功徳をもらおうという欲のふかい信心だから、知識人、文化人、貴族、町衆などは恥ずかしく近づかないのである。

この欲日というのは功徳日ともいい、本尊の縁日ともいって、庶民信仰の寺や社に庶民が群参する日である。庶民は一人ひとりで功徳をもらおうとするよりも、大勢で一緒に功徳をうけようとする。一日に千人の人とお参りすれば、一人ひとりの功徳は千倍にも千の千倍にもなるとかんがえる。これは庶民信仰の「融通の原理」

と私が名づけるものである。

この「融通の原理」は、庶民と庶民信仰を体得した勧進聖《かんじんひじり》や遊行聖《ゆぎようひじり》しか知らない。その中で壬生《みぶ》狂言《きようげん》を創始した円覚十万上人（道御《どうぎよ》）や木食養阿上人（正禅）などは知っていた。とくに木食養阿上人は江戸中期の享保《きようほう》（一七一六―三六）のころ、京都六阿弥陀詣の功徳日を定めている。真如堂《しんによどう》、永観堂《えいかんどう》、清水寺（奥之院）、安祥院、安養寺、誓願寺をめぐるもので、いまも毎月の功徳日の早朝には万余の庶民がこれらの六阿弥陀を巡っている。安楽死の信仰があるので、近ごろはとくに多いようである。しかし七月の功徳日は十四日なので、清水寺千日詣とは関係がない。

ところが清水寺では七月十日（旧暦）には、塔頭寺院が輪番で死者や先祖のための経木塔婆をあげさせ、これをまとめて五条の橋（いまの松原橋）から鴨川に流していた。これが欲日（功徳日）だったのであって、これは死者の滅罪のためであった。いまも珍皇寺で経木塔婆を書いてもらうと精霊迎えのために持ち帰る人もあるが、これを水向地蔵にあげたり焼いたりする人があるのは、千日詣の信仰がのこっているからである。

私の結論を言えば、京都のいまの八月七日～十日の六道参りは、清水寺千日詣に死者滅罪の経木塔婆を鴨川に流す行事と、お盆の樒《しきみ》や苧殻《おがら》や殻の葉、あるいは線香を買う盆市（草の市、手向《たむけ》の市）とが結合したものである。しかもこれは庶民信仰にもとづく民俗行事なので、寺からも文化人からも無視されて記録にのこらなかった。しかし室町時代初期の『七十一番職人歌合』には「いたか」の流灌頂《ながれかんじょう》というものが出ていて、鴨川で経木塔婆を流していたことがわかる。これは日は書いてないが場所は五条の橋なので、清水寺千日詣の経木塔婆流しであったことはうたがいがない。その歌は、

　いかにせむ五条の橋の下むせび《(咽)》はては涙の流くわん頂
　文字はよしみ《(見)》えもみえずも夜めくるいたかの経の月のそら読

とあり、「いたか」は次のように人々に呼びかけていた。

　なが《(流》れくわん《灌》ぢやう《頂)》ながさせたまへ、そとば《(卒塔婆)》と申は大日如来の三摩耶形

これは乞食《こつじき》のような「いたか」が、死者のために経木塔婆を流せば死者の罪はきよめられて地獄に堕《お》ちない、という説経唱導もおこなっていたことを想定させる。清水寺のほうでは鴨川の中に大きな角柱塔婆などを立てて大施餓鬼をおこなったらしく、『洛中洛外図』にはその光景が描かれている。

　これにたいして民間の遊行者や勧進聖が経木塔婆を売りつけて、死者の滅罪と菩《ぼ》提《だい》のためにこれを川へ流させたのである。「灌頂」といえば坊さんや学者は真言密教の即身成仏の灌頂だけをかんがえるが、卒塔婆や印仏紙、あるいは名号札に水をかけたり川へ流したりして罪をきよめることが庶民の理解する灌頂であり、そのた

めに流灌頂と呼んだ。これを平家一門や安徳天皇のために盲僧たちが毎年二月十六日に鴨川でおこなったのが「お経流し」で、そのとき語る平家物語が「六道の巻」あるいは「灌頂の巻」であることは、かつて私は論じたことがある（「『平家物語』と仏教」『国文学・解釈と鑑賞』二八―四、至文堂、昭和三十八年。五来重著作集第四巻、法藏館所収）。

以上のような庶民信仰をもとにした行事なので、六道参りには庶民しか出てこないのであるが、流すべき経木塔婆を精霊迎えとおもって持ち帰るところは誤解である。むしろ精霊は、槇《まき》の枝に乗って家へ帰るとおもうべきであろう。

地蔵盆と塞の神祭

地蔵盆の「通せんぼ」

終戦後間もないころの八月二十三日に、私は但馬の港村（現・豊岡市）の気比《けひ》というところを日の暮方に通りかかったら、道に縄が張ってあって「通せんぼ」をされた。見ると道の辻に地蔵さんが祀ってあって、お供物や燈明《とうみょう》があがり、子どもたちが賽銭《さいせん》を強要するのであった。話には聞いていたので、私はめずらしい民俗資料に行きあたったおもいで、賽銭をはずんだ憶《おぼ》えがある。このとき私は、賽銭というのは塞銭《さいせん》ではないか、とふとおもいついた。

こんな語呂合わせのようなことは、よく民俗学の駆出者のすることで、私もそのころは正しく駆出者なので、民俗採集でうろうろしていたのである。しかしこのようなヒントがうかんだのは、柳田國男翁が駆出者時代にまとめられた『石神問答』（『定本柳田國男集』第十二巻、筑摩書房、昭和四十四年）の残像があったせいかもしれない。

この書は明治四十三年（一九一〇）に発行されたが、それ以前に柳田翁が石神や道祖神や塞神《さいのかみ》（岐神《くなどのかみ》）、御霊神などについて、知友との間で往来した書翰《しょかん》を一冊にまとめたものである。書翰による公開討論会、いまでいうシンポジウムのようなもので、結論は出なかったけれども、日本民俗学にとって重要な問題を提供した「民俗学事始」とでもいうべき貴重な本であった。この中には、京都の東山の「大将軍」にたいして西山の愛宕山に「勝軍地蔵」があるのは、ことによると塞神を意味するシャグジン（石神）の訛《なま》りではないかというような、私の駆出者に劣らない駆出論さえ提出されていた。しかしこれは大将軍も勝軍地蔵も、京都に悪霊を侵入させないガードマンとしての塞神であることをかんがえさせる重大なヒントであった。

そしてその延長線上で、京都の地蔵盆の謎も解くことができるのである。

塞神《さいのかみ》は賽神《さいのかみ》と書かれたり、幸《さい》ノ神、才《さい》ノ神などと書かれることもあるが、賽は「むくいる」とか「お礼をする」という意味で、道の辻に立てられた石棒や猿田彦や道祖神とは関係がない。また京都出雲路の「幸ノ神」のように、縁結びの神となるのは塞の神の形からきたもので、その男根形の石棒が塞神のもとの形であった。常陸の土浦市に合併された道祖《さい》村は、明治初年の淫祠《いんし》邪教の禁で大部分の男根形の塞神が取り払われたときに、村名の由来する氏神の御神体として巨大な石棒をそのまま祀ったという経緯《いきさつ》もある。

ともあれ塞神がサイノカミと呼ばれるのは、村の四方の入口に立って悪神・邪霊の侵入を防遏《ぼうあつ》するためであるが、本来は「さへぎる」神、すなわちサヘノカミであったのが、塞《さい》の文字をもちいたためにサイノカミとなり、幸《さい》ノ神となったものであろう。したがって京都のように七筋の街道に七つの入口のあるところでは、七口にそれぞれ塞神が祀られていたであろうが、この塞神はのちにのべるような事情で地蔵尊に転化すると、七口にそれぞれ六地蔵が祀られるようになる。ところが六地蔵を一体ずつ六口に祀ったという解釈ができて、いまの山科《やましな》、木幡《こばた》、桂《かつら》、上鳥羽《かみとば》、常盤《ときわ》、鞍馬口の六地蔵になり、西坂本口の地蔵はうしなわれた。民俗の変化はたいそう複雑なので、誰にでも納得いくように説明するのは短い紙幅では容易なことでない。

地蔵盆はこのような都や街や村の入口をまもる塞神の祭から出発する、というのが私のかんがえ方である。これはいかにも突飛なように見え、仏教の地蔵尊の祭(法会《ほうえ》)とかんがえる人にはショックかもしれないが、説明をすれば納得されるとおもう。そうすると私が但馬の淋しい村の入口で地蔵盆の「通せんぼ」に出会ったのは、塞銭《さいせん》を強要されるということよりは、他郷からはいるものを塞《ふさ》ぐという塞神の行為であって、慈悲深い地蔵様のなさることではなかった。賽銭を塞銭としたのは、私のいつもの性悪な駄洒落《だじゃれ》であるが、地蔵尊への賽銭とおもったのは、塞神への塞銭だったのである。

ところで、地蔵盆が子どもの祭であるのは、のちにのべるように平安時代以来、塞神祭が子どもの祭だったからである。そしてその時代から道の辻や村の入口には、縄が張られていたであろう。京都のみならず、近畿地方では地蔵盆に縄を張って賽銭をねだったといわれるのはその名残りであった。ところが平安時代には役人が塞神祭（御霊神）に干渉したとおなじく、明治以後は学校教育がこれに干渉して大部分はやめたのである。たまたま但馬でこれに出会った私は、まことに幸運であったといわなければならない。しかも塞神祭の賽銭というのは一種の祓《はらい》の料であって、他郷からもちこむ禍《わざわい》や穢《けがれ》をこの銭で祓うのである。したがって私はこの賽銭をあげることによって、災に出会ったかもしれぬ罪穢を祓って、無事に旅行ができたともいうことができる。

地蔵盆と愛宕信仰

地蔵盆は近畿地方から東海地方にかけて盛んであり、その他の地方では盆の二十三日、二十四日を「うら盆」というところが多い。それは例の文化庁の『日本民俗地図』にもあらわれているが、それが何故かということを考察した論考を私は見たことがない。民俗地図の基になる昭和三十七年から四十年までの「文部省緊急民俗資料調査」には、私は大阪府を担当したが、調査地で「地蔵盆」のないところはないといってよかった。しかし京都府の部にはあまり多くの報告がないのは、調査者がこれに重きをおかなかったためであろう。その中で福知山《ふくちやま》市字雲原、小字西石では、

24日、盂蘭盆には愛宕様で草がらを集めて枝木をくすべる。大籠《かご》の火をたいておどった。

とあるのは注意をひく。その他は多く地蔵盆とあるが、兵庫県の部では二十四日盆またはマンド（万燈）と言って、かならずしも地蔵盆とは言わない。加東郡社町上鴨川（現・加東市）などでは、

24日、おくり盆。愛宕さん。もと愛宕神社は公民館の上の山に祭ってあったが、今は八幡・祇園とともに住吉神社の小祠に移されている。二十年ほど前には竹の先にアカシマツをつけて、この日の晩これを各戸が持って詣り、山で点火した。

とある。また奈良県東吉野村三尾では、二十三日を愛宕祭、二十四日を地蔵祭とする。

このように地蔵盆は愛宕の火祭に深い関係があることは注意すべきことで、福井

県織田《おた》町細野（現・丹生郡越前町）では、

24日、裏盆、昔は愛宕山「カセ上ゲ」をした。

とあるのは、柱松の火上げをしたことにちがいない。四国でも愛媛県伊予郡広田《ひろた》村高市（現・砥部町）ではこの日を「愛宕講」とし、村を三組に分けて当番で講の世話をし、盆の二十四日には「念仏をあげ厄払い、相撲をする」となっている。高知県でも吾川《あがわ》郡吾北村小川新別（現・いの町）では、二十四日に「再びタイマツをつけてとぼす」のは、二度目の送り火ではなくて愛宕火だったことをわすれたのである。

また同県中村《なかむら》市有岡（現・四万十市）では、

24日、うら盆、真静寺下の街道に二つの棚《（から）》をつくり、その左右に一間おきに松明を立てる。棚の前での読経が終ると、棚や松明の火を取って、両方に分かれて子供たちが火をたき、火力の強弱によって、沖組が勝てば沖が豊作、奥組が勝てば奥が豊作と、豊凶を占った。火焚がすむと、寺の庭でロッソ（六斎か）という踊をおどり、その後相撲をとった。

とあり、これはまさに、愛宕修験の柱松《はしらまつ》験競《げんくら》べを子どもたちがおこなったのである。

このような事例から見て、盆月（旧七月）の二十四日に地蔵尊を祀るのは、愛宕の本尊としての地蔵尊を祀ることで、お盆とは直接のかかわりはなかった。そのために旧七月二十四日には万燈をとぼすところや、火祭をするところが多いのである。

京都の愛宕山は古くは山の神としての天狗を祀り、これに仕える修験集団が山麓と山上に住んで愛宕信仰を全国にひろめた。全国に何万という愛宕社と愛宕山が存在する所以である。この山の天狗は都の西北にあって、火難や盗難の災を都に入れしめない塞神の役割をはたしていたが、塞神の地蔵化とともに本尊を地蔵菩薩とするようになった。その時代はすでに平安時代の中ごろで、『本朝法華験記』(上巻第十六話)によると、東大寺沙門仁鏡が「愛太子山大鷲峰」で修行したのは、ここが地蔵と龍樹《りゅうじゅ》の久住利生の霊地だからであった。

愛宕山が修験道の山として繁昌したのは平安時代であって、『本朝法華験記』や『今昔物語集』には多くの愛宕山修行者が出ている。そして仏教的には地蔵菩薩利生の山とされるが、庶民信仰では日羅または天狗(太郎坊)の山として、火防《ひぶせ》・盗難をまもる信仰にささえられていまにいたっている。

ところが室町時代ごろに愛宕山の地蔵菩薩が何故に「勝軍地蔵」になり、毘沙門天のような武装をして馬に騎《の》った勇ましい図像で表現されたかは、インド的物知りの図像学者や仏教美術学者をなやます難問の一つである。これにたいする解答の一つが、柳田國男翁のシャグジン(石神・社宮司・主宮神・司宮神・四宮神・杓子《おしゃもじ》さま・障礙神等の文字があてられる)ではないか、という仮説であった。柳田翁もなにも自信があって言っているわけではないが、私は愛宕山神(天狗)の勝軍地蔵化には、都の西北隅（乾）をまもる大将軍神（魔王天王）の陰陽道《おんみようどう》的方位神信仰があったことはたしかであるとおもう。したがって、北方をまもる鞍馬山毘沙門天（山神としては魔王尊と呼ばれる大天狗僧正坊）とおなじ武装をしたのである。

修験道華やかなりし平安時代には、愛宕修験の夏峰入りは四月八日または十五日から七月十五日までの、愛宕五峰の花供回峰であったと私は推定している。これが地蔵菩薩の縁日の七月二十四日に出峰蓮華会と柱松験競べがおこなわれて、愛宕の地蔵祭と愛宕火が一般化したのであろう。これは京都を中心に畿内にひろまったために地蔵祭は地蔵盆という形でのこり、京都・山城《やましろ》・大和・近江・摂津《せつつ》・和泉《いずみ》等に濃密に分布することになった。ところが中世になると修験道の入峰期間の短縮がおこり、六月十五日または六月二十四日に出峰したので、旧六月（新七月）の愛宕火が全国的に見られるようになったものとおもう。したがって旧七月二十四日（現、八月二十四日）の地蔵盆は、お盆とは別の愛宕信仰にもとづく地蔵祭であった。

六地蔵詣りと辻《つじ》の地蔵盆

地蔵盆の日取りの問題はこれで一応の解決ができたが、京都の地蔵盆は京都七口（現在は六口）の六地蔵祭と、町内毎の地蔵祭（天道大日如来祭をふくむ）との二つから成っている。これはどのような関係にあるのであろうか。

この二つの地蔵祭は塞神祭の変形であるから、かならずしも盆月の七月（いまの八月）でなければならないことはない。もしこれが愛宕地蔵と関係がなければ、疫病のはやりやすい三月（季春）か六月（季夏）であったろうとおもう。六地蔵祭については『源平盛衰記』（巻六）の「西光卒都婆《さいこうそとば》の事」に、

西光も先世の業《がう》に依てこそ、かくは有りつらめども、後生《ごしやう》はさりとも憑《たの》もしき方あり。当初《そのかみ》有り難き願を発せり。七道の辻毎に六体の地蔵菩薩を造り奉り、卒都婆の上に道場を構へて、大悲（地蔵）の尊像を居《す》え奉り、廻り地蔵と名けて、七箇所に安置して云く、（中略）斯様に発願して造立安置す。四宮河原（山科）、木幡《こばた》の里（六地蔵）、造道《つくりみち》（丹波口の桂）、西七条（西国街道の鳥羽口）、蓮台野（高雄口の常盤）、みぞろ池（鞍馬口）、西坂本（若狭街道）、是れなり、（下略）

とあって、その祭の月日は別にない。しかしこのような七街道の七口には、京都に悪霊・邪神を入れしめない塞神や岐神《くなどのかみ》、道祖神が祀られていたことはたしかで、これを六地蔵におきかえたのが西光の六地蔵であった。墓地の入口の六地蔵も、祟《たた》りやすく恐ろしい死霊を村に入らしめないガードマンの塞神が地蔵化したものである。そのためにはお巡りさんの検問のように、三体ずつ道をはさんで六体祀ることがた

墓地入口の六地蔵（和歌山県橋本市）

しかであるし、地蔵の異名「六道能化」にも合致するので、六地蔵となったのであろう。

もう一つの辻々の地蔵も町内に悪霊・邪神を入れないための塞神（道祖神）が地蔵化したもので、この祭もお盆のような特定月のものではなかった。したがってこれを、お盆月の二十四日に祀って地蔵盆としたのは、愛宕地蔵の祭と習合したためと推定される。平安時代に京都の辻々に塞神が祀られた確かな証拠は『本朝世紀』や『扶桑略記《ふそうりゃっき》』に見えるが、『扶桑略記』は天慶《てんぎょう》二年（九三九）九月二日とし、『本朝世紀』は天慶元年九月二日とし、おなじ記事をのせている。そしてこの塞神祭は九月のことで、多くは男根形を祀り、中には男女形一対で祀るものもあった。

近日、東西両京の大小の路衢《みちつじ》に、木を刻みて神を作り、相対して安置す。凡そその体像、丈夫（男根）に髣髴せり。頭上に冠を加へ、鬢辺まで纓を垂れ、丹を以て身を塗り、緋衫の色を成す。（中略）或る所は又女形を作って丈夫に対して之を立つ。臍下腰底に陰陽を刻み絵く。（中略）児童猥雑して拝礼慇懃たり。或ひは幣帛を捧げ、或ひは香花を供ふ。号して岐神《くなどのかみ》（塞神）と曰ひ、また御霊と称す。何の祥《さが》なるかを知らず。時の人之を奇とす。

とあるのは、児童が主役になって塞神祭をしていたことをしめしている。

しかし塞神祭はこのときはじめられたものではない。その前は道饗祭《みちあえのまつり》としておこなわれたものとおもう。ただこのときは天慶の乱の前年の世情不安の中で爆発的な流行を見たために、政府の役人もこれを記録にのせたのであろう。そして心ある僧侶や堅い役人は、この男根形またはコケシ形の塞神にもっとも近い形の仏像として、円頂比丘形の地蔵菩薩をえらんで児童に祀らしめたのが、地蔵盆のもう一つの起源と私はかんがえるのである。地蔵菩薩と子どもの親近性は地蔵を祖霊の表象とすることで解釈されているけれども、その中間項に塞神がある。すなわち先祖のシンボルは古くから男根形の石棒であり、これを子どもの玩具《がんぐ》にしたために木製のコケシができた。この石棒を塞神として村の入口の路傍や町内の入口に立てて、火難、盗難、悪疫の侵入を防いだ例は民俗に多くのこっている。たとえばオッカド棒、門入道、ダイノコンゴウ、三九郎太夫などという男根形の木製の棒を、門口や塞神の前に立てるのもこれである。

これらが地蔵化することによって、祖霊が子どもを愛するように地蔵は子どもを可愛がるという信仰や伝説、昔話になった。この変化のプロセスに地蔵祭や地蔵盆があるが、これがお盆の一部と誤解されるようになったのは、愛宕山の地蔵信仰がくわわったためと、私はかんがえるのである。

八朔の焼米と「憑みの節供」

八朔と焼米念仏

今日、「はっさく」といえば八朔《はっさく》柑をおもいだすものが多いし、八朔柑そのものが、季節におかまいなしに果物屋の店頭にある。季節感の混乱、これよりはなはだしいものはない。

しかし一時代前までは、八朔といえば秋冷を意味し、稲の実りの秋ということであった。仲秋名月、すなわち旧八月十五日に先立つこと半月であるが、八朔（旧、八月朔日《ついたち》）もまた初めて田を刈る穂掛祭の節日であった。もちろん新暦では九月になるので早稲《わせ》の刈入れである。日本の民間年中行事はすべて耕作に関連がある。仲秋名月も穂掛祭であり、九月九日も栗節供や「おかづら節供」といって収穫祭であった。九月晦日《みそか》や十月朔日あるいは十月亥《い》の子も、刈入れの後の田の神送りとする地方はすくなくない。

このように八朔は農民の祭であるのに、鎌倉時代の中ごろから公家や武家の節供になっていた。似絵《にせえ》（肖像画）の大家として知られる藤原信実《のぶざね》の娘で、後深草院に仕えた辨内侍《べんのないし》の『辨内侍日記』には、宝治《ほうじ》元年（一二四七）八月一日の条に、

八月一日、中宮の御方より（院の御所へ）まゐりたりし御たきもの《（薫物）》、よのつねならず匂ひうつくしう侍りしかば、辨内侍、

けふはまた空焚物《そらだきもの》の名をかへて頼めば深き匂ひとぞなる

とあって、八朔に香の贈答があったことがわかる。しかもこの贈答には、「たのみ」（頼＝田の実）が掛詞になっていた。

このことは農民の節日が公家や武家の年中行事にはいったことをしめすもので、日本の年中行事の成立をかんがえる上の一つのヒントになる。しかも、『辨内侍日記』に八朔の贈答が書かれた時代にこの行事がはじまったものでないことは、おなじ宝治元年八月一日の『吾妻鏡《あずまかがみ》』に、

恒例の贈物の事、停止《ちょうじ》すべきの由、諸人に触れらる。将軍家（頼嗣）に進め令むるの条、猶、両御後見の外は禁制すと云々。

とあるので、八朔贈答の弊害が出ていたことが想像される。おそらく東国農民の収穫穂掛祭が鎌倉武士の節日になり、やがて公家のあいだにもひろまったのであろう。

このような節日や節供は、農民や庶民のものであったあいだは記録文献に載ることはほとんどない。庶民の物詣《ものもうで》や巡礼や山登り、丘登りもおなじである。八朔の穂

掛けは農民のあいだでは、稲作がはじまって以来のことであろう。農民が端境期《はざかいき》に出来秋《できあき》を待つ気持ちは、今日のわれわれの想像できないほど切実なものだったとおもわれる。したがって多少青くとも、稲の実（田の実）を煎《い》って焼米を採ることができるようになれば、これを刈って束ねて竹の柵などに掛け、神にそなえてから焼米にして自らも食べ、縁者知己に贈ったことであろう。

稲は多少未熟でも、穂を焼くか炮烙《ほうらく》で煎るかして籾《もみ》を取り去れば、小粒な甘い青米が採れるのである。農村で育った人ならば、この焼米に熱湯をさして食べる粥《かゆ》の甘さをわすれることはできないとおもう。

栃木県芳賀《はが》郡逆川《さかさがわ》村（現・茂木町）では、八朔に早稲の焼米をつくり、老人たちが慈眼寺観音堂に集まって食べながら焼米念仏をしたことが、昭和四年（一九二九）の『旅と伝説』（「栃木県芳賀郡逆川村木幡の年中行事」加藤嘉一氏報）に報告されている。数ある念仏のなかで焼米念仏とはまことに奇抜であるが、八朔の初穂で焼米をつくる農民のよろこびと、この日を休日として念仏講をいとなむ老人のよろこびとが二重になってつたわる、涙ぐましい念仏である。しかし八朔を八朔節供といって休日にする風は東日本より西日本に多く、薩摩や天草《あまくさ》でも焼米をつくって一日休むという。

ところで焼米をつくるには、青田刈りをしなければならない。このことから八朔もしくは前後の豊作祈願を、「青祈《あおぎ》禱《とう》」とか「青箸の祝」などと言う。青箸と言うのは、焼米を食べるには薄（尾花）で青箸をつくるからだといわれる。八朔の祝いに室町時代の宮中では「尾花粥」を食べたが、これはやはり焼米を食べることだろうとおもう。というのは、薄の穂を黒焼にして粥に混ぜたとあるが、ススキは稲の異名だから、その黒焼は焼米のことであろう。

憑みの節供

八朔を「田の実」の節供というのは、焼米をつくる初穂刈りの「田の実り」を祝う意味であったが、のちには「頼み」の節供になった。これは一般に「作《さく》頼み」のことと解されて、農民が紋付羽織で田圃《たんぼ》のあいだを巡り、

作の神さん、頼みます。

と言ってまわるという行事になった。『郷土研究』（一巻七号）には肥後《ひご》菊池《きくち》郡地方の八朔の「作頼み」の例が出され、このとき茄子《なす》の馬を祀るというのは、田の神の乗物の意味であろう。また同書（二巻五号）には豊後三重《みえ》町（現・豊後大野市）の例をあげ、子どもまたは老人が、

作たのみ、作たのみ、作の神さめ《（様）》え、作う頼みまする。

と言って田圃をまわるのだという。

しかし八朔を憑み（頼み）というのは八朔が奉公人の出替りの日だったからで、この日から新しい主人に仕える奉公人は、主人に物を贈って半年間の保護を頼んだ。この主人が狂言などにいう「憑《たの》うだお方」なのである。奉公人が公然と新しい主人と雇用契約のできる「出替り」は、二月一日と八月一日であった。八月二日からは夜業《よなべ》がはじまるし、刈入れの労働があるから、没義道《もぎどう》な主人を捨てて優しい主人を選ぶ権利が、奉公人にみとめられていた。「憑みの節供」はこのとき、

　よろしくお憑み申します。

というところから名づけられたものである。

もともと日本の雇用契約は主人本位だから、贈り物は雇人のほうからする。長門では八朔をマツボリ節供と言うが、マツボリはいわゆるヘソクリまたはホマチのことなので、ヘソクリを新主人への贈り物にしたのかもしれない。人によっては、八朔には主人から従者へ物を貰《く》れるのがマツボリ節供だという説もあるが、柳田國男翁はこれを疑わしいと言っている（『歳時習俗語彙』民間伝承の会、昭和十四年）。

さきにあげた『辨内侍日記』では中宮から上皇に香を贈り、『吾妻鏡』では相模《さがみの》守《かみ》・武蔵守《むさしのかみ》などの両後見人が将軍に贈り物をしている。

八朔の贈り物が室町時代にはいって派手になったことは、幕府職制に八朔奉行、

または御憑《おたのみ》奉行があらわれたことにもうかがわれる。おそらくこれは『太平記』（巻三十三・巻三十九）に見られるような守護大名の「ばさら」が反映して、将軍への贈り物を競ったからであろうが、汚職どころか公然と奉行がこれを受け取り帳面に記録までしたというのは、恐れ入るばかりである。『親元日記』（文明十五年〈一四八三〉八月朔日）には、

八朔御奉行東山殿御奉行　伊勢守殿右筆

などとあり、同日記文明十三年七月二十七日、二十八日、二十九日の条には莫大《ばくだい》な八朔進物が記されている。

八朔祝儀として、佐々木田中殿（貞信）より、鮒酢（廿）、貝鮑（五十）進めらる。大内殿（政弘）八朔進物到来、公方様御太刀（金々）、御弓廿張、御鑵子十、御返御太刀（持末）、御馬（鴾毛《ときげ》、印雀目結）上様弐千疋、御返御扇一ツ、ミ（廿本）（下略）

このような献上の重なるものは、太刀《たち》、金銀、馬、香、檀紙《だんし》、書籍、唐物などで、その御返しには太刀や扇子があたえられた。室町将軍家の唐物茶器なども、このようにして献上されたものが多かったであろう。そしてこのことからみて八朔の憑み節供は、臣下が主人にたいして「憑む」ための贈答であったことがわかる。

武家の八朔贈答は室町時代の公家のあいだでもおこなわれたが、これは主従関係

というよりも交際であったらしい。権大外記中原康富の『康富記』を見ても、毎年の八朔に処々に進物をしている。たとえば文安元年（一四四四）八月朔日には、

晴、千秋の佳節珍重々々（中略）八朔御礼進上、宮の御方分、御剣一腰（皮裏《かわつつみ》）、引合十帖、小蠟燭五十挺進上す。折紙ニ注シテ進入する也。鷹司殿杉原十帖、金覆輪（太刀）一振進上す。清外史の亭に檀紙十帖、金覆輪一振進む。（中略）文亭に参り、祝箸の一献と蕙粥《おばなのかゆ》を賞翫す。

とあり、大名ほど高価ではないが贈答がある。蕙粥については、この日記の嘉吉《かきつ》二年（一四四二）の八朔の記事に、

晴、千秋の節、万幸、昼過ぎの程、清外史の文亭に参る。遅参に依り、先に使あり、例式にて蕙粥を賞翫す。一盞有る後、退出し了んぬ。外史（外記）語られて云ふ。今日蕙《ヲハナノ》粥を食するの事、未だ出処を見ず。若しは見らる丶かと。予、十節記の中に、此の粥の事を見ざるの由を反答し了んぬ。誠に出処文を尋ぬべき也。

清外史は中原康富と相役の清原某という大外記だったろうが、いずれもインテリらしく穿鑿《せんさく》好きである。しかし文献の出典をもとめてもそれは無駄で、もともとこれは民間の八朔初穂掛けと焼米から出たものだ、と私ならば答えたであろう。

蕙を「ヲハナ」と読んだのは、『経覚私要鈔《きょうがくしようしょう》』（宝徳《ほうとく》元年〈一四四九〉八月朔日）

に、
長老より餅幷びに小花粥、酒以下出さる。殊に祝着せしめ了んぬ。

とあることでもわかるが、尾花は薄のことでススキは稲の異名でもある。鈴のように実が成るというよりも、鈴は稲の形に模したのである。私は収穫にともなう神楽《かぐら》（霜月神楽）には、もと稲の穂を束ねて手草にし、颯々《さつさつ》たる清々しい音で舞ったものであろうとおもっている。ススまたはスズはその稲穂束の音から出た名とおもわれる。これがススキ（薄）やスズキ（稲）に転じ、稲積《にお》（稲城）をスズキと言うようになったものと信ずる。大和から近江、摂津、志摩などでは、方言採集でも稲積がスズキともススキとも呼ばれることがわかっている。なお言えば、ササもススの転とかんがえられ、篠が神楽の手草となり、神楽を『万葉集』では「神楽浪《ささなみ》」とよむのはそのためとおもうが、いまは深入りしない。ただ、ススキの穂を黒焼にして粥に混ぜて「尾花粥」「蕙粥」と言うとあるのは、八朔の焼米の粥のことであることを立証し、中原康富の疑問に答えれば足りるのである。

八朔の苦餅と八朔雛

『梅松論《ばいしょうろん》』という本は、『太平記』のいう逆臣足利尊氏《あしかがたかうじ》を寛仁《かんにん》大度の大人物とほめたたえたので、戦後、反体制好きのインテリの評価が頓《とみ》に高まった書であるが、じつは当時においては体制ベッタリの歴史書であった。その中で、

八月朔日、憑《たのみ》などに諸人の進物ども数もしらずありしかども、みな人に下し賜ひしほどに、(下略)

とあるように、権力者に進物が山と積まれたことがわかる。しかしそのもとはといえば、出来秋を待ちかねた農民が青田刈りをして焼米をつくり、ささやかなよろこびを頒《わ》け合った悲しい節日であったことをわすれてはならない。

また八朔は、地主に奉公する労働者が、新しい主人を頼んで夜業の待つ職場にはいる日であった。その「憑み」の心を、なけなしのホマチやマツボリを叩いて進物に代えたマツボリ節供でもあった。武家・公家の馬や金銀や唐物とちがって、彼等は何を進物にしたのであろうか。歴史はそれを何も語ってはくれない。しかし諺《ことわざ》はこの日の奉公人の悲しみを、「八朔の苦餅《にがもち》」とか「泣き饅頭《まんじゅう》」とか「泣き豆」とか「涙飯」ということばにのこした。八朔は貧農や奉公人には苦い節日であったが、焼米をつくって喰《く》いつなぐ必要のない地主は、去年の餅米で餅を搗《つ》いたり、春の小麦で饅頭をつくることができた。

一般に八朔から新しい労働条件になって、明日から昼寝がなくなり夜業がはじまるのでこの日の餅は苦いというのだが、七月のあいだはお盆月でどこかに盆踊もあ

り、嬥《かがい》で得た娘もあったであろう。そうした夜間の自由がうばわれるのが、苦餅であったろうとおもう。夜業は普通、秋彼岸からはじまり、春彼岸までつづくといわれ、八朔より半月ほどおくれるのが普通であるけれども、中国地方では八朔から田植え前までという長い慣習のところもあった。そのノルマは草鞋《わらじ》や草履五十足とか、糸十匁などときまっていて、共同の作業場ならば、雑談や作業唄などのたのしみがあった。

八朔の苦餅のもう一つの理由は「八朔荒れ」であった。旧暦では八月一日前後が二百十日か二百二十日にあたり、台風襲来の恐れがあった。公家や武家にとっては「千秋の佳節」であっても、農民には安心のできない季節であった。したがって風祭や風籠《かぜごも》りがおこなわれるのであって、大和高市《たかいち》郡地方では、八朔の晩には氏神の拝殿で通夜をしたり、「風日待」という共同体の夜籠りがあった。八朔を「風の盆」といって踊りで風の悪霊《あくりよう》を送り出すのは、越中八尾の「おはら節」である。これは盆踊が盆の精霊を踊りで送り出すとおなじで、一種の踊念仏にほかならない。いまは歌詞もすっかり変わっているが、室町《むろまち》小歌や狂言小歌の「小原木」を念仏の節にのせ、踊念仏するところから「小原木踊」と呼ばれ、「おはら節」となったのである。したがってこれは一種の御霊会《ごりようえ》であって、農民の八朔の不安がこのような形で表出されたといいえる。

また八朔人形とか八朔雛といわれるものも、これによって御霊を送り出す流し雛だったのが、中国地方ではタノモデコとかタノモ人形の名で贈答されるようになった。しかし安芸《あき》の宮島《みやじま》では、家族の数だけの団子を頭にした人形を人形船にのせて海に流すのである。そのほか八朔祭のおこなわれる神社はすくなくないが、いまでは豊作祈願の祭になっても、もとは御霊会の性格をもったものといわなければならない。したがって常陸《ひたち》東茨城郡大洗町の大洗磯前《おおあらいいそさき》神社の八朔祭に、デボミロク（デコミロク）というデコ人形を舞わすのは、御霊鎮送の祭としてとらえなければならないが、いまはもっぱら大漁祈願祭になってしまった。

要するに八朔の節供は、農民が「田の実」（稲）を穂掛けすることからはじまり、「田の実」が「頼み」に転じて、奉公人が主人に忠誠をちかう儀礼に変わった。これは東国農村から身をおこした鎌倉武士の主従関係を強化する儀礼として武家の節供となり、やがて公家のあいだにも普及した。したがって中原康富が『康富記』（文安五年〈一四四八〉八月一日）にのべたように、八朔礼は後鳥羽院《ごとばいん》のころ、鎌倉からはじまったというのは正しい。

八朔礼の事、何頃より之有る哉の由、尋ね申し候処、後鳥羽院の末つ方より出で来るか、但し慥《たし》かなる所見を得ず。所詮、先代より沙汰し初むるか。鎌倉より事起るの由、語り伝ふる所也。清家之記、嘉元之比の記に此の事見ゆ。

近年此の如きの由、註し付くと云々。又今日尾花の粥の事、其の由来は何事ぞ哉、自然《じねん》に見及ぶかの由、之を問ひ給ふ、未だ見及ばず。子細を知らざるの由、返答し了んぬ。

というのは、公家としては精一杯の知識であり、下手な詭弁《きべん》を弄さないところに好感がもてる。しかしこれは一方では武家社会の派手な儀式贈答に発展していくとともに、民間でも餅や人形の贈答に転換してしまった。そのような中で八朔の焼米や八朔の苦餅の伝承は、かつての貧農や奉公人の苦悩を民俗としてのこしたものなのである。われわれは民俗や伝承をただ雑貨屋のようにやたらに積み上げるのでなく、これに前後関係を見出し、何が根元で何が変化かを跡付けることによって、庶民生活の真実にふれることができるとおもう。

八幡宮の放生会

放生会と御霊会

賀茂の葵祭《あおいまつり》を北祭と言うのにたいして、八月十五日の石清水八幡《いわしみずはちまん》の放生会《ほうじょうえ》は古くから南祭と言われて民衆からしたしまれた。この二つの祭に奈良の春日若宮の「おん祭」をくわえて、日本三大祭などと言う。しかし昔ほど民衆的な祭であるかどうか、かんがえてみる必要がありそうである。

石清水八幡では明治維新以後、この由緒ある放生会は仏教くさいといって仲秋祭とあらため、いまは石清水祭と言って九月十五日におこなっている。しかしすべて祭には歴史があるので、神官側の勝手な理由で名称や祭日を変えてしまうと、民衆から離れてしまうのではないだろうか。放生というのはすばらしい名だし、八幡宮の大きな個性だとおもうが、神社も国家神道になってから御祭神も祭典も建築も画一化されて個性をうしなったように見える。どこへ行っても天下泰平《たいへい》、五穀豊穣《ほうじょう》では、マンネリ化して民衆から敬して遠ざけられるばかりである。

五穀豊穣といえば、阿蘇一宮《いちのみや》町（現・阿蘇市）の阿蘇神社やおなじ蘇陽《そよう》町馬見原（現・上益城郡山都町）の幣立《へいだて》神社などは、八月十五日の放生会を九月二十五日の「豊穣祭」としておこなっている。おもしろい語呂合わせである。これにたいして八幡宮の中でも宇佐《うさ》、石清水とともに大物といわれる大隅正八幡《おおすみしょうはちまん》宮は、おかしなことに旧暦の祭日八月十五日を新暦でも八月十五日に据えおいて十五夜祭と言い、隼人舞がおこなわれるので「隼人舞神事」とも言っている。よほど放生会の名称がおきらいなのである。しかもここは由緒ある正八幡の名をすてて、鹿児島神宮（霧島市隼人《はやと》町）というのだから無理もないかもしれない。大分市の、これも著名な柞《ゆす》原《はら》八幡宮も、八月十五日の放生会はいま九月十五日で仲秋祭と言う。仲秋というのはもともと八月の異称であって、九月ならば晩秋と言わなければならないのだが……。

福岡最大の祭、筥崎《はこざき》八幡宮の放生会は筥崎祭（現・放生会大祭）と名をかえて九月におこなう。しかし市民はこの日の着物を放生会着物と呼んでいるのだから、市民のほうは放生会であることをわすれないのである。ところが神社のほうは九月十五日に生物の放生どころか流鏑馬《やぶさめ》をおこない、俗に「的射《まとい》どん」と呼んでいる。

ところで八幡信仰発祥の地、八幡宮の総本家の宇佐八幡宮はどうかといえば、放生会は十月一日から三日間（現在、体育の日と前日・前々日）、仲秋祭といっておこなっている。十月といえば初冬（孟冬《もうとう》）であるのに、仲秋とはこれ如何《いか》に。その由緒も、元正天皇《げんしょう》の養老四年（七二〇）に宇佐八幡に祈って隼人を討伐した。このとき八幡様は殺した隼人の霊をなぐさめるために、毎年放生をおこなえとの託宣をしたという。それで旧八月十四日には神輿《みこし》は和間浜の頓宮《とんぐう》に渡御し、二十五菩薩の舞楽や六根懺悔《ろっこんざんげ》の行法をおこなって、翌十五日の満潮の時刻に、放生陀羅尼《だらに》などを唱えながら魚や貝を海中に放生したという。このように八幡の神は慈悲ぶかい神であり、怨霊を鎮める神であったということは、きわめて大切な日本の神道ではないだろうか。しかし学問の立場からすれば、八幡そのものも怨霊であった。そのために放生会は祇園御霊会とおなじ御霊会であったし、その祟《たた》りを鎮めるために放生をおこなったとしなければ、この放生会の謎は解けない。

八幡宮または八幡神社は、全国何十万ともしれぬ有格無格の神社の過半数をしめるといわれる。どうしてこんなに多くの八幡社ができたかは、たんに応神《おうじん》天皇と神功《じんぐう》皇后とか源氏の氏神というだけでは説明できない。農民が、彼等を搾取した武士の氏神を祀る義理はないからである。

ところが民俗の上からは若宮八幡といえば祟りやすい神であり、お墓を若宮八幡または先祖八幡、あるいは地主八幡といって祀るものもすくなくない。

私は高知県の高岡郡檮原《ゆすはら》村（現・檮原町）をあるいているとき、道傍の屋敷墓に

先祖八幡（高知県本山町）

ラントウ型（石造祠型、社形塔《しやぎょうとう》ともいう）の石塔があるので、あけて見たら若宮八幡と彫ってあった。その後おなじ土佐の長岡《ながおか》郡本山《もとやま》町あたりの民俗調査をしたとき、ほとんど家毎に先祖八幡や地主八幡があることがわかった。

若宮八幡といえば八幡の御子神のようにかんがえるのは、春日若宮《かすがわかみや》を春日本社の御子神とするのとおなじ誤りである。春日若宮は本社が鹿島《かしま》・香取《かとり》・枚岡《ひらおか》から奈良へうつってくる前からの地主の神で、御神体は龍といわれる御霊神である。このように祟りやすい荒《あら》魂《みたま》が若宮なのである。賀茂の神も上賀茂は別雷《わけいかづち》神という若宮で龍の形であらわれたという御霊神であり、そのため御霊会が賀茂臨時祭という葵祭であった。したがって「みあれの御囲《みかこい》」は、従来の解釈のように神の出現（みあれ）でなく、神の荒魂を封鎖鎮魂する御囲なのである。

八幡宮の供犠と生贄

私の郷里にも八幡社があって、うすぐらいばかりの椿の森にかこまれた薄気味のわるい社であった。試胆会《したんかい》には深夜にその社殿の中へ自分の名札を置いてくるのであったが、それよりも薄気味わるいのは、社殿の横に汚ない池があって、何が出てくるかわからないからであった。いつも木の葉や木の枝がおちて池の表面に浮いていた。誰も掃除する者もなかったらしい。年に一回だけ八月にお祭があって、縁日の万燈があがり夜店が出る日だけがこの社の存在理由で、あとは大人にも子どもにもわすれられた社であった。いまにしておもえばこの池が放生池で、八月の夏休み中の縁日が放生会だったのである。

しかし私は故郷を出てから折にふれてこの八幡社がなつかしく、この社の森の椿のことや鶯《うぐいす》のことをいくつかの随筆に書いた。その中で、大学を出てすぐつとめた京都府師範学校の校友会誌にもこの八幡社の池の想い出を書いたのだが、ながく手許にない。しかしそのときの発想は、間もなく転勤した高野山大学の機関誌『密教研究』八一（昭和十七年〈一九四二〉）に「弘法清水―弘法大師伝説の精神史的考察（中）―」（『五来重著作集』第四巻、法藏館、二〇〇八年所収）という題で書いた。

弘法清水とか大師の井戸というものは全国に何千、何万とあるが、なぜそれが神聖視されたかということを民俗学的に考察しようとしたのである。多くの池や沼に関する伝説や昔話を分析していくつかの類型に分けると、鏡池とか姿見の池、あるいは「おまんの池」や念仏池など、女性がそこに飛び込んだという類型が一つある。それは美女であったり子守女であったり、薄幸の嫁であったりするが、所詮は巫女《みこ》であろうとかんがえ、上賀茂神社にあったという「よるべの水」のように、巫女がその水にみずからの姿を映して託宣・口寄せをしたのち、身を投じたのだろう、という乱暴な推論であった。

このような乱暴な推論は自分の不名誉だけならよいが、民俗学そのものの評価をおとしめることになりかねないから、つつしまなければならない。これは柳田國男翁の、「片目鮒」が放生の魚であるという、やはり乱暴な所論の影響もあったらしい。しかし八幡はきわめて巫女の託宣の多い神であり、かならず放生池や放生川があるということから導かれたものなのであって、巫女を供犠《くぎ》する代わりに魚や鳥の供犠に替え、魚の供犠を片目をつぶすことで放生したのであろうとかんがえたわけである。

人身供犠、すなわち人身御供《ひとみごく》が日本にあったかどうかは、民俗学者と宗教学者のあいだで争われたことのある問題である。私は修験道史の立場から、人身供犠は事実あったと断定できる。キリストの十字架のように、人間の災のもとになる罪というものを一身に背負って贖罪《しょくざい》しようとした山伏はすくなくない。これはヴォランタリーな人身供犠である。そのような贖罪を要求する厳しい神は御霊神であり、疫神であり、龍や狒々《ひひ》に化身する水神や山神であった。八岐大蛇《やまたのおろち》も簸《ひ》ノ川の水神で奇稲《くしいな》田《だ》姫を人身御供に要求する。神話・伝説・昔話は、その人身御供が素戔嗚尊《すさのおのみこと》とか岩《いわ》見《み》重太郎《じゅうたろう》のような、神や英雄・豪傑の力でいかにして止められたかを物語るのである。

　また動物の力で止められた伝説は、静岡県磐田《いわた》市の見付天神、すなわち矢奈比売神社にもある。矢奈姫が狒々の人身御供になるところを、伊那の早太郎という猛犬にたすけられる。この神社の古図を去年見たが、供犠された巫女の廟《びょう》とおぼしい八角円堂が描かれ、平安初期くらいの五重塔の礎石がある。

　このようにいやいやながら供犠されて御霊となった巫女霊は、鎮魂しなければかえって祟りをなし、その代わり祀れば厚い恩寵《おんちょう》と利益《りやく》をもたらす霊となる。これが八幡神であって、祖霊も荒魂のあいだは八幡若宮として祀られる理由がここにある。

　また人身供犠がおこなわれた理由は、古代社会では疫病や凶作や災害は共同体全体の死を意味する。したがってこの災害をもたらす御霊を鎮めるためには、一人の生命でこれを贖《あがな》おうとするところからおこるものとおもわれる。しかし文化と人道主義がすすむとともに、これを野蛮、残酷と自覚するようになり人身供犠は消えていったが、その最初は動物や魚鳥を供犠にすることで代えられた。これはたとえば信州の諏訪の神が荒神《あれがみ》で、毎年七十五頭の鹿の贄《にえ》を要求したり、春日の若宮の「おん祭」に、いまも兎や狸や山鳥の贄が懸物になることにのこっている。また上賀茂神社の正月の「御棚飾り」にも生物の贄があった。

ところが仏教がはいると、その不殺生の教えによってこの生贄も放生されたのであろう。私はこの放生はたんに仏教の不殺生戒だけでなく、日本人のあいだに生物を神の化身とする観念があって、不殺生をうけ入れやすくしていたとおもう。しかし直接は不殺生戒によって、六斎日の殺生禁断や八幡の放生がおこなわれた。八幡以外でも『一遍聖絵』(巻十)によると、伊予の大三島で贄をとどめたのは一遍の力であったと言っている。

(正応二年二月) 同六日参詣し給。御縁日たるによりて同九日桜会 (法華会) をおこなふ。大行道の最中に御宝殿のうしろにして、聖 (一遍)、昔大明神とあらはれ給し山をみあげて、一遍をば何の要にめしけるぞと思たれば、贄をとどめさせんためにてありけり。正三霜月の経営、魚鳥をとどむべし。(中略) それよりこのかた恒例の贄を留給て、仏経供養を行る、ところなり。

とある。これにたいして八幡宮は、はやくから放生会をおこなってきた神社であった。

放生会と御霊鎮魂

石清水八幡宮の鎮座する鳩ヶ嶺は、上賀茂の田畑が宅地化されないときは、私の家の縁側から植物園の森の上に望見された。したがって大厦《たいか》高楼のないときは、京都の町中からでもよく見える山だったのであろう。しかも京都の南からの要路を扼《やく》して、疫病などのはいるのを防遏する神として信仰されたとおもう。

その一つの事例が、天慶八年（九四五）七月から八月の志多良《しだら》神送りである。志多良神の神輿が道俗男女貴賤《きせん》老少に担われて、鼓を打ち歌舞して踊り狂いながら、放生会の準備中の石清水八幡に練り込んで来たということが『本朝世紀』にしるされている。これは永長《えいちょう》大田楽のような、御霊会田楽踊だったにちがいない。したがって志多良神というのは拍手の手拍子で歌舞しながら送り出される御霊神、または疫神であった。これを小藺笠《こいがさ》神とも八面《やおもて》神とも言ったとあるが、小藺笠をかぶって田楽踊にまぎれ込んで送る神であり、八面神は八面荒神というように御霊神であった。

これが石清水へ練り込んだのは、石清水八幡が御霊鎮魂の社だったからにほかならない。そうすると平安時代の八月十五日の石清水放生会には、御霊や疫神を収容

青山祭の「青山」（京都府・石清水八幡宮）

し封鎖鎮魂する仮屋があったにちがいない。これは現在八月十四日の夜におこなわれる頓宮の儀であろうとおもうが、なお推定をおしすすめれば、頓宮には正月十八日、十九日の青山祭（疫神祭）のような、青山が立てられた時代があるのではないかとおもう。

そうすると正月の青山祭と八月の放生会は別物でなく、石清水八幡宮というのは御霊社であるとともに、毎年ここで御霊鎮魂の祭をして、疫神を京に入れしめない役割を担っていたことをおもうのである。しかも私は、青山祭の青山は、常磐木《ときわぎ》の枝葉で八角形に囲い込むお仮屋で、上賀茂の「みあれの御囲」とおなじ構造とかんがえている。そしてこれは死霊を封鎖鎮魂する「もがり」（殯）の変化したものと推定し、このような墓上構築物があれば、私は「青山型殯」と名づけている。ただ石清水八幡の「青山」は八角形なのに、上賀茂神社の「みあれの御囲」は四角形な点だけがちがう。

私は、この「青山」の八角形の角ごとに幡《ばん》を立てたのが八幡の名のおこりと主張しているのだが、八幡《はちばん》は音韻学的に八幡《はちまん》に変わるのである。そして幡《ばん》は仏教用の荘厳具であるとともに、滅罪のためにつかわれた。施餓鬼棚の五色幡もこれである。幡はインドからあるものであるが、わが国へはいったのは欽明《きんめい》天皇十三年（五五二）の百済《くだら》奉献物の中に、

　釈迦仏金銅像一体、幡蓋若干、経論若干巻

と出ているときである。しかしわが国にも幡にあたる花縵があって殯《もがり》に立てられた。おそらく八角形の殯ならば垂仁《すいにん》天皇紀のように縵八《かげや》縵《かげ》、矛八《ほこや》矛《ほこ》が立てられたであろう。縵《かげ》は持統《じとう》天皇紀の天武《てんむ》天皇の殯では、

　華縵《はなかづら》を以て殯宮に進る。此を御蔭《みかげ》と曰ふ。

と書かれ、華縵が仏教の幡に代えられたものとおもう。

　以上、混み入った推定を整理すると、石清水の放生会はもと御霊会で、御霊鎮魂のために太古においては人身供犠、中古においては魚鳥獣類の贄を献じてきたものを、仏教の影響で生物を放つようになった。しかし御霊を封鎖鎮魂する仮屋として、正月の青山祭（疫神祭）とおなじ青山が立てられたのが頓宮の儀であろう。したがってこの御儀がすめば、行列はさながら喪のごとく還幸したといわれる。放生はもちろんこのときおこなわれたであろうが、現在は翌十五日に舞楽とともに魚鳥の放

生がある。

八幡宮は本地阿弥陀如来で融通念仏擁護の神であった。これはしかるべき理由があるとおもうが、その神仏習合の様態も、御祭神も祭典もあまりに謎《なぞ》が多い。私は全国無数の八幡社、八幡宮がすべて宇佐や大隅正八幡から発祥し、勧請によってひろまったのでないことはたしかだとおもう。その場合、各地の供犠《きょうぎ》霊や非業霊や荒魂を祀る御霊的性格の叢祠《そうし》や社が、八幡と呼ばれるようになったものもすくなくないであろう。したがってはやくから仏教と結合しやすく、放生会も仏教の不殺生戒をもとにして御霊鎮魂のためにおこなわれたものとおもわれる。

名月と穂掛祭

月見と「おはぎ」

いろいろの行事が新暦や月後れに変わっても、月見ばかりは新暦でするわけにはいかない。それで新聞販売店などがくばる神宮暦を繰って見ることになるが、去年(昭和五十二年)は九月二十七日が八月十五夜であったものが、今年は九月十七日である。新暦の秋は九月からはじまるので、これはまだ初秋にあたる。しかし旧暦の八月は秋の最中《もなか》なので、仲秋の名月という。

八月十五夜にたいして、九月十三夜を「後の月」と言う。これは「後の名月」の意味だから、日本人は名月を二度見ることになる。しかも片月見は不吉だといって、私などは故郷で仲秋名月を見れば、もう一度帰省する口実にした時代もあった。とにかくこの日は、「うからやから」が相集う日だったことはたしかである。

名月を賞することは花鳥風月を愛する日本人にふさわしいことだし、ことに雪月花は自然美を代表するものである。その月のもっとも美しい季節が仲秋であるとす

れば、その満月にあくがれるのは当然といえるであろう。そのうえ中国崇拝の文人たちにとっては、白楽天《はくらくてん》の、

三五夜中新月の色《さんごやちゆう》
二千里外故人の心《じせんりがい》

がまた名月へのあくがれをかき立てる。名月の評価はますます高まるばかりといえよう。

しかしここで七夕の場合のように、庶民、ことに農民にとって名月とは何であったかを問うてみたい。生活が精一杯の農民に月の美を賞美する余裕があったかどうかである。江戸時代でも水呑《みずのみ》百姓は藁《わら》しべで髪をむすび、縄の帯をしめていたといわれる。仲秋八月の八朔《はっさく》をすぎれば夜業《よなべ》がはじまり、月などながめる暇もなく縄を綯《な》い、草履をつくったことであろう。蟋蟀《こおろぎ》や秋の虫のすだくのをききながら夜業にはげみ、夜が更けてから納屋を出て空を仰ぐと、名月が冴《さ》えわたっておれば美しいと感ずるのは当然である。しかしこれを見て和歌を詠じ琴を弾ずる風流にふけることはゆるされなかったであろう。

したがって底辺の民の生活と生活感情に視点を据えた民俗学は、名月を風流の自然観賞としてうけとることができない。不粋のようであるが、七夕とおなじように実際の民俗を分析してみよう。

そうすると、名月には芋名月とか栗名月、あるいは豆名月の異名がしめすように、月に食物をそなえることがおこなわれる。これになにか曰《いわ》く因縁がありそうだ、とまず気がつくはずである。そのうえ「おはぎ」と称する牡丹餅《ぼたもち》がかならずそなえられる。これも都会では餅菓子屋（和菓子屋）でいつでも買えるので季節感がうすれてしまったが、私などはあれを見るとすぐに月見を連想する。今夜は「お月見さま」だと言いながら、よく晴れた夕方に遊びつかれてわが家の閾《しきい》をまたぐと、母親が手の指にまぶれた餡《あん》をしごきながら「おはぎ」をつくっている光景が、すぐうかんでくる。

「おはぎ」は、いうまでもなく「萩の餅」、または「萩の花」という牡丹餅の異名から出たもので、名月に立てる萩にそなえられたことから名づけられたものと私はかんがえている。今夜は「お月見さま」だからといって、萩と薄《すすき》と女郎花《おみなえし》を山にとりに行った記憶もなつかしく、秋の七草はこの名月にそなえられるものだったのである。いや、それは月にそなえるというよりも、七草を月の神霊の依代《よりしろ》として、これに萩の餅や芋や豆や栗をそなえて神祭をしたのである。月見を風流の遊びとおもう人々も萩や薄を立てて風流がっているが、これはかつての農民にとっては厳粛な祭であった。したがって、これを月見とか名月とは言わずに「お月見さま」と言うのが普通であった。

ところが俳句をしらべてみると、この萩や薄を月見に立てるのをうたったものが、まったくといっていいくらいない。これは風流に目をうばわれて、俳人はみな見失ったのである。ただ芭蕉《ばしょう》が『奥の細道』の市振で、

一家に　遊女も寝たり　萩と月

という句に萩と月が出るのは、名月と萩をとり合わせた趣向と私はみる。芭蕉が市振に泊まったのは『曾良《そら》随行日記』で七月十二日のこととわかっているが、芭蕉はフィクションとして、遊女と名月とそれにそなえられた萩を取り合わせたものとみたい。また西山宗因《そういん》の俳諧、『宗因千句』に、

萩のもちなし　をみなへしなし
　月めでて　腹へらしたる　旅枕

の付句があって、萩の餅がなくて女郎花のような美女もない月見なら、腹がへるばかりだ、と言う。

萩と薄

月見に薄や萩を立てることは常識になっているのに、民俗性のゆたかな俳句にも民俗資料報告にも、食物のことばかりくわしくて薄や萩はすくない。しかし文化庁

編の『日本民俗地図』（年中行事Ⅰ）では、宮城県の本吉《もとよし》郡歌津《うたつ》町払川（現・南三陸町歌津払川）に、

芋明月・お明月・明月さま　旧八月十五日
すすき・はぎを飾り、芋・果物を供えて月に祈る。だんごをつくる。

とあり、同県の名取《なとり》郡秋保《あきう》村馬場（現・仙台市太白区秋保町馬場）では、

豆ノ名月　新九月十五日
くり・まめ・さつまいもなどを供え、カヤボー（薄枝）を二本あげる。家族が雨戸をあけて手を合せて拝む。カヤボー二本の意味は、オタイシサンが子供が多かったので、長い箸《はし》を作って子供たちに御飯を食べさせたことによる。

としている。また同県牡鹿《おしか》郡牡鹿町網地島字長渡（現・石巻市）では、

名月　旧八月十五日
さつまいも・豆・くり・ぶどう・梨などを膳にのせて、すすきを（瓶に）さして月を拝んだ。

とあることを注意したい。いずれも名月には薄や萩を瓶に立てて、芋・豆・栗をあげて月を拝み、かつ祈ったのである。すなわち農民にとって月は、祈りをかなえてくれる神であった。したがって月に「のうのう」と呼びかけたり、「あゝ尊《とう》と」と

おがんだのが、月の異名の「ののさん」や「あっとさん」の起こりだと、柳田國男翁は言う。

『日本民俗地図』の近畿地方を見ると、ここでまた重大な問題にぶつかる。大阪府泉南《せんなん》郡熊取《くまとり》町和田は、私が調査担当者として報告したものであるが、

月見・名月　旧八月十五日

薄と萩とを供え、握り飯十二箇（閏年は十三箇）・芋（土芋または里芋）・シトギダンゴを供えた。このとき神・仏にも供える。人の知らぬ間に盗むとよいとか、竹で突いてくると針仕事が上手になるといった。穂掛の行事はない。

とあって薄と萩が出る。そしてミタマ祭につくる十二団子（握り飯）とシトギがあるが、私が重点をおいた「穂掛祭」は採集できなかった。ところが岸和田《きしわだ》市土生《はぶ》も私の担当であったが、見事に穂掛けをつかまえた。

名月　新八月十五日

早稲の穂掛けをした。もち米を粉にして団子（シトギ）をつくり、芋と共に供えた。盗みの風習があった。

とある。

この穂掛けというのは、じつは早稲の収穫祭で、旧八月十五日にまだ青い穂を二、

三束刈って庭先の竹の横木に掛ける。熊本県阿蘇郡では旧八月十五日に十二本（閏年は十三本）の初穂を抜いて、作神様にあげる（『郷土研究』七―三）。これを「ほかへる」というのは、お盆のお供物を「ほかひ」とか「ほっかひ」というから、作《さく》神様《がみさま》は祖霊のことなのである。これが近畿地方のシトギダンゴとなる。紀州東牟婁《ひがしむろ》郡本宮《ほんぐう》町（現・田辺市）では、旧八月十五日に稲を一穂か二穂抜いてきて氏神にそなえたり、竿《さお》の先の筒に稲穂と榊《さかき》を挿して立てたりする。あるいは高い竿に薄・萩・女郎花をしばって庭先に立てる（『民間伝承』十二巻十一・十二合併号）。

このことからわかることは、ススキというのは稲穂の代用だったということである。スズキ（鈴木）が稲穂のことだということは、神楽の鈴がもと稲穂を手に持って振ることからあのような形になったことでもわかる。したがって穂掛祭はなくとも、穂薄を立てる月見が全国一般だというだけで、旧八月十五日が、かつて穂掛祭だったことの証明になる。

もう一つ、月見が穂掛けの収穫祭だったことは、この日に刈った早稲の青い穂を鍋で煎《い》り、籾《もみ》を落として焼米をつくることがひろく分布していることである。たとえば愛知県新城《しんしろ》市大海《おおみ》では、旧八月十五日はお月見（月見祭）といって、薄の穂十二本（閏年は十三本）を縁先に立て、枝豆や里芋をあげる。これは「兎が初刈りの稲穂を持って月の世界へのぼる」と伝承しているという。そのうえ九月十三夜には

焼米をつくるのである。『日本民俗地図』では、

十三夜待ち・後の月　九月

二、三升分の青熟の稲を刈り、その跡を掘り割って湿田の水を切る。この稲で焼米をつくり、あき庭に面した縁側に机を出し、薄の穂を中央に立て、両側に神折敷に焼米を盛って祭る。またヘソダンゴ（シトギ）を作る。お月祭が済み次第、稲刈がはじまる。

とある。これが静岡県島田市では「早生稲を収穫して新米で月見だんごをつくり、お月様に供えた」となっていて、名月には儀礼として初穂を刈らなければならなかったのである。

ところが江戸時代の俳句のほうでも、月見に穂掛けらしいものがあった。これは『蓼太《りょうた》句集』（初編）や『白雄《しらお》句集』に、

稲懸けて　里しづかなり　後の月　　蓼太

後の月　稲垣低きに　宿とりぬ　　白雄

など、たんなる叙景としても美しいが、後の月との取り合わせから穂掛けを詠んだものともうけとられよう。そのほか多くの事例をあげることができるが、次はなぜ芋や栗をあげるかをかんがえてみよう。

栗名月と芋名月

八月十五夜を芋名月、豆名月と言い、九月十三夜を栗名月と言うところが多いが、その逆のところもある。これは、栗の実を食べようとするから九月十三夜まで待つだけのことで、青い毬栗《いがぐり》の枝をあげるのだったら八月十五夜には充分間に合う。私なども京都北郊の上賀茂に住んでいると、神宮寺《じぐじ》山や連笠《つながさ》山へちょっとはいれば、青い柴栗の枝をいくらでも折ってくることができる。そしてそれは、同時に刈ってきた穂薄と一緒に瓶に立てて名月にそなえるのである。

ところで私は五、六月の田植え時には上賀茂の田圃《たんぼ》をあちこち、自転車で見てまわることにしていた。田植えがすんで水を張った田圃というものは、一年のうちでもっとも清らかですがすがしいものである。しかし私はそれよりもこのあたりでは、田植えのときの水口祭《みなくちまつり》に、栗の花のついた枝に御幣《ごへい》と洗米袋とホンダワラをつけて立てるのに興味をもっていた。それは戦後だんだん減ってきたが、堅いお百

水口祭の栗の花枝（京都府亀岡市）

姓さんは、大分遠方からでも栗の花枝をとってきて立てるらしかった。そのような田は栗の花の甘酸っぱい香が立ちこめて、奥ゆかしかった。しかし耕耘機がはいるようになり、また区画整理と宅地化がすすむようになって急速に減りはじめた。私の家の縁側から植物園の森の上に見えていた石清《いわし》水《みず》の鳩ヶ嶺の山影も、新興住宅群にかくれてしまうころには、一、二軒の田圃に栗の枝が見られるだけになり、その田も昭和五十年を最後に消えてしまった。

しかし昭和四十年以前の採集による『日本民俗地図』では、京都府下に栗の花枝の水口祭は一件も報告がない。そして兵庫県多紀《たき》郡今田《こんだ》町上立杭とか、和歌山県日《ひ》高《だか》郡南部《みなべ》町（現・みなべ町）、岡山県井原《いばら》市高屋《たかや》町、同阿哲《あてつ》郡哲西《てっせい》町野馳（現・新見市）、同真庭《まにわ》郡八束《やつか》村（現・真庭市）、島根県八束《やつか》郡八雲《やくも》村大字熊野字稲葉（現・松江市八雲町熊野）、広島県神石《じんせき》郡豊松《とよまつ》町（現・神石高原町）、同比婆《ひば》郡東城《とうじょう》町大字帝釈（現・庄原市東城町）、山口県佐波《さば》郡徳地《とくじ》町滑（現・山口市）、愛媛県東宇和郡野村《のむら》町大字高瀬小字小滝（現・西予市野村町高瀬）、高知県幡多《はた》郡西土佐《にしとさ》村藤ノ川（現・四万十市西土佐藤ノ川）などに報告が見られるのであるから、その分布は近畿地方、中国地方、四国地方をカバーしていたことはたしかであろう。

しかしその他の地点や地域でも私がつけている見当を頭においてしらべたら、もっと多く、もっと広くこの資料はあるはずである。その見当というのは何か。私は現存の民俗のなかにも、米作以前の、したがって縄文期の民俗がのこっていて、祭や葬式や農耕儀礼、狩猟儀礼などに発現するものとおもっている。その時代の果実（堅果と漿果《しょうか》）採集の食生活では栗が代表的なので、その年の栗の豊穣を祈る儀礼が栗の花の咲くころにあったものと想像する。これはおそらく水口祭の栗の花に残存したであろう。ところがこれを裏づけるように、収穫期にも栗の実をもって神を祀《まつ》る儀礼が、八月十五夜の初穂掛にものこったのである。伝承によっては、水口祭には柿や桃のような実になる木の花なら何でもよいともいう。おそらくそれらも縄文人の食物だったからであろう。

芋名月のほうはサツマイモや里芋とおもっているが、サツマイモが新しい作物だったことは誰でも知っている。里芋は古いがこれも改良種で、山野にはタロ芋があるだけである。ただ、いまも昔も野生のままで食用になるのは山芋（自然薯《じねんじょ》）であって、それをそなえるのが芋名月だったと私は断定する。『今昔物語集』の芋粥《いもがゆ》を、サツマイモを粥に混ぜたものとおもっている先生があったが、これは「麦とろ」のトロロ飯だったのである（いまの飯は昔の粥）。これは、野生の小さな山芋に野老《ところ》というものがあり、いまも山の神祭の供物にするところがある（奥三河地方）ので、トコロがトロロになったもの、と私はおもっている。

これらの野生の芋は栗や胡桃《くるみ》や椎《しい》や榧《かや》などの堅実《ナッツ》とともに、縄文人の大切な食物であったから、その豊凶は生死にかかわったとおもう。それで名月の晩には、子どもたちが芋殻を巻きこんだ巻藁《まきわら》をつくって地面をたたいてまわる行事が関東・東北地方にのこり、その唱え言は、

ぼうぢ（穂打棒）ぼっくり（栗）　やあま（山）芋
　大麦あたれ　小麦あたれ
　　三角ばつ（畑）たの　蕎麦《そば》あたれ

である。私などは子どものころ「坊主ぽっくり山芋」とうたったので、お坊さんが山芋を食べすぎてポックリ死ぬことかとおもっていたが、「ぼうぢぼ」は穂打棒のことで、棒で栗の実を叩《たた》きおとすことである。したがってこの句は栗と山芋の収穫を意味し、縄文時代人の収穫祈願であると私は解する。それに雑穀農耕がはじまるようになって、大麦、小麦、蕎麦の豊作を月に祈った古代の生活が、童戯・童話にだけのこったのである。

また私は、この童戯は収穫祭の悪魔祓《ばら》いの呪《じゅ》的舞踊だったとおもうのであって、原始・古代いらいのものであろう。そして平安時代末には踊念仏になっていた史料をあげておきたい。地面を打つ行事はすべて地の精霊をよびさますと折口信夫先生が解釈したため、このボウヂウチをそのように言う人が多いが、これは念仏や呪歌で悪魔を鎮める鎮魂の呪術だったことが、この史料でわかる。すなわち『尺素往《せきそおう》

来《らい》』に、

九月十三夜東北院念仏は、佳期と壮観と一時に計会し、都人士競って赴かざるは莫し。（中略）況んや月を翫ぶは往哲の准《（法）》式、念仏は当生《（来世）》の資糧なりと。聊か夷猶《（おとろう）》といえども、憖《なまじい》に誘引に随い、彼の寺に参向し、其場を歴覧するに、絲竹声々の調、歌舞面々の態、視聴の感、恰《あたかも》飽くことなし、（原漢文）

とある。これが名月の夜の「ぼうじぼっくり山芋」の都会版であり、仏教版であることはうたがいがない。すなわち上東門院が鴨川畔に建てた東北院は月見の名所であったが、ここでわざわざ名月の夜に踊念仏の歌舞をしたのは、庶民の名月のボウヂウチの乱声歌舞にならったものとおもう。

それで最後には、なぜ月が豊作祈願の対象になったのかを、日待、月待とあわせて論じたいが、すでにスペースがない。ただ最後に豆名月の豆とは何かについて一言つけくわえておけば、野生の豆とかんがえて原始人が食用にした小果は、私の想像では零余子《むかご》ではなかったかとおもう。自然薯の蔓《つる》に群生する豆状の実で、近年私もその美味と俳味に魅せられて、庭の自然薯の蔓をたのしみにしているものである。

三九日と菊の節供

九月九日の山の神祭

旧暦九月は祭の月であった。正・五・九といって、正月・五月・九月を祭月とした意味はよくわからないが、一年を四か月ずつ三期に分ければ、それぞれ初の月になる。しかし四季ならともかく、三期に分けることの意味がわからないと三期説もあやしくなる。ただ正月元日、三月三日、五月五日、七月七日、九月九日の五節を一つずつとばして取ると、正・五・九の節がのこることはたしかである。

旧暦の九月は、四季でいえば季秋で秋の終わりということになる。いまの十月にあたるから収穫の月である。したがって秋祭がよくおこなわれるのは当然のことであろう。「おくんち」と言って、「長崎おくんち」や「唐津《からつ》おくんち」はこの九月におこなわれる。それで九月でなくとも、九州では祭といえば「おくんち」という地方もある。しかし一般には九月は「三九日《さんくにち》」と言うところが多い。これは、九月九日と九月十九日と九月二十九日が祭だという意味である。

私は戦前に、会津の山奥へ民俗採訪に行ったことがある。福島・山形県境にそびえる飯豊《いいで》山の登山口の、弥平四郎《やへしろ》という木地師《きじし》集落であったが、帰路は山道で日が暮れて懐中電灯の電池も切れ、一ノ木集落まで手さぐり足さぐりでたどりつき、路傍の民家にたのんで泊めてもらった。次の日、一番のバスに乗ったら田舎にはめずらしく満員なので聞くと、山都《やまと》の山の神祭に行くということであった。その日は旧暦の九月十九日で、このあたりの山の神祭は、九月九日と九月十九日と九月二十九日の三回あるという。これで私は「三九日」の意味がわかった。

ところがバスの中の老若男女は大はしゃぎで、けしからぬ話題ばかりである。山の神さまに気に入られようとおもったら、大事なものを見せればよいという。山の中で鉈《なた》や鎌《かま》を見失ったら、そうして歩けば不思議に見つかるものだという伝承を私はそのとき聞いた。そしてバスが山都の駅へ着くと、山民たちは、これで御利益は十分と、はしゃぎながら降りていった。

このことでわかるように、九月を祭月とするのは山の神祭がおこなわれるからで、九月九日の重陽《ちょうよう》の節供があるためではない。それどころかこれを「刈上げ節供」と言って、重陽や菊の節供を知らないところもある。この「刈上げ」と「山の神祭」は別物ではないのであって、刈上げがすめば田の神は山へ帰って山の神になるといわれ、これを山の神社へお送り申しあげるのが九月の山の神祭だったのである。

山の神は耕作をはじめる二月（旧暦）に山から下りてきて田の神になる。これが初午《はつうま》または二月のコト八日《ようか》である。そして水田の耕作を守護してくれるが、刈上げがすめば九月でも十月、十一月、十二月でも山へ帰って山の神になると信じられた。これを日本民俗学では「山の神・田の神交代説」と言っている。田の神はまた水の神でもあって、蛇や龍や亀や蛙に変身するといわれるが、もっとも多いのは河童《かっぱ》である。河童といえば妖怪《ようかい》とか魔物とかんがえ、これを漫画化して笑いものにしようとする人もあるけれども、じつは水の神、田の神であるとともに、山の神の神聖な姿なのである。

以前、知恩院本堂の扉の止め金の桟《さん》は河童だと書いた人がある。じつは桟をサルというので、猿の形の桟をつけたのだろうが、毎日扉を閉めるために頭の上に抑え金を落とすので頭が平らになったのである。私はこれで河童の謎《なぞ》が解けたようにおもった。山の神は山王などとも言われて、猿をその化身とするものが多かった。その猿が水にはいって水神の化身である亀と習合し、手足に水掻《みずかき》の膜がついたり爪が生えたりしたのである。また水神をあらわすために、頭の上に水を蓄えるお皿があるなどといわれた。もちろん人間が頭の中で山の神と水の神をむすびつけた想像上の動物であるが、童形だというので河童（かはわっぱ）とし、河太郎（がたろ）、河子（かはこ）と言い、水神という名の水霊（みづち）の名もある。猿（えんこ＝

猿公）とか亀（ガメ、ドチ）の方言をつかうところもある。いずれも私の推定をたすけるものである。

　このような山の神、田の神が山へ帰って山の神になるのが、刈上げのはじまる旧暦九月であった。それが収穫の早いところと遅いところに応じて九日、十九日、二十九日という三九日ができた。ことに東北地方は早く雪がくるので、早く収穫をする。そのために九月の三九日が大切な山の神祭になったのである。飛騨の白川《しらかわ》村の民謡には三九日をうたったものがあり、三九日は正月とおなじくらい大切な祭日としたという（『ひだ人』五巻九号）。

　九月九日が　みくにち（三九日）ござる
おと（乙）の九日に　雪が降る

というのは、九月九日の節供は三回あって、「乙の九日」すなわち二十九日にはもう雪が降るのだ、という意味である。それで信州上伊那地方では九月九日を「神の九日」、十九日を「百姓の九日」、二十九日を「町人の九日」と言い、お九日には茄《な》子《す》を食べ、赤飯を炊いたという。

重陽の菊の節供

ところが京都の宮廷生活や都市生活では、これとちがった重陽の節供というものがおこなわれた。これはいうまでもなく中国の模倣で、九は陽数であり、これを重ねれば日月がともに重なる目出度い日であるという。『荊楚歳時記』では、

九月九日、四民竝びに野に藉《むしろ》して飲食す。今、北人、亦此節を重んじ、茱萸《はじかみ》を佩び、蓬餌《よもぎもち》を食し、菊花の酒を飲む。人をして寿を長からしむと云ふ。

とあり、九月九日に大災厄に遭うべき家族が、神仙術の費長房の忠告で茱萸《しゅゆ》を袋に入れて臂《ひじ》にかけ、高山にのぼって菊酒を飲んだところ、残してきた鶏、犬、牛、羊はすべて死んだけれども、家族は助かったという例話をのせている。このことからみて、菊花や菊酒は神仙思想または道教から出ていることがわかる。これが日本の貴族や文化人に受容されて、菊の節供になったのである。

謡曲の「菊慈童《きくじどう》」は、中国の神仙が菊によって命を延べることをテーマとしている。しかしそこには仏教の混入があって、酈縣《りけん》山の薬の水をもとめて勅使が山中にはいると、この山に流された周の穆王《ぼくおう》の慈童が、七百歳を経てもなお生きていた。その枕には観音経の要文が書いてあり、また菊の葉にもあらわれていたので、その菊の露を飲んで七百歳の寿をたもったという。

枕の要文疑なく、具一切功徳慈眼視衆生、福寿海無量是故応頂礼、此妙文を菊の葉に、置く滴や露の身の、不老不死の薬となって、七百歳を送りぬる。（下略）

この話は日本の天文《てんぶん》元年（一五三二）の『塵添壒嚢鈔《じんてんあいのうしょう》』（巻一）に出た話とおなじであるが、中国の『風俗通』（『芸文類聚』八十一）ではすこし異なっている。

南陽の酈縣に甘谷あり、谷水甘美なり。云ふ、其の山に大菊あり。水、山に従って流れ、下は其の滋液を得、谷中、三十余家あり。また井を穿たず。この水を飲む。上寿は百二三十、中は百余、下は八十なる者、之を大夭《だいよう》と名づく。菊花は身を軽くし、気を益すが故なり。

とあって、菊に延寿の効をみとめたのは、養気術を説く神仙思想であった。

このような話にとびつくのが日本の文化人というもので、平城天皇の大同二年（八〇七）から菊花の宴というものがおこなわれた。そこでは詩歌、奏楽、演舞して菊酒を飲む風流の遊がおこなわれたが、これも風雅にことよせて飲むことが目的だったかもしれない。また茱萸《ぐみ》袋というものも模倣して、菊花や草花を袋に入れて几帳《きちょう》にかけたというが、中国の茱萸というのはスパイスの薑《はじかみ》のことである。このつよい香気によって魔を払おうとしたのであるから、風雅とはほど遠いものであった。日本人の感覚で独創したとおもわれるものに「菊のきせ綿」がある。菊の花に真綿をかぶせておいて、その香をしみこませた綿で顔をなでたり贈答したりした。

民間の年中行事でも九月九日に菊雛《きくびな》というものを贈答することがあるのは、この菊綿の贈答の変化したものであろう。この人形はオカヅラ人形といって、お葛《かづら》人形と書くからわかりにくいが、カヅラは蔓のことで髪形である。菊綿は菊の蔓になぞらえたものを誤解して、真綿で髪を結った人形を贈答したものとおもわれる。それで三河の岡崎《おかざき》や豊橋《とよはし》地方では九月九日を「お葛節供」と言い、草で女の髪形を結う。唐黍《とうきび》の皮などで丸髷《まるまげ》などをつくったのであろう。そして顔を描いた竹筒の上にのせて人形をこしらえたというから、髪形《かづら》が目的だったのである。

このように貴族社会の行事が誤解されて民間に受容されることがあるが、日本人は節の変わり目（節句）ごとに、身のわざわいや穢《けが》れをヒトガタや人形に負わせて流すことがあったので、オカヅラ人形になったのかもしれない。九月九日の人形流しについては、伊豆《いず》の稲取《いなとり》では九月九日につくる人形を「ハンマア様」と言うと言い、これを浜木綿《はまゆう》の葉で家内の人数だけつくり、九日の夕方に川へ流したという（『民俗芸術』二巻十号）。このとき子どもたちは、

烏賊《いか》と秋刀魚《さんま》になって　ござらっしゃい

と謡って、泣く真似をしたとある。

栗節供と三九日茄子

おなじ九月九日でも民間と貴族社会では大きなちがいがあるが、民間行事は生産と生活にむすびついており、貴族社会では中国模倣と遊びが目的である。

紀州有田地方や摂津三島地方で九月九日を「栗節供」というのも、生産に関係があると私はかんがえている。阿波の北部でこの日を「鳥の子別れ」と言うのは、鳥の親子が栗の毬《いが》を食べて別れるからだという。これも栗節供に関係があるためであろう。このことから九月十三夜の名月を、「栗名月」と言うようになったものとおもう。

栗名月についてはすでにのべたが、日本人は縄文時代には主食として山の果実を採集して食べていた。動物や魚やシジミなどの動物性蛋白を食べるとともに、栗や胡桃《くるみ》や椎《しい》や榧《かや》や橡《とち》の実のような堅果《ナッツ》と、根茎を食べる自然薯《じねんじょ》類を主食としていた。したがって堅果の作不作は生死にかかわるものであるから、春にはその花の咲くころに、秋の豊かな実りを山神に祈ったであろう。

私は、この原始宗教が農耕時代にはいっても、苗代の種蒔《ま》きや田植えの水口祭《みなくちまつり》に、栗の花や実の成る植物の花枝を立てることにのこったものとかんがえている。民俗学は「昔は」といって時代を明確にしないが、私は、現在庶民の精神生活を支配する庶民信仰や年中行事には、縄文時代の宗教がのこったものが多いことを前々から指摘している。誰も縄文時代を見た者はいないけれども、田植えの栗の花の水口祭と、収穫祭の栗の実の栗名月や栗節供は、これをまったく無関係とすることはできまい。偶合というにはあまりに出来すぎているのである。

ところがこれも時代とともに、古い習俗を変えれば何か不幸があると信ずる人と、信じない人ができてくる。それで古代生活の残存である民俗は、大きな地域差ができる。それは都市とか交通とか外来文化受容の条件とかの必然性もあるが、偶然性や任意性によっても変化するのである。したがって栗が得にくい年、または地方によっては、栗に似た茄子で代えたところがあったのではないかとおもう。「三九日《みくにち》茄子《なす》」の民俗の成立した理由をもっと合理的に説明する方法があればそれにしたがうが、九月九日にかならず茄子を食べるという民俗は、このようなアプローチしかないとおもう。栗節供を誰かのアイディアで茄子節供にした地方があるのである。

これは関東から東北にかけての三九日茄子で、九月には九日、十九日、二十九日にかならず茄子を食べる。以前はビニールハウスはないから、あらかじめ取っておくか、塩漬を食べる。いわゆる秋茄子で味もよいので、「嫁に食わすな」と言われたこともあるかもしれない。信州では三九日茄子を食えば中風にならぬといって、なければ葉でも食べるという。埼玉県では「九日《くんち》茄子」と言って、九月九日と十九日と二十九日に食べる。

　このような栗節供の栗や三九日茄子は、もちろん農作をまもってくれた田の神・水の神、すなわち山の神にそなえて、それを直会《なおらい》で神とともに相嘗《あいなめ》することであった。私は会津の山民たちが山の神祭に何を供物としたかは聞かなかったけれども、農耕時代にはいってからの供物は餅《もち》や飯（粥《かゆ》）であったろう。信州などでも三九日茄子とともに、三九日粥を食べるという。このときの餅は「刈上げ餅」というもので、新穀を搗《つ》くというのも神との相嘗だからである。津軽地方では三九日《みくにち》に三回とも刈上げ餅を搗くというのは、やはり三九日の山の神祭があった名残りである。

　ところでこの山の神の正体であるが、水の神の河童《かっぱ》が妖怪《ようかい》化したように、山の神は山姥《やまんば》とか鬼とか天狗《てんぐ》などの怪物とかんがえられている。きわめて暴悪で祟りやすく、狼や熊や猪《いのしし》、蛇などにも化身する。人身御供《ひとみごく》をもとめることもあると信じられた。しかし一方では人々を警《いま》しめるとともに狩の獲物をあたえ、豊作をもたらす神である。すなわち生産をまもる神である。これをつきつめていけば、祖霊と祖先の神ということになる。

　人は死ねばその霊は山へ行くと信じられていたから、その霊、とくに始祖霊が山神として祀られた、というのが現在の山岳宗教研究の帰結である。この神霊は正月やお盆に子孫をおとずれて、これを祝福したり怠け者を警しめたりする。それを演劇として仕組んだのがナマハゲであり、劇作演出したのはその山神を祀る山伏であった。

祖先神は祭のたびに名を変えるのでわかりにくいが、正月なら年神様であり、お盆ならばお精霊様、そして収穫祭では山の神であった。これを祀るのは九月中のどの日でもよかったとおもうが、ここでは貴族社会の重陽をうけて九の日をえらび、九日、十九日、二十九日の三九日に固定したものとおもう。

冬

真如堂十夜念仏と十日夜

秋の夜の十夜鉦

日本人の自然観が変わったように、戦後の季節感も大きく変わった。したがって年中行事や祭も季節とはかかわりなくおこなわれたり、止められたりした。

戦前は、秋が深まって青柿がすこし色づきはじめると、蟋蟀《こおろぎ》のすだく夜にはどこからともなしに十夜鉦《じゅうやがね》がひびいてきた。私は京都吉田山の西に住んでいたこともあったので、十一月にはいると真如堂《しんにょどう》の十夜鉦がきこえ、それは十五日までつづいた。そのあいだは吉田山を越えて、二、三度は真如堂へ足をはこぶのだが、平素閑散たる広い境内は門前まで屋台店がならび、大人や子どもで参道はいっぱいであった。

十夜蛸《だこ》とはよくいったもので、飯蛸《いいだこ》の甘露煮の店がいっぱいならび、その香りが境内にただよっていた。飯蛸はこの季節にもっとも味がよくなるのでいまでは贅沢《ぜいたく》品《ひん》だが、そのころは十夜の子どもや老人のおやつとして欠かせなかった。また十夜婆々《ばば》といえば、老婆がお十夜のあいだは毎晩お説教に通うために、嫁いびりの婆さんも殊勝にやさしくなるといわれるように、老婆のお参りが多かった。

真如堂の本堂前に五メートルくらいの角塔婆《とうば》の廻向《えこう》柱が立てられ、それに本尊の手から白木綿の「善の綱」が引かれた。それに手をかけることは本尊阿弥陀如来《あみだにょらい》と手をにぎることになり、これがほんとうの結縁《けちえん》であった。廻向柱の前に水向場がもうけられ、供養を依頼した仏の卒塔婆《そとば》がたくさん積まれていた。善の綱には紙に包んだ賽銭《さいせん》のおひねりが元結《もとゆい》でむすばれていたり、不用になった位牌《いはい》や戒名が下げられたりした。

本堂の中では正面の須弥壇《しゅみだん》の本尊が開帳されて、善の綱がそこから内陣、外陣を経て外へ引かれ、参詣人は白の帷衣《かたびら》を鉦講《かねこう》の人から借りて、階段を須弥壇にあがり目の前に本尊を拝めるようになっていた。鉦講は帷衣の貸賃と賽銭を全部取る権利があり、これで十夜十日《じゅうやとうか》の間の諸費用をまかなうのであった。もちろん残金があれば真如堂へ寄付するが、十日間は鉦講が本堂全体を占拠支配するというのが、十夜会《じゅうやえ》というものの民衆性をよくしめしてい

真如堂十夜会の廻向柱と善の綱（京都市）

る。

　ところが十夜鉦は、この本堂の外陣《げじん》に据えられた、幕をかけた高座のような細長い鉦座《かねざ》からひびいてくるのであった。鉦座は本尊に向かって右と左とにあり、それぞれに四挺《ちょう》ずつの双盤鉦《そうばんがね》が太い木枠の双盤台に吊《つ》られており、これを八人の鉦講が交代で打つのである。俗に十夜鉦を八挺鉦《はっちょうがね》というのは、このためである。八挺鉦の打ち方にはむずかしい作法があり、念仏と鉦の打ち方にはいろいろの名称がある。地念仏、ダガケ、ブガケ、流し、そそり、ササヅケ、大念仏、六字、七五三鉦など、その名にふさわしい打ち方である。これに御開帳鉦と御閉帳鉦とがある。

　鉦講は戦前には京都市内にもたくさんあった。六斎念仏《ろくさいねんぶつ》のある町内ならば、獅子《しし》舞《まい》や碁盤乗《ごばんのり》のアクロバットのできなくなった中老以上は鉦講にはいり、詠唱の六斎念仏をならったり八挺鉦を打った。それが戦後は吉田界隈《かいわい》の一組になり、六年前に真如堂十夜会をラジオ放送のためおとずれたときは四人しかのこっておらず、八挺鉦が打てなかった。したがって十一月十五日一日だけで十夜と称している。

　十夜会で有名だったのは新京極《しんきょうごく》の誓願寺《せいがんじ》だったが、戦後次第に鉦講がなくなり、南山城《みなみやましろ》の三山木《みやまき》の鉦講が出張していた。しかし近ごろではその鉦の音も絶えたようである。盛り場にお寺が多く、鉦の音でこれを浄化するのが、新京極のみならず、大阪の梅田《うめだ》や千日前《せんにちまえ》などの日本の盛り場のあり方だった。せめて十夜会のあいだだけでも鉦の音をひびかせてほしいとおもうのは、私だけであろうか。布教やお説教はことばだけとはかぎらない。朝夕のお寺の鐘の音や勤行の誦経《しょうけい》や和讃詠歌の声、あるいは十夜の双盤鉦の響きなどは、ことば以上の信仰を人々の心に刻みつける。

十夜会はもと旧十月五日から十五日まで、念仏修行と先祖供養の季節として、天台、真言、浄土、融通念仏の各宗にわたっておこなわれたものである。これには別にのべるような収穫祭にともなう先祖供養の意味もあったが、仏教の年中行事として、お盆（七月）、春秋の両彼岸（二月と八月）、仏生会（四月）、涅槃会《ねはんえ》（二月）とともに、六盆の一つともいわれる民衆的な大きな行事であった。それがどうしたわけか、戦後は急速におとろえてしまったのである。これは一つには季節感の喪失ということもあろうが、仏教が教理中心の理窟っぽい宗教になり、仏教年中行事が日本人にとってどのような意味をもち、どのような歴史があるのか、ということが知らされていないためであろうとおもう。私は十夜の夜の真如堂の庭に立って、往時をおもい、日本人の精神生活の貧困化に茫然としたのである。

双盤念仏と常念仏

いま十夜会が比較的盛大におこなわれているのは、鎌倉の光明寺《こうみょうじ》の十夜会である。

それは植木市としても有名であるが、十年ほど前におとずれたときは、三浦半島など神奈川県内各地や東京都内の世田谷あたりの鉦講まで集まっていた。もとは関東一円から集まったといわれている。この十夜会は室町時代に観誉祐崇上人が京都の真如堂から勅許によって移したというもので、光明寺末寺の浄土宗寺院ばかりでなく、関東一円に天台、真言、浄土宗の寺院にひろがったという。

しかし関東では、寺では十夜会と言うが、民間では十月十日を「お十夜」と言ったり「十日夜《とうかんや》」と言って餅を搗いて祝う。お十夜といっても、老人や念仏講の人々が寺や堂に集まって、この日一日、朝から晩まで念仏鉦を叩《たた》いたのである。これは、十夜会の十日間の不断念仏を一日に短縮したことはわかるが、お十夜が古いのか十日夜が古いのかは、にわかに断定することはできない。というのは、十月十日一日だけを節供（コトの日）として餅を搗いて祝うのは全国的で、関西以西では「亥《い》の子《こ》」と言うからである。

ともあれ鎌倉光明寺の十夜会は、もとは京都の真如堂十夜会であるという。ところがこの十夜会については大永四年（一五二四）の『真如堂縁起』（『続群書類従』所載の鎌倉光明寺本）には見えないで、天和《てんな》二年（一六八二）の木版本『真如堂縁起』に見える。話の発端は大永本も天和版本もおなじで、永享《えいきょう》のころ室町幕府の武士に伊勢守貞経という者があったが、その弟貞国は家督がないので世をはかなみ、出家しようとして真如堂で通夜をした。するとその夜の夢に貴僧があらわれ、出家は三日待つべしと告げた。不思議におもっていると翌日、兄の貞経は上意に背いて吉野の奥に蟄居《ちっきょ》を命じられ、三日後に貞国は家督を継ぐことになった。それから貞国はますます念仏にはげんだとある。ところが天和木版本は、通夜を三日三夜とし、家督をゆずられてから七日七夜の念仏をして十夜念仏会としたことをくわえているので、この十夜念仏の縁起は慶長・元和・寛永（一五九六―一六四四）のころにできた可能性がたかい。

そうすると『民間念仏信仰の研究』（資料編）に、

正治元年の記録帳によると講中には東西二組が存し、交代で十夜念仏を修したようである。

とあるのはおかしく、これは元治元年（一八六四）のことであろう。江戸時代には十夜会は浄土宗の制式法要として固定したらしく、全国で主なる浄土宗寺院には、いまはもちいない双盤《そうばん》と大太鼓と雲版《うんばん》を本堂の片隅に置いていることが多い。これはみな十夜会にもちいたといっているが、真如堂の双盤念仏が浄土宗では大太鼓と雲版をくわえて、一層にぎやかなものにしたのであろう。

これでかんがえられるのは、信長ゆかりの近江安土《あづち》の浄厳院《じょうごんいん》（浄土宗）に、「楷《かい》定念仏《じょう》」というものが十夜におこなわれていることである。これは善導《ぜんどう》大師の

「諸説楷定」から出たというお寺の説明と、天正四年（一五七六）の安土城完成の開城を祝う「開城念仏」という俗説とがあるが、開城は落城して城を開け渡すことだから、理に合わない。私はこれは十夜会の「開帳念仏」だろうとおもう。十夜には真如堂のようにすべて本尊を開帳し、善の綱を引いて廻《え》向《こう》柱を立てるからである。しかしこのように勇壮な双盤鉦と大太鼓と雲版を伴奏楽器につかうのは、慶長・元和（一五九六―一六二四）ごろの好尚とかんがえてよい。

そしてこの双盤念仏の曲調の基本はやはり六斎念仏の四遍・白舞・坂東の曲にあたり、鉦もシコロ（錣または真光朗《しころ》）の鉦打ちにほかならない。それを小さな鉦鼓では湿っぽいのをきらって、径七〇センチくらいの巨大な双盤鉦に代え、これに大太鼓と雲版の合奏をくわえたものである。しかし真如堂のように双盤だけで十夜念仏を修するのは奈良県下の融通念仏宗の寺院に多く、奈良市鳴川の徳融寺の八挺鉦、山辺《やまべ》郡都祁《つげ》村白石（現・奈良市都祁白石町）の興善寺の双盤念仏《じょうねんぶつ》などは有名である。

また真如堂の十夜念仏のような双盤念仏の成立には、常念仏の万日供養が関係していたとかんがえられる。これは鳥取市湖山《こやま》町栖岸寺（浄土宗）がその例になる。ここには承応《じょうおう》三年（一六五四）から常念仏がはじめられた。常念仏というのは不断念仏から出たものであるが、不断念仏が一日を六つに分けて、六時衆《ろくじしゅう》または結番衆《けちばんしゅう》が七日なり二十一日、四十八日の不断念仏をするのとちがい、一人ずつ交代で鉦を打ち念仏を唱えて、永久に念仏を断やさない念仏である。前の人の鉦の撞木《しゅもく》を次の人が取って打つので「撞木置かずの念仏」とも言う。いまも近江坂本の西教寺《さいきょうじ》でつづけられており、信濃善光寺《ぜんこうじ》にもあった。これは発願者があってはじめられ、約二十八年の万日毎に大廻向がおこなわれ、廻向塚と石塔が建つ。これが栖岸寺にあって、千日毎の小廻向と五千日毎の中廻向と万日毎の大廻向にこの双盤念仏がおこなわれ、これを結願儀式と呼んだ。このような廻向法要には何万という結縁者が集まるので双盤がもちいられ、これが十夜念仏にもつかわれたものと推定するのである。

十日夜と亥の子

十夜会は旧十月五日から十月十五日までが普通で、十日間だから十夜と言うのにたいし、民間には旧十月十日を「十日夜《とうかんや》」と言って祝う行事がある。十夜会はこの十月十日をはさんで十日間であるところが、曲者《くせもの》である。お寺の十夜会では結願の十五日の御閉帳を大事にするが、べつに中日の十日には特別の催しはない。そうすると民間の「十日夜」は、三月三日、五月五日、七月七日、九月九日などの節供とおなじく、十月十日を祝ったものであろう。

だいたい日本の仏教や神道の年中行事というものは、民間におこなわれた行事をもとに仏教や神道の名称をつけて改変したものである。したがってその行事を、民間のものだった元にかえしてみないと意味がわからない。しかもいろいろの年中行事で見たように、それは農耕と生産の神祭にあわせて先祖の供養をするというのが、日本人の宗教生活の基本構造であった。そのほかに農耕や生活・生命に害をおよぼす悪い霊や荒魂を鎮めるという季節的祭もあるが、いずれも生産と生活をまもる目的があった。

ところで十日夜は関東、甲信越に分布する名称で、関西以西は亥の子といってやはり十月十日の行事である。義理がたく「上の亥の日」「中の亥の日」「下の亥の日」と言ったりして亥の日をまもるところもあるが、十月十日というところが多い。亥の日というのは公家の玄猪《げんちょ》の祝が影響しているが、これは『年中行事秘抄』に『群忌隆集』や『斉民要術』などを引いて、十月亥の日に餅を食すれば万病をのぞくとあることによる、という。それでこの日、天皇は御膳《ごぜん》の上の柳の臼《うす》と杵《きね》のミニチュアで親しく餅を搗く真似をし、臣下に別の餅をくばった。これにならって、公卿《ぎょう》たちのあいだに餅の贈答があった。

しかしこれこそ民間の十月の収穫祭の真似であって、陰陽道の黒と亥（猪ではない）の信仰で、これを玄猪などと言ったまでである。この亥の子餅が百姓のものだとおもっていたことは、鎌倉時代の『古今著聞集』（巻十八）「泰覚法印詠二瓜飯、猪子餅、木練柿等歌一事」に、次のような歌があることでもわかる。

　なによりも心にぞつくゐのこもち　びんぐうすなる物とおもへば

これは、亥の子餅は貧窮人（びんぐう）のすることだとおもっていた証拠である。宮中でも農事をしていたから収穫祭の伝統があったが、これが素直に十月の収穫祭とせずに、半可通の学者か陰陽師《おんみょうじ》にだまされて玄猪とし、亥の子としたのである。

しかしこの日農民は新穀で餅を搗き、これを藁苞《わらづと》に入れて山の神にあげる。また刈上げといって、案山子《かかし》を田からあげて餅をそなえて祀る。この夜の田の神は田から陸にあがって山へ帰り、山の神になるのだという。また茨城県のほうでは田の神はこの日出雲《いずも》へ帰るといっており、神無月《かんなづき》というのが、もとは田の神が山へ帰ってしまうので神無月になったのではないかと推定させる。ところがこの話では、田の神様が出雲へ帰るのにお土産の餅を、田の神のお供である蛙に背負わせたという。昔話で蛙と餅の話が多いのはこれによるのかもしれないが、その恰好《かっこう》がいかにも可《お》笑《か》しいので、畑の大根が首を長く伸ばしてこれをのぞくために、大根はこの晩に一斉に首がのびるのだという。それでこの日を「蛙の餅背負《しょ》い」と言って、嫁や婿《むこ》は実家へ「親餅」を五個持って里帰りする。そして全国的に、この日まで大根を抜いてはならないとするタブーがつたえられている。それで亥の子、または十日夜を「大根の年取り」とも言う。

元来、大根は「大きなルーツ」で、先祖祭によくお供物《くもつ》になる。したがって亥の子、十日夜の収穫祖霊祭までは人が食べることがタブーとされたのである。しかし「蛙の餅背負い」は、田の神といい、餅といい、蛙といい、大根といい、収穫祭と祖霊祭をあらわす説話要素《エレメンツ》がそろっている。これが十月十日、またはその前後におこなわれたのが公家《くげ》の亥の子や玄猪となり、室町幕府から江戸幕府になっても、大名たちが「下にー下にー」という行列を組んで将軍から餅をもらいに登城した。大真面目《まじめ》で馬鹿馬鹿しいことおびただしいが、これが貴族の儀式というものであった。彼等は「蛙の餅背負い」に行くとは知らなかったのである。

そのほか、十日夜にも亥の子にも、五輪石による「地搗《つ》き」や藁《わら》を束ねて地面を叩《たた》く「藁鉄砲」がおこなわれる。これは地の精霊をよびさますためだ、というような折口信夫氏の解釈もあるが、祖霊祭の場を浄めるため悪霊を攘却し穢《けが》れを祓《はら》うダダ、反閇という足踏みを大きくしたものであろう。そのほか収穫祭をしめすいろいろの行事が全国的に採集され、藁鉄砲の藁束を柿の木や栗の木にかけて正月の成木《なりき》責《ぜめ》までおくことなどは、稲作以前の、果実の収穫を祈る呪術であったかもしれない。

このような民間行事が仏教化して十夜会の十夜念仏、双盤念仏になったのである。これが民間では十日間ではなくて「十月十日の夜」だったので、「十日の夜」が「十日ん夜」になった。また亥の子も、これを稲荷祭《とうかさい》と言うところがあるように、

「イネの子」または「イネの講」だったかもしれない。「亥の子」を「インノコ」と言うところが多いからである。しかし、このような民間行事を十日間の念仏修行とお説教に改変した名もない民間僧の知恵と説得力は、いまの大学を出た坊さんにはうしなわれたようである。

夷講と誓文払

夷講と先祖祭

夷講《えびすこう》は所によって正月十日、正月二十日のこともあるが、旧十月二十日（十一月二十日）におこなうところが多い。京都では四条寺町東の祇園御旅所に祀られた冠者殿の祭がおなじ十月二十日で、この日を「誓文払《せいもんばらい》」と言うので、夷講と誓文払はおなじなのか違うのか、という疑問がよく出される。

そこでまず、夷講とは何か、ということから見ていこう。いまよほど古風な家か田舎でないと、一家の祭としての夷講をおこなうところは稀《まれ》である。しかし戦前までは東北から関東、中部地方までは、旧十月二十日の夷講を祝わないところはなかったといってよい。関西では正月十日の十日戎《とおかえびす》が一般的で戦後もますますさかんであるが、これは神社の祭典に一般人が参詣するもので、家の中の祭の夷講とはちがうのである。しかし福神としての夷神（恵比寿）を祀るということで共通する。

私の子どものころは旧十月二十日は十二月初めにあたり、かなり寒い季節で、袷《あわせ》の着膨《きぶく》れで木枯しに吹かれながら家へ帰ると、床の間に桝《ます》が出ていて、帳面や算盤《そろばん》がのっていた。そしてその隣の丼鉢に、かならず鮒《ふな》が二匹入れられてジッとしていた。これを指でつついて追いまわし、大人から叱られた記憶がある。鮒は、懸鮒売《かけふな》がこの日売りにきたが、翌日はかならず井戸に入れて放した。床の間には、漁夫の姿で烏帽子《えぼし》をかぶり、襷《たすき》で袖をたぐって大きな鯛を抱えた恵比寿《えびす》神の掛軸がかかった。そして、この日は恵比須様が旅から帰ってくるのを迎えるのだ、というふうに教えられた。

夷講には百姓夷講と商人《あきんど》夷講があったが、百姓は夷神を田の神とおなじにかんがえ、収穫祭または刈上祭の一種としていたようである。百姓は十月十日にも「大根の年取《としとり》」、または「大根の年夜《としや》」と言って田の神に大根をそなえたが、十月二十日も「大根の誕生日」と言って、田の神を祀るところがある。これでわかるように、百姓の夷講は田の神を通しての先祖祭であった。というのは、大根は先祖の象徴であり、「大いなるルーツ」であることは、すでにのべた通りである。また年取とか年夜（大晦日《おおみそか》）というのも、先祖祭をあらわすことばであった。そしてこの日まで大根を食べることがタブー（禁忌）とされていたのは、大根を依代《よりしろ》として床の間に飾って先祖祭をしたからであろう。

大根は不思議な野菜で、山菜・野草を採取して食べた時代から、栽培野菜を食べるようになった最初の野菜ではなかったかとおもう。したがってその時代から先祖祭には欠かせなかったし、収穫した新米とともに新しい大根を食べることによって祖霊を体内に摂り納め、鎮魂《たまふり》の祭をしたのであろう。「たまふり」は、食物を通して先祖霊を体内に鎮まらせ、心身の健康を恢復《かいふく》することである。

十一月（霜月）にも新嘗《にいなめ》の大師講のような祖霊来訪と鎮魂の祭があり、これを「大根祭」と呼ぶところがある。能登《のと》の『鹿島郡誌』では十一月二十三日を大根祭としているし、全国に分布する大師講伝説には、来訪したダイシ（祖霊）に気立てのよい老婆が隣の畑から大根を盗んできて御馳走した、と語るものが大部分である。奈良時代の『常陸国風土記』ではこの日は「新粟《わせ》の新嘗して、家内諱忌せり」であるが、民間ではこれに大根の新嘗もあったことが多くの伝承の分析からわかる。風呂吹大根は冬の日本料理の醍醐味《だいごみ》といえるけれども、これも、大師講には風呂（大師風呂）と吹雪《ふき》（大師《だいし》講吹雪《こうぶき》）と大根が付き物だったからできたと私はかんがえている。すなわち「風呂吹雪《ふろふき》大根」である。

その不思議な栽培野菜の大根が「大根の誕生日」という百姓の夷講にも必須のものだったということは、夷神が「祖神尊《みおやのみこと》」、すなわち祖霊たる田の神だったということで解釈がつく。しかし、十月二十日の夷講が商人夷講として流行するようになると、百姓夷講の新穀収穫祖霊祭は十月十日の「亥の子」や「十日夜《とうかんや》」の田の神祭のほうへうつったものとおもわれる。そのうえ室町時代以後、貨幣経済がすすみ、百姓の自給自足経済から商品経済となって、百姓も商人の真似をするようになったのであろう。桝や大福帳や算盤を夷講に祀るのはそのような段階をあらわし、夷神は豊穣をもたらす祖霊や田の神よりも、福神として遇されるようになった。

寄り来る神と夷神

十月二十日の夷講は、私の知るかぎりでは家々の祭であった。しかし「講」というからには、同信者同志の寄合があったはずである。十一月二十三日の大師講もおなじことである。これを私は血縁集団講と名づけているが、同族または大家族の寄合として同祖の祭をおこなった名残りと理解している。もとは本家筋へ集まったであろうが、本家が没落すれば同族の廻り宿となり、その血縁集団が崩壊すれば隣近所の地縁集団講、または同業者の結成する職業集団講になった時代が想定される。すべての祭や年中行事はこのような経過をたどって、近世末から近代に各戸ばらばらの家の祭になったのである。

夷講が集団祭祀だった跡は「わらべ歌」にうかがわれる。標準的な「わらべ歌」らしい岩波文庫の『わらべうた』(町田嘉章・浅野建二編)を見ると、私が子どものころうたったものとすこしちがうが、「山王のお猿さん」という手《て》毬唄《まりうた》がある。

山王のお猿さんは　赤いお衣服《べべ》が大《だい》ぉ好き
テテシャン　テテシャン
夕べ恵比寿講《えびすこう》に招《よ》ばれて行ったら
お鯛の吸物　小鯛の塩焼
一杯おすすら　すゥすら
二杯おすすら　すゥすら
（下略）

これは京都、大阪では「てんてん天王寺のお猿さんは」とも言う、と註《ちゅう》がしてあるけれども、猿をうたうのは庚申講《こうしんこう》のほうではなかったかとおもう。しかし私の記憶ではこのお猿さんの前置きはなくて、「ゆんべ恵比寿講によばれて行ったら、鯛の焼物、鱸《すずき》の吸物、一杯吸いましょ二杯吸いましょ」で、田舎の歌のほうが合理的のようにおもわれる。ともあれ、夷講には宿になった家が講衆を招待することになっており、その御馳走を競ったことがうかがわれよう。

このようにして豊穣と豊漁の夷神は都市商人の福の神になり、食物をつかさどる大黒天と対になったり、七福神の有力メンバーになったりした。それでは、夷神とは何ぞやということになると、福神研究者にも結論はない。喜田貞吉博士の『福神研究』（昭和十年）には「大黒・夷二福神祭祀の由来」とか「夷三郎考」「夷三郎神像考」などの論考があるが、史説、俗説をほとんど網羅したにもかかわらず、結論は出ない。これは、神道の神でも仏教の仏・菩薩《ぼさつ》・明王・天部でも、関係づければすべて福神になり、これを種々の縁起で社寺が宣伝したからである。現代ではすべての神仏が交通安全の守護神になるようなものである。その中で、西宮《にしのみや》戎社の蛭子信仰と、美保《みほ》神社の事代主《ことしろぬし》信仰は記紀に記載があるので、平安時代から有力な主張をくりかえしてきた。たとえば『源平盛衰記』（剣巻）には、

蛭子は三年迄足立たぬ尊《みこと》とておはしければ、天石櫲船《あめのいはくすぶね》に乗せ奉り、大海《うな》が原に推し出して流され給ひしが、摂津の国に流れ寄りて、海を領する神となりて、夷三郎殿と顕れ給うて、西の宮におはします。

とある。また平安時代末期の『伊呂波字類抄《いろはじるいしょう》』では、西宮戎社は広田《ひろた》神社の摂社としながらも、

広田　五位一人勅使一所　世俗に西の宮と号す

とあって、西宮が広田神社のお株を奪うほど有名になっていた。そして西宮戎社は海岸にあったので、広田神社の浜南宮とも呼ばれた。これは漁民の信仰対象となったために、西宮戎社が本社を圧するほどに大きくなったことを物語るものである。

これを見ると、夷神信仰は農民と商人の信仰のほかに漁民信仰があったことがわ

かる。そしてこれは、蛭子神が海に流されて、岸に「流れ寄った」という縁起が大きな要素になっている。『日本書紀』(神代巻)には、伊弉諾命《いざなぎのみこと》と伊弉冉命《いざなみのみこと》が結婚して最初に生んだ子が蛭子であったが、

遂に為夫婦《みとのまぐはひ》して、先づ蛭児を生む。便ち葦船に載せて流《はなちや》りき。

とあるように、海か川へ流して捨てられたとある。これは、『源平盛衰記』のように「三年迄足立たぬ」という骨無しだったと解するよりも、死産と見るべきもので、これを葦《あし》や藁《わら》を組んだ船に乗せて水葬したものと私は解釈している。漁民のあいだでは海難者の死体に出合えば、これをエビス様と呼んで漁を休んでも岸につれもどって葬るが、その墓が夷社となって豊漁の神となることが多かったという。伊豆大《いずおお》島《しま》にはこれが殊に多いと、私は柳田國男翁から聞いたことがあるが、隠岐《おき》でもそのような夷社の話を聞いた。北海道渡島《おしま》半島の西海岸では、漂流中の円空仏をひろい上げて、豊漁の神として祀《まつ》っているところが多いのは(拙著『円空佛――境涯と作品――』の「北海の来迎観音」淡交新社、昭和四十三年、のち『五来重著作集』第十巻、法藏館、平成二十一年所収)、海難者供養のために流した来迎観音像を、海難者とおなじく、エビス神として扱ったものと推定している。

誓文払と夷三郎

夷神信仰の成立したもう一つの神話は、出雲の大国主命《おおくにぬしのみこと》と事代主命神話である。大きな鯛を抱えた恵比寿さんは事代主命で、打出の小槌《こづち》を持った大黒さん（大国さん）は大国主命と一般に信じられている。そして事代主命は天孫降臨にあたって、葦原《あしはら》の中国《なかつくに》を天孫に奉献すべしと父大国主命に進言して、海に沈んで死んだことになっている。『日本書紀』（神代上）には、

因て海の中に八重蒼柴籬《あをふしかき》を造りて、船枻《ふねのへ》を踏んで避《さ》りぬ。

とあるのは、やはり一つの水葬儀礼をあらわすものと私は解しているので、やはり蛭子とおなじパターンの神話である。このように水葬死者あるいはそれに代わるものが何故豊漁の神や福神の夷神になるのかといえば、日本人は、死者の霊魂は海の彼方《かなた》の「常世」へ往くと信じた。そしてそこから子孫の住むこの世へ幸福をもたらすために去来するという祖霊去来の信仰があったから、海の彼方から流れて来るものは豊穣、豊漁、福をもたらす福神であった。

これを「寄り来る神」と言って、医薬・禁厭《まじない》の神とされる少彦名命《すくなひこなのみこと》も出雲の海の彼方から光を放って寄ってきた神で、死ぬときは常世へ去っていった。

少彦名命行いて熊野の御碕に至りて、遂に常世郷に適でましぬ。亦曰く、淡嶋

に至りて粟茎《あはがら》に縁《のぼ》りしかば、則ち弾かれ渡りまして、常世郷に至りましき。

このように、日本人は海の彼方の常世から寄り来る者を福神としたので、死者も、鯨や鮫《さめ》や海豚《いるか》もエビスと呼んだのである。エビスに中国文字の「夷」を宛てたのは、海の向こうから来る者の意である。けっして外国人とか野蕃《やばん》な人という意味ではない。蛭子も事代主命も、常世から「寄り来る神」として夷神だったのである。

したがって夷神は蛭子と事代主命に限られることはなく、宝船に乗って寄り来る七福神は、すべて「寄り来る神」で、福をもたらすものであった。これを神道《しんとう》・仏教・道教の三教に平等に配分したのも室町時代らしく、夷・大黒は神道、毘沙門・弁天は仏教、布袋《ほてい》・寿老人は道教で、寿老人と福禄寿《ふくろくじゅ》は同一神だから、事実は六福神なのである。

このようにして室町時代には福神信仰がさかんになって、その代表として夷神が信仰され、おそらく都市商人の中で夷講が発生したのであろう。現在、民俗学といえば農村民俗学が主流で都市民俗学はあまり研究されていないが、工人の太子講（聖徳太子講）のように、商人に夷講ができ、農民の十月十日の田の神夷講と区別するために、十月二十日を大きな祭り日としたのであろう。この十日と二十日については、『塩尻』の著者は市日《いちび》ではなかったかと言っているが、「十日市」といえば、十日と二十日と三十日の一か月三回の市日のことである。いずれにせよ、夷講は福神信仰としては都市商人の講として発生したものと推定される。

この福神を祀るためには、新嘗の祖霊祭のように罪穢を祓《はら》うための潔斎、もしくは懺悔《ざんげ》が必要であったが、商人の誓文払は懺悔の名残りと私は解している。誓文払は商人の平素の掛引の虚言を謝するためといわれているのは、この懺悔に相当し、端切《はしぎれ》布などをただ同様に払い出すのは、潔斎の祓にあたるのである。「誓文」というのは、じつは「誓文破り」の意味で、約束を破り嘘をつく罪のことである。「払い」は罪穢を祓い懺悔することで、最大の滅罪懺悔は「施し」をすることである。口先だけで懺悔するのでなく、商人は物で懺悔する。したがって「誓文払」は、正しくは「誓文破り罪穢祓い」の施し、または安売りと言ったらよいとおもう。これを省略して「誓文払」と言ったのは初めの夷講の精神をわすれたからで、例の商人の舌先三寸のごまかしになり、誓文払を口実に一儲《ひともう》けをたくらんだものと私は睨《にら》んでいる。これでは罪の懺悔どころか、二重の大罪を重ねて天罰を蒙るだろうとおもう。それに気がついたか、近ごろは一年一度の「秋期大バーゲン」などと名を変えたようである。

また夷講に鮒《ふな》を祀るというのも、一つの罪ほろぼしとして生き物を放つことがのこったのである。懺悔《さんげ》・滅罪は仏教も神道も最大の善であるが、日本人はこれを「布施」（施し）と「放生」という美しい行為で実践した民族であった。

京都では誓文払の神として四条通の祇園御旅所の冠者殿を祀るが、これが夷神であることはすでにのべたところで説明を要しないであろう。ところが江馬務《えまつとむ》先生などは、この神の正体はわからないので、まあ祇園と同体の素戔嗚尊としたらよかろうなどと言っている（同氏『日本歳事史――京都の部』内外出版、大正十一年）。しかし、冠者というのは息子のことで、夷神の息子といわれる夷三郎であることは、ほぼ間違いあるまい。西宮でも一般にも、夷三郎は一柱の神か、夷神と夷三郎は別なのか、はっきりしていない。このように漠然としているのが庶民信仰の神の性格なのであるが、三郎といい冠者というのは、若宮とか王子の意味と解すべきものとおもう。これは、宗教民俗学では常識化しているように神の荒魂《あらみたま》のことで、夷神の荒魂が夷三郎なのである。これを祭や芸能で鎮めれば、本神よりも絶大な功徳と恩《おん》寵《ちよう》をあたえるという信仰がある。

四条の冠者殿は祇園御旅所と同居しているが、祇園の素戔嗚尊とはすこしも関係がない。町衆がこの神を祀ったのは、おそらく市神《いちがみ》として祀ったもので、旧祭地といわれる烏丸通高辻北上ル大政所町、万寿寺通高倉東入ル官社殿町などもおなじく市場で、市神を祀った場所であろう。しかし、これらを祀った主体は商人の夷講であったということが、いま、わすれられているのではなかろうか。

追儺と「なまはげ」

宮廷の追儺と方相氏

いまでは追儺《ついな》といえば節分の代名詞のようになって、多くの神社で節分追儺祭をおこなう。また一般家庭でも、節分の豆撒《ま》きを追儺だとおもっている。

しかし宮廷の年中行事では、追儺は大晦日《おおみそか》の行事であった。そして大晦日の追儺に、陰陽寮《おんみようりよう》の方相氏《ほうそうし》が奉仕したことが、追儺に鬼を追うという節分行事に変化したのである。今、かりに藤原行成《ゆきなり》の日記『権記《ごんき》』の寛弘《かんこう》八年（一〇一一）十二月二十九日の条を見ると、この年は十二月二十九日に宮中で追儺がおこなわれている。しかしこの道長の栄華をきわめた王朝盛期でも、中国模倣の追儺はかならずしも厳重にはおこなわれなかった。これは民間の大晦日行事や「なまはげ」のように信仰のこもったものでなく、中国の猿真似だったからであろう。

従来の風俗史は中国模倣の宮廷行事を日本の年中行事の源泉とし、これが民間に下降し普及したとかんがえているが、この二つは文化系統がまったく異なることが、宗教民俗学から分ってきた。名称が中国あるいはインド的だからといって、その内容まで中国、インドのものとおもってはいけない。

『権記』によると、この日、亥の刻（午後十時）に、追儺をつとめる陰陽寮の官人が、遅刻して建礼門《けんれいもん》から参入した。ところが主役（長人）の方相氏《ほうそうし》が装束をつけていなかった。方相氏はここでは「儺王」とよばれているが、黄金四目の面をつけ、玄衣《くろいころも》朱裳の装束を着なければならない。その装束が破損して着られなくなった、と奏上している。そこで大急ぎで調達してこれを着ると、門が開いて方相氏が参入した。すると宮門の番人等が桃の弓と葦《あし》の矢で、これを射たらしいが、これはまったく見当ちがいの行事であった。

次に陰陽寮、桃弓葦矢を班《わか》つ。門を開か令《し》む。此の間予（行成）座より起つて承明門に到る。舎人、門を叩く。又所司、桃弓葦矢を以て闈司（門番）等に授くること常の如し。次に方相参入す。次に予参入す。次に陰陽寮、方相の饗を給ふ。寅の刻二段（午前五時）に了る。寮、饗を撤し了る。方相楯を打つこと三度、了つて方相を先と為して、御前（清涼殿）を経て、瀧口《たきぐち》を出て退出す。（予）家に帰って頭を梳《くしけづ》る。

このようなだらけた状態で、災禍や不幸の根源と目された「儺」が追い払われる筈《はず》もない。飲食に五、六時間かけて、夜明け方に楯《たて》を三度打って追儺している。「儺《だ》」は「難《なん》」と同じといわれるが、普通は「儺」一字だけで、疫鬼を追うの義とされる。ところが中国の追儺は十二月八日に行なわれ、目に見えぬ疫鬼を桃の弓と棘《いばら》の矢で射たのである。『荊楚《けいそ》歳時記』によると、

十二月八日を臘日と為す。（中略）『礼記』を按ずるに云ふ。儺《だ》は厲鬼《れいき》を逐《お》ふ所以なりと。『呂氏春秋』季冬紀の注に云ふ。今人、臘前一日、鼓を撃ち、疫を逐ひ、之を逐除すと謂ふと。（中略）卒歳《（としのおわり）》、大いに儺《だ》し、群厲を殴除す。方相、鉞《（まさかり）と》を乗り、巫覡《ふげき》、葪《（あしの穂）》を操り、侲子《しんし》萬童、丹首玄製し、桃弓棘矢、発《（はな）》つ所、臬《（まと）》なしと。

というふうになっている。平安時代の宮廷追儺は、これを真似たのであるが、日本では方相氏の面が異様なので、これを門番等が桃弓葦矢で追ったらしい。しかし追儺の本質は、方相氏が門を叩《たた》くことや、楯を叩くことにあった。これは中国の儺鼓《だこ》を撃つことを真似た、というよりも、日本古来の悪魔を追う呪術《じゅじゅつ》として、物を叩いて音を立てたり、足踏をしたことに基づくものであろう。叩く方は「乱声《らんじょう》」といい、踏む方は「だだ」（反閇）という。これは村落の「おこない」（行）や寺院修正会、修二会にのこっている。

しかし日本の宮廷では、中国風の追儺が『延喜式』『西宮記《せいきゅうき》』その他の年中行事故実書に記載された。それによると、大舎人《とねり》二十人（のちに八人）が方相氏となり、黄金四目の面をつけ、黒衣朱裳を着て戈《ほこ》と楯を持った。陰陽師《おんみょうじ》が斎郎《さいのお》を率いて月華《げっか》

門《もん》から参入して、追儺祭文を読む。終って方相氏は大声（儺声《だせい》）をあげて戈で楯を三度打つ。これとともに公卿《くぎょう》たちは桃弓で葦矢を的なしに放ったのである。

元来、鬼や疫神は目に見えないものである。「もののけ」というのは、目に見えない霊的な存在をよぶものであるが、人間はこれを形象化しなければ、物足りない。そこで恐ろしい面をつけて大声をあげて荒れまわる、という演劇的な表現をしたり、これを絵に書いたり、彫刻化したりする。そのために一時は方相氏の黄金四目の面が鬼とまちがえられて、平安末期には方相氏が追われる追儺になり、『伊呂波字類抄』では、「方相氏、鬼名也」と書かれた。『権記』には方相氏を閽司《ゐし》（門番）たちが桃弓葦矢で追うことと、方相氏が戈で楯を打つこととが混合していて、中国風から日本風にうつる過渡期をしめしている。

大晦日の鬼

宮廷の追儺を陰陽寮が主宰したのは、陰陽道の観念による追儺だったからで、陰陽道の鬼は疫鬼とか厲鬼とよばれる邪悪暴悪な存在だった。しかしその形象ははっきりしない。これが鍾馗《しょうき》に摑《つか》まれた鬼のような形になったのは、仏教の影響によるのであろう。事実、『荊楚歳時記』でも、南北朝時代以降は方相氏の代りに疫鬼を追うのは、仏教の金剛力士になっている。そして方相氏はむしろ大喪《たいそう》に柩《ひつぎ》の先導をして墓に到り、墓壙《ぼこう》に入って戈でその四隅を撃つというような呪術をおこなうことになった。

ところが日本では鬼は、邪悪であるよりは、慈愛心をもち、人間から待ち迎えられる存在である。節分に「鬼様迎え」をする家が日本各地にあるが、とくに但馬《たじま》の香住《かすみ》町森（現・美方郡香美町香住区森）の前田家は有名であった（拙論「鬼踊」『聖愛』七四・七五、高野山出版社、昭和二十八年。のち『五来重著作集』第八巻、法藏館、平成二十一年所収）。これは前田家がもと小野木（鬼木）氏で、鬼の子孫という伝承をもつ修験《しゆげん》の家筋だったためであろう。これが前田家だけだったならば特例ですまされるけれども、大和の洞川《どろがわ》は後鬼《ごき》の子孫の村といい、前鬼《ぜんき》の村は役行者の従者の、五人の鬼の子孫という五家から成り立っていた。そのほか鬼の子孫という伝承の家は全国にすくなくないので、修験筋ばかりでなく、一般に鬼は祖霊の形象化とすることで、日本的追儺の解釈が可能になる。

折口信夫氏は有名な「春来る鬼」（『折口信夫全集』第十五巻、中央公論社、昭和四十二年所収）で、鬼は「まれびと神」として正月に迎えられる神であり、それは「なまはげ」や「なもみたくり」「かせどり」「がごぜ」「むくり」などとおなじものだという。そして、

> 小正月・節分・大晦日の晩、出て来る者が、鬼の形をして居ますが、これは、まれ人と精霊との形を混乱させて、特殊な形を取っていたと私も以前は思っていましたが、一体、まれ人自身が神を意味しないで、他所から渡って来る一種変ったものであって、此土地に同情を持っていればよろしいので、家や土地を祝福する事は、第二段に起って来る事であります。それと同時に、一方には意味が分化して「裁き」や「懲罰」をしたり致します。

と、分ったようで分らないことを言う。しかし氏の言わんとすることは、追儺のおこなわれる小正月・節分・大晦日の晩には鬼が来訪してくるが、これはかならずしも神ではなく、精霊でもあって、祝福とともに懲罰をもたらすものだ、ということであろう。このように言い換えてしまうと、歌人釈迢空《しゃくちょうくう》独特の文学的持ち味はなくなってしまうが、誤解されるよりはましかもしれない。そうすると、この鬼は恩《おん》寵《ちょう》と懲罰の二面性をもつ祖霊の形象化であったといえば、もっとも分りやすくなる。この点から大晦日の来訪者としての「なまはげ」をかんがえてみたい。

ただ折口氏の言う「がごぜ」と「むくり」はすこし問題があって、鬼を「がごぜ」というのは、『日本霊異記』などに出る奈良元興寺《がんごうじ》の鐘楼《しょうろう》の鬼で、多くの鐘撞《かねつ》きの人を殺したが、道場法師に退治されたことになっている。奈良では、泣く子供を「元興神《がごぜ》が来た」といっておどしたという。そうするとこれは恐怖だけで恩寵のない鬼だから、日本の大晦日の「まれびと」（来迎者）にはなりえない。また「むくり」というのも、蒙古《もうこ》襲来を鬼として「むくりこくり」といったことから出ているので、これまた怨敵《おんてき》であって、祖霊来訪の鬼ではない。しかしこの誤解は菅江《すがえ》真《ま》澄《すみ》の『牡鹿《おが》の嶋風《しまかぜ》』（『菅江真澄全集』第四巻、未来社、昭和四十八年所収）から出ているが、その時代はまだ「なまはげ」の何たるかは知られていなかったのだから、止むを得ない。

此嶋にて小児の泣《ナケ》ば、なまはぎが来《キタ》といひてをびやかしぬ。これや平城《ナラ》の元興寺に鬼ありしとて、がごじ、又ぐはんごなといひもてすかし、はた東路にてもゝくわ、みちのおくにてもつこといふは、蒙古国の襲ひ来るを懼れしがもととすとなん。奈万半者《ナマハギ》は、正月十五日の夜に、身の毛いやだつ斗《バカリ》、丹塗《ニヌリ》の仮面《ヲモテ》を被《カツ》き、螻蓑《ケラミノ》ちふものを着て、手に疾刀《トキハモノ》を持て、小筥《オフ》を負て、その箱の内に物ありてから〳〵と鳴らし、しはぶき、家ごとに入る。これをなまはぎといふ、

とあるが、正月十五日というのは、十四日の深夜から十五日の早朝にかけてのことであった。すなわち純粋の太陰暦で、満月（十五日）をもって朔日《ついたち》（元日）とする暦では、その前夜（十四日）か晦日（大晦日）で、この深夜に追儺がおこなわれた。これが小正月の追儺で、「なまはげ」の鬼はこの夜に家々を来訪した。したがって

「なまはげ」は正月十四日の夜の行事だったのであるが、太陽太陰暦の旧暦で十二月三十日の大晦日になり、また太陽暦の新暦では、再び一月十四日夜の行事となっている。すなわち、日本の鬼は依然として、大晦日に相当する日に家々をおとずれることには変りはない。そして民間伝承の追儺の鬼は、方相氏に追われるどころか、訪れた家で酒肴《しゅこう》の饗応《きょうおう》をうけたり、餅の土産まで持たされながら、村中をめぐるのである。

祖霊来訪と「なまはげ」

大晦日《おおみそか》の夜が『徒然草』（十九段）にいう「なき人の来る夜とて魂祭るわざ」する夜であることは、たびたびのべたところである。死者の霊、もしくは祖霊は農耕の折目毎に、また季節の変り目毎に子孫を訪れて祭を享《う》け、怠け者には懲罰《ちょうばつ》を下し、働き者には恩寵を与える。お盆というのも夏（旧四月～六月）と秋（旧七月～九月）の変り目に祖霊の亡き魂を迎えて祭るとともに、麦の収穫祭でもあった。これに対して大晦日は冬（旧十月～十二月）と春（旧正月～三月）の変り目の霊祭りであり、米の収穫祭であった。

大晦日の霊祭りの祖霊は懲罰と恩寵の二面性をもつので、懲罰を表に出した鬼で表現される場合と、恩寵を表に出したサンタクロースのような翁《おきな》（または姥《うば》と尉《じよう》）で表現される場合がある。どちらも祖霊として歓迎されたのであるが、大陸の追儺が入ると、鬼は疾鬼とまちがえられて、方相氏や侲子《しんし》に追われる身となった。それどころか方相氏そのものまで、金面四目の鬼と誤解されて、桃弓葦矢《あしや》で追われるという始末である。

しかし民間年中行事である「なまはげ」の鬼は、姿こそおそろしいが、歓迎される。いまは祖霊の概念はなくなったし、菅江真澄もこれが祖霊来訪とは気付かなかった。折口信夫氏も「春来る鬼」とか「まれびと神」といいながら、これが大晦日の霊祭りの祖霊とはかんがえなかった。また柳田國男翁は『雪国の春』に、「小正月の晩に来る蓑笠《みのかさ》の神様」といったり、「年の神の姿」といっているが、実は年神そのものが祖霊であった。

言ふことを聴かぬ小児が（「なまはげ」に）大いに嚇され、親の仲裁によって辛うじて宥してもらい、（中略）後に酒を出されて仮面（鬼面）の下から飲むことなど、閉伊《へい》（岩手県）のナゴミも男鹿（秋田県）のナマハギもよく似ていて、其時期はどこの国でも、必ず正月十四日の深夜に限られている。即ち是が本来我々の年の神の姿であったのだ。

しかしこの祖霊は本来は目に見えない霊だから、鬼や翁に扮《ふん》しないで、音だけで

ホトホト（鳥取県『年中行事図説』より）

来訪したぞと知らせさえすればよい時代があった、としなければならない。これが小正月あるいは大晦日の来訪者（まれびと）であるカセドリ、バンドリ、カバカバ、チャセンゴ、タビタビ、ホトホトとよばれるものである。これらは青年や子供が物蔭で蓑をバタバタと振って音を立てたり、戸をホトホトと叩《たた》いたりする。バンドリは蓑のことで、蓑笠を着た祖霊がいま訪ねて来た、ということを知らせるのに蓑の音を立てるので、このように呼ばれる。

実は従来は折口氏も柳田翁も、小正月と大晦日の来訪者を祖霊とかんがえなかった。したがって、まず「なまはげ」や「なごみ」のような鬼面で蓑を着た来訪者（まれびと）が先に存在して、その略式化したものが蓑だけのカセドリやバンドリになり、それも着ずに頬《ほお》かむりで戸を叩くホトホトになった、とかんがえていた。しかしこれを祖霊来訪とすると、順序は全く逆になる。もっとも古い形は祖霊すなわち年神の依代《よりしろ》となる松の枝や樒《しきみ》の枝（奥三河の門松は樒が多かった）を立てて、物音を立てずに一晩眠らずに、謹慎潔斎して祭ったであろう。今も「祝園《ほうその》のいもほり」などという「忌《い》み籠《ごも》り」がのこっているのは、この段階である。

しかしそれではほんとうに御先祖様（年神様）が御座らっしゃったかどうか心許《もと》なくなって、誰かに来訪の合図の音を立ててもらうようになったのが、ホトホトやコトコトである。次は、祖霊は神話の素戔嗚尊《すさのお》のように蓑笠を着て来訪するという伝承があるので、蓑を振る音を立てるカセドリやバンドリになる。そして最後に、もっとも演出効果のある鬼の面を付け、蓑笠を着て、小刀を入れた小筥《こばこ》と手桶《ておけ》、または庖丁《ほうちょう》をもった「なまはげ」が登場することになったものとおもう。

「なまはげ」がとくに男鹿《おが》半島（秋田県）に盛んであり、現在ものこっているのは、男鹿の本山《ほんざん》と真山《しんざん》（新山）の山伏集団をのぞいてはかんがえられない。ということは、鬼面を付けて家々を訪れる「なまはげ」は、ここの山伏が大晦日の宗教行事として演出し、これを民衆は祖霊来訪として受け容れたのである。柳田國男翁はさすがに、『雪国の春』に、もっともすぐれた聴書をのこしている、

さうすると本山永禅寺の柴灯堂《さいとうどう》に於て、毎年正月の十五日の日に、山から降りて来る神人《じにん》に堂の中央の窓から餅を投げ与へたといふ儀式、及び何人も其姿を見ることを許されず、もし誤つて之を見れば、必ず其人に災ひあるべしといつた話も、後世の社僧たちがなほ或程度にまで、山の伝統を承認した痕跡であるといふことが出来る。

三河花祭の鬼（愛知県）

しかし柳田翁は、この神人（山伏）が赤神《あかがみ》神社（五社堂）の修正会《しゅしょうえ》に「鬼走り」を演じて、それから門前の村の家々を来訪したことには言及していない。この鬼を三河の花祭の鬼や、国《くに》東《さき》半島六郷満山《ろくごうまんざん》の鬼会《おにょ》の鬼と比較すれば、このことはすぐ気付くはずである。国東半島などでは、庭先で踊って悪魔払いをした後で、座敷へ上って大御馳走になるのは、「なまはげ」によく似ている。そして餅はむしろ「鬼」すなわち祖霊の恩頼《みたまのふゆ》として、諸人に投げ与えている。この点、餅をもらう鬼は完全な逆転である。「なまはげ」の小刀筥は、ホトホトのように来訪の合図のために、振って音を立てたのであり、手桶は、一戸一戸水をかぶって潔斎の代垢離《だいごり》を取るものであったろう。すなわち、「なまはげ」を大晦日の民俗と修験道儀礼の結合したものと見れば、合理的に解釈することができるのである。

お火焚と神楽

霜月祭と大根煮

京都の十一月はお火焚《ひたき》に明け暮れる。古い土塀や街角に貼紙で、どこそこの「お火焚、何時より執行」の案内が出る。これを見ると、京都の霜の朝がそこまできた感じである。

大きなところでは一日の八坂《やさか》神社、八日の稲荷《いなり》大社、十五日の今宮《いまみや》神社、十八日の上・下御霊《ごりょう》社、二十二日の太秦《うずまさ》広隆寺、二十五日の北野天満宮などである。そのほかに、いわば名もない庶民信仰のお寺やお宮でもお火焚をするので、連日どこかでお火焚があり、いまでは十一月だからお火焚があるのだとおもうだけで、何の意味か、かんがえてみようともしない。

しかし大阪にも「お火焼」があった。延宝八年（一六八〇）の『難波鑑』には、八日の高津《こうづ》宮と玉造稲荷、十日の新御霊、十二日の生玉《いくたま》明神、十三日の稲荷明神と三津寺八幡、十六日の坐摩明神と朝日宮、聚楽《じゅらく》町の明神、蠟燭《ろうそく》町の神明、十八日の

稲荷大社のお火焚祭（京都市）

天満天神をあげている。

またこの月は愛染お火焚といって、愛染明王を祀ったお寺でもお火焚をする。こんな細い路地にとおもうようなところ、平素お寺があったと気づかなかったところでもお火焚があり、老婆や子どもが群らがっている。これは京都に多い藍染《あいぞめ》屋さんの祭で、藍染《あいぜん》と愛染をかけたのであるが、そんな路地奥の庵主《あんじゅ》さんの守るような小寺の愛染お火焚に、もっとも京都らしい趣がある。

藍染屋さんの愛染お火焚は京都では同業者のお火焚の一つで、そのもっとも有名なのが鍛冶《かじ》屋《や》さんの鞴《ふいご》祭であった。十一月八日がその祭日で、鍛冶職ばかりでなく、鋳物師、飾師、石工から、平素火をつかう風呂屋までがお火焚をする。これは稲荷大社の八日のお火焚に合わせたことはあきらかで、稲荷のお札をうけて配るところもある。

このあいだ福岡へ行ったとき、タクシーに乗って姪浜《めいのはま》の住吉神社の前を通ったら、運転手が、ここの十一月八日の鞴祭は「鍛冶屋くんち」と言うのだ、と教えてくれた。福岡ではお祭はすべて「くんち」（九日）なのである。しかしこの運転手さんは、筥崎《はこざき》八幡の「ほうじょうや」のほうが賑やかですよと言いながら、それが「放生会」であることは知らなかった。

京都の冬の風物詩に「鳴滝《なるたき》の大根焚《だいこだき》」があるが、私はこれもお火焚だったとおもっている。いまは十二月九日、十日だが、もとは十一月九日だったので、おそらくここ鳴滝了徳寺の「薄《すすき》の名号」のお火焚だったのであろう。縁起は親鸞《しんらん》聖人が建長四年（一二五二）十一月九日に、愛宕詣《あたごもうで》の途中、この寺に立ち寄られたとき、村人が大根を炊いて差し上げたところ、いたくよろこばれて「帰命盡十方無旱光如来《きみょうじんじっぽうむげこうにょらい》」の十字名号を下された。薄の穂で書いたはずの名号が、いまは筆で書いてある。しかしこれは現在では「中風よけ」の信仰ができて、大変な賑わいである。私が三十年ほど前に詣《まい》ったときは、村人の祭で素樸な俳味のある「大根焚」であった。数年前に行ったら、カメラマンまで押しかける京の有名年中行事になっていた。平素、大根に油揚げの煮付けなど見向きもしない若者まで、うまい、うまいと言って食べている。

しかし大根は、お火焚というよりも「霜月祭」の大切な供物である。これをお火焚の聖なる焚火で煮て食べれば、中風のご利益が多いと信ずるのは当然であろう。

その上に「薄の名号」があれば、一層その功徳は大きい。しかし親鸞聖人の名号にそのような現世利益をもとめれば、本願寺は法義にそむくと言って怒るであろうが、大部分の人は名号よりもお火焚の油揚げ大根の煮付けが目的だから、目鯨立てることもあるまい。そしてこの寺の縁起に、親鸞聖人が愛宕詣の途中で立ち寄ったというのは、おそらくもと愛宕のお火焚が十一月九日だったからではないかとおもう。

また京都近郊農村では、十一月には「狐施行」と言って、老人がつれ立って稲荷のお塚に油揚げやお洗米をあげに行った。これもお火焚とおなじ霜月祭のひとつの姿であろう。平素、田畑で土にまみれた農村の主婦や老人のレクリエーションであったが、狐といい、稲荷といいながら、山の神の祭をしていたのである。すなわち霜月の収穫祭で、田の神を山に送って山の神として鎮まってもらう祭であった。そして来年の初午《はつうま》には、またこの山の神を田畑にむかえて耕作をまもってもらうのである。これをはっきりしめすのが稲荷大社のお火焚で、初午と対をなす民衆の祭であったものを、本社が祭典としてとりおこなうのである。これを民衆は「狐施行」と言って、狐に油揚げを御馳走するものとおもっている。お火焚はこのような民衆の祭であったのが、庶民信仰の神社や寺院の祭となり同業者の祭になったのである。

お火焚の人長の舞

お火焚は江戸時代にもさかんにおこなわれたので、学者たちもその典拠を模索したらしい。しかしこれを社寺や宮廷の新嘗祭《にいなめさい》にばかり目を向けないで民衆のほうに注目し民俗資料と照合していけば、もっと実態はあきらかになったはずである。

貞享二年（一六八五）の『日次紀事《ひなみきじ》』の十一月の項には、

この月、毎神社の縁日、柴薪を神前に積み、御酒を供へ、しかる後に火を投じてこれを焼く。児童おの〳〵「其神の御火焼」と口唱してこれを拍す。氏子の家もまた、その生土神《うぶすながみ》の縁日をもつて火焼を修す。けだし来復の神気を助益するものならんか。

といって民衆のお火焚に注目しているが、その解釈はインテリらしい陰陽道《おんみょうどう》の、一陽来復という陽の卦《け》を出している。これは、十一月になれば冬が去って春がくるという意味で、「冬来りなば春遠からじ」の原句であるけれども、そのために火を焚《た》くというのは、すこし早すぎる。

これにたいして正徳三年（一七一三）の『滑稽雑談』は、

神道名目抄に曰、十一月諸社御火焼の神事あり。これ当年の新穀を初めて供進の神事なり。官符ありてこれを勤むるは新嘗祭といひ、官符なき社、その神

> 官これを供へ奉る。神事夜分に行なふゆえに、庭燎《にはび》を設く。俗、御火焼《おほたき》といふ。（中略）これらの説を考ふるに、世諺問答の庭火《(燎)》の故実なるべし。昔は諸社において御神楽はべりけるに、神楽の義は絶えて、庭火の義は下《しも》ざまなどの勤め来れるなど、故実残りて火をたくゆゑに、当代火焼《ほたき》祭となりはべるらし。今は大社に限らず、都鄙を論ぜず、もつぱら執り行なふ。

とのべて、一応妥当な説を出している。また俳諧の『山の井』もこの庭火（庭燎）説を支持しながら、「果報をね《(寝)》まつり」などと、「子《ね》祭」という大黒祭にもかけている。この書によると、京都の民間年中行事として、お火焚はいま想像もつかないほど賑やかなものであったらしい。

> 祇園は午の日。かの神社は申すにおよばず、下京の氏子ども、小さき御輿を町々にかきすゑつつ、大道に薪を積みて御火焼《おほたき》し、また時の菓物ども、御酒など奉りはべる。今宮は十五日、御霊は十八日、お祭にあたればなり、すべて国々所々に、その産土の御火焼ははべるとなり。されば焚火の光を和光の御影に寄せ、また吹革《ふいご》の吹きつくるほど、とび栄《(宮)》ふる心ばへとも言ひ、果報をね《(子)》まつり《(祭)》など添へても言へり。

とある。

たしかにお火焚にはもと多く神楽がおこなわれた。いまも私の知るかぎりでは、果報稲荷大社と今宮神社には神楽の「人長《にんじょう》の舞」がある。今宮神社はいま例祭の前日、十月八日夜におこなうが、稲荷では十一月八日午後二時ごろから広場の真ん中に炉を据えて、信者の献じた名前入りの薪をもやす。そして午後七時ごろから神楽がある。十一月は日の暮れるのもはやいが、木枯しも吹くので見物人はほとんど稀《まれ》になる。本社前の敷石に小さな庭燎が焚かれ、その前で人長の舞がおこなわれる。

　人長は神楽人の長ということで、ヒトノヲサと読む訓もあるが、ニンジョウと読むのが読みならわしである。私は、いろいろの民俗芸能から見て、これは三河花祭の「天《あま》の番《ばん》」にあたるもので、庭燎を司る役とおもっている。稲荷や今宮ではこの人長が宮司より授けられた鏡榊を持って舞うが、鏡の代わりに胡粉《ごふん》を塗った藤の丸い輪が榊の枝に下げてある。おそらく、天の岩戸の神楽にならって木綿幣《ぬさ》の代わりに鏡代《かがみしろ》をつけたのであろう。伴奏は笛、篳篥《ひちりき》、和琴《わごん》であり、次の庭燎の神楽歌をうたう。

　　深山には　霰降るらし　外山なる
　　　正木《（真木）》の葛《かづら》　色づきにけり

　私は神楽歌のなかでこの歌が一番好きであるが、はるか遠く見える深山に霰《あられ》のふる十一月に、村はずれの山宮で霜月《しもつき》祭をする村人の姿がしのばれる。祠《ほこら》の神木には色づいた真木葛《まさきかづら》（蔓真木《つるまさき》）が這《は》いのぼっているのであろう。このような祭に舞われる神楽こそもっとも神さびており、その庭燎がお火焚の原始の姿であった。

人長の舞は宮廷の新嘗祭に奏せられる内侍所《ないしどころ》の「御神楽」を真似たもので、『江家次第』や『楽章類語鈔』にその次第はくわしいが、人長が庭燎の前で「足、地を蹴るの状をなす」という、踵《かかと》で三度大地を打つ「反閇《へんばい》」がもっとも重要である。これは悪魔祓《ばら》いの所作であって、この神楽が「鎮魂神楽」であり、祖霊である山の神の荒魂《あらみたま》を鎮める舞であったことをあらわす。反閇という大地を踏む呪歩（マジカル・ステップ）と浄火をもって荒魂を鎮めて、山宮に鎮まってもらうのが霜月祭であった。そのために人長の舞と庭燎があるが、その庭燎だけのこったのが、十一月のお火焚だったのである。

霜月の湯立神楽と斎燈

お火焚の炉は松割木の薪を井桁に組んで焚くが、これは山伏の柴燈《さいとう》護摩もおなじである。その中に斎竹《いみたけ》を立て、鑽火《きりび》で火をつける。すると神官が「ターケ　ターケ」と音頭をとると、子どもや見物人が「オシタ（ヒ）ーケ　ノーノー」とはやす。これも柴燈護摩のとき山伏が般若心経や不動真言の、
ノーマク　サンマンダー　バーザラダー　センダンマー

を、カロシャーダー　ソワタヤ　ウンタラター　カンマン

錫杖《しゃくじょう》おどろおどろしく振りながら唱えるのとおなじである。

これは柴燈護摩も神楽の庭燎とおなじ起源をもつからで、鎮魂の意味がある。この柴燈護摩の元の形とおもわれる斎燈（いみび）が、いまも山伏神楽に見られる。そのもっとも代表的なものは三河の「花祭」という山伏神楽で、神楽舞をおこなう舞戸《まいと》（当屋の土間か、氏神社の拝殿の土間。近ごろは公民館の土間も）の隅に焚火をして「セイト」と言う。セイトは斎燈の訛《なま》りである。これは照明と暖をとるためとかんがえられているが、それよりも悪魔祓いと荒神を鎮める鎮魂の呪力《じゅりょく》がみとめられていた。

それは何かといえば、このセイトの火を守るものは舞戸の天井裏の一番高いところに上って、ここで山の神である天狗《てんぐ》祭を司っている「天の番」だからである。花祭の神楽はこの天狗を鎮める神楽なのである。セイトの火の薪はもと天の番のところに上げてあって、下から、

天の番！　松明《たい》おろせ！

と叫んで、薪をおろしてもらったという。これはもっとも神聖なるけがれなき薪によって、この聖火が焚かれるという意味である。

また山伏のおこなう田楽として、奥三河の田峯《だみね》田楽（愛知県北設楽郡設楽町田峯

三河花祭の舞戸の
湯立釜（愛知県）

観音堂）では庭田楽に、観音堂の庭の四か所にこの斎燈を焚き、その範囲内で田楽を舞う。また西浦《にしうれ》田楽（静岡県磐田郡水窪《みさくぼ》町〈現・浜松市天竜区〉西浦観音堂）でも巨大な斎燈を焚くが、その点火は小さな船にのせた仕掛け人形の観音像がするようになっている。

ところで三河の花祭は、花神楽ともいわれる正月の「おこなひ」（修正会）に伴う延年の神楽であるが、同時に霜月神楽の湯立が結合したものである。したがって舞戸の土間の中央に湯立釜を据えて火を焚く。セイトの火もこの霜月湯立神楽の斎燈だったものである。このほうはいわば神道《しんとう》風の神楽で、人長の舞や阿知女作法《あちめさほう》や採物舞だったとおもうが、修正会延年の呪師神楽（山伏神楽）がくわわって鬼の仮面や天狗その他の仮面をつけ、散楽的なアクロバット舞を舞うようになったのである。

このことを論証するのは大きな紙面を必要とするので、この仮説のもとに説明すれば、セイトの火と湯立の火は霜月神楽の斎燈で、これが内侍所神楽（新嘗祭《にいなめさい》）の

新野雪祭田楽の歳法（長野県）

庭燎であった。そしていまは稲荷大社や今宮神社の庭燎となって、人長の舞が舞われる。山伏神楽や山伏田楽ではこの人長にあたるのが、田峯田楽の「さいはらい」（災払い）、鳳来寺《ほうらいじ》田楽の「さいとう」（歳頭）、新野《にいの》雪祭田楽では「さいほう」（歳法）で、田楽の主宰者に「さい」をつけるのは、斎燈の番（天の番）を意味したものとおもわれる。また花祭では「天の番」の役として、おそらく一番重い役鬼である榊鬼を舞ったものとおもうが、これは榊鬼の持つ榊が、人長の持つ鏡榊に対応するからである。

　このように、お火焚の源流に霜月神楽または田楽があることはうたがいのないところである。しかし内侍所神楽では庭燎と人長の舞はまったく形式化して、庭燎は篝火《かがりび》になってしまった。いわゆる「衛士《えじ》の焚く火」となって、人長からはなれ、たんなる照明になった。これをうけて薪能なども篝火を焚くが、薪というところをみれば、もとは地面に斎燈を焚いたのであろう。これらにたいしてお火焚の火は、その原始形態をのこしたのである。そして山伏神楽や山伏田楽は、そのもうひとつ古い斎燈の形をしのばせる。日本人の火にたいする神聖観念は、いろいろの形でのこされたものといえる。

最後に、お火焚が霜月であることの理由は、この月が最後の収穫祭をおこない、収穫をまもってくれた祖霊への感謝と鎮魂をおこなうからであった。宮廷では祖霊である天照大神を、内侍所神楽で祀るのはそのためである。民衆もまたそれぞれの家の祖霊とともに、共同体の祖霊である氏神を霜月に祀ったが、その祖霊はすこしの穢《けが》れや罪があれば祟《たた》りをもって懲罰《ちょうばつ》する恐ろしい荒魂なので、浄火で一切の罪穢を祓《はら》いきよめ、舞をもって荒魂を鎮めた。このような呪術《じゅじゅつ》は中世以来、民間では氏神の別当をつとめる山伏が担ってきたので山伏神楽としてのこり、宮廷や諸大社では神道的な神楽としてのこったのである。しかし民間の多くはその庭燎を、お火焚としてのこしたものと私はかんがえている。

新嘗と霜月大師講

収穫祭としての「にひなめ」

戦後、十一月二十三日の新嘗祭は廃されて、おなじ日を「勤労感謝の日」と呼ぶようになった。新嘗祭は皇室の祭で、しかも神道の祭だからというのが廃止の理由であろうが、じつは民間では霜月大師講の名で新嘗をおこなってきたのである。新嘗は稲の収穫祭だから勤労感謝といった理由は十分にあるけれども、昔の人は稲の収穫を神や先祖の加護に感謝したのに、戦後は人間の労働に感謝するところがちがう。

「にひなめ」の語義は諸説があって定説はない。古く『万葉集』（巻十四）の東歌《あずまうた》では、

誰ぞこの家の戸押《お》そぶる新嘗《にふなみ》に我が夫《せ》を遣《や》りて斎《いは》ふこの戸を　（三四六〇）

のように「にふなみ」とよんでいる。この歌で見ると、新嘗の夜は女子一人が家に

こもって神を祀ったので、その夫も他所へ泊まりに行かねばならなかったらしい。ところが女一人ということをねらって忍び込もうとするけしからぬ男があって、戸をガタガタいわせて叱られたのである。またおなじ東歌には、

鳰鳥《にほどり》の葛飾早稲を爾倍《にへ》（饗）すとも其の愛《かな》しきを外《と》に立てめやも

（三三八六）

というのもあって、新嘗の夜には夫がいないのをよいことに愛人を引き入れる女性もあったのだから、奈良時代の民間では、新嘗の厳粛な潔斎（物忌《ものいみ》）はくずれていたことがわかる。奈良時代は日本文化の一大転換期であったが、宗教においても現実主義、合理主義にむかっていたものと私はかんがえている。

そこで、新嘗は前の歌では「にふなみ」なので、折口信夫氏は「にふ（稲積）のいみ（忌）」であろうという（「稲むらの蔭にて」『折口信夫全集』第三巻「古代研究（民俗学篇2）」、中央公論社、昭和四十一年）。「にふ」も「にほ」も収穫した稲を積みあげた稲積（稲村）のことだから、稲積を対象として祭をするときの物忌、すなわち「にふのいみ」が「にふなみ」になったのだろうという説である。これにたいして後のほうの歌は「早稲のにへ」で、「にへ」は神の供物である。したがって新穀を供物として祭をする物忌、すなわち「にへのいみ」が「にひなめ」だから、いずれにしても収穫祭にともなう潔斎がこの祭の重点である。

新嘗の物忌はもと宮中でも散斎《さんさい》一か月、致斎《ちさい》三日という厳重なものであった。これは新嘗の夜におとずれる神が穢れをきらう神であり、もし穢れがあればその祟りのおそろしい神だったからである。それでは、そのような神とはどんな神かといえば、それは御先祖の神であった。日本人は、稲作の種を子孫にあたえ一年の耕作をまもってくれるのは、その御先祖、とくに始祖であると信じていた。その先祖が耕作のあいだ田の神となって稲作をまもるので、二月（旧暦）の初午《はつうま》や彼岸のころに山からむかえ、十一月の耕作の終了にともなって、新嘗の祭で新穀を召し上がって山へ帰ってもらった。

新嘗祭は、天皇即位の年には大嘗祭として特別大きな祭をするので、明治の祭日制定以後はこれが天皇家だけの祭典のように誤解されてきた。しかしかつてはすべての百姓が稲作をするかぎりは、収穫祭としての新嘗をおこなっていたことは、さきにあげた『万葉集』の東歌をみても十分納得されるであろう。しかしそのうち農民の年中行事に仏教が滲透《しんとう》するようになると、これを大師講の名でおこなった、というのが私の説である。

その大師講はのちにのべるとして、新嘗の夜におとずれる神が先祖神であることを、『常陸国風土記』を例にとってのべることにする。この風土記は奈良時代の撰進であることがあきらかなので、さきの『万葉集』の東歌の新嘗も、収穫祭にともなう先祖祭だったことになる。

古老の曰《い》へらく、昔、祖神尊《みおやのかみのみこと》、諸神《もろがみ》の処に巡り行《い》でましに、駿河の国福慈《ふじ》の岳《やま》に到り給ひて、卒《つひ》に日暮に遇ひ、寓宿《やどり》を請ひ欲《ね》ぎ給ひき、此の時、福慈の神、答へて申しけらく、「新粟《わせ》の初嘗《にひなめ》して、家内諱忌《ものいみ》せり。今日の間《ほど》は冀くは許しあへじ」と申しき。(下略)

とあって、新嘗の夜におとずれてくるのは祖神にほかならなかった。しかもその夜は厳重な「諱忌《きき》」なので、わが親でも泊めるわけにはいかなかったのである。しかしこの話はまださきがあって、祖神の長男は富士の神で次男は筑波の神だったので、富士の神にことわられた祖神は、こんどは筑波の神のところへ行ってあたたかくもてなされた。それで祖神は富士山を霜雪にとざされた山とし、筑波山は「かがひ」のおこなわれる楽しい山にした、というので、祖神の懲罰(たたり)と恩寵《おんちょう》の二面があることをのべている。そのために富士の神からもあたたかくもてなさるべき祖神が拒否される、という矛盾した筋になったのである。

案山子あげと大師デンボ

日本人の収穫祭は日本列島が南北に長いことと、作物に早稲・中稲《なかて》・晩稲があることなどでその月がちがうために、いろいろの名の収穫祭ができた。一番はやいのは、すでにのべた八朔《はっさく》と八月（旧暦）仲秋名月の「穂掛祭」である。つぎは九月（旧暦）の三九《さんく》日《にち》といわれる九日、十九日、二十九日が収穫祭にともなう「山の神祭」であった。十月（旧暦）には十夜とか「亥《い》の子」といわれる祭が収穫祭の餅祝とかんがえられている。これも仏教化すれば十夜念仏というものになった。そしてもっともおそいのが霜月（旧暦十一月）の新嘗祭であることはいうまでもない。この祭で農民の耕作スケジュールはすべて終了し、あとは正月を待つだけだったから、もっとも盛大な祭をした。新穀は山と積まれて米や餅には不足はない。山の幸も実り、畑作物も大きくなる。ことに、この祭に欠かせない大根も芋も十分に生長する。

案山子あげ（長野『年中行事図説』より）

文献的には『大宝律令』の「神祇令」に仲冬（十一月）の上の卯の日の相嘗祭《あいんべのまつり》と、下の卯の日の大《だい》嘗祭《じょうさい》が収穫祭で、相嘗祭は神嘗祭《かんなめさい》となり、大嘗祭は新嘗祭であった。神嘗祭は大倭《やまと》・住吉・大神《おおみわ》・穴《あな》師《し》・恩智《おんぢ》・意富《いぶき》・葛木鴨・紀伊国日前神《ひのくま》に新穀を献ずることであったが、新嘗祭は皇室の始祖、天照大神《あまてらすおおみかみ》に新穀を献じ、天皇みずからもこれを食べる祭であった。しかし一般農民はそれぞれの家の先祖を家にむかえて祀《まつ》るので、日の定めはなかったろうとおもわれる。この祭を「案山子《かかし》あげ」などとも言うので、案山子を祀る地方もあるが、この案山子こそじつは先祖霊の依代《よりしろ》とされた時代があった、と私は推定している。

案山子は『古事記』では「山田之曾富騰《そほづ》」と言われる神で、歩かないけれども天下のことはすべて知っている神とされている。もちろんそれは一本足だから歩けないのであるが、草人とも言われるように、草や藁《わら》を束ねて杭《くい》に挿した人形だった。しかしその起源は、田の中央に竹か木の杭を立てて、これを田の神の依代として祀ったものであろうとおもう。山咋神《やまくひ》（山杭神）とか溝杭神《みぞくひ》と言われるものも、杭を依代として山神や水神を祀ったのである。この杭に田の神が宿って稲の生長を見守ったのを、藁人形にして鳥獣の害をまもる案山子に仕立てたものであろう。のちにのべる霜月大師講の「だいし」という神が一本足でデンボ足（棒のような足）とされる根源は、このようなところにある。

ところが大師講は、近畿地方では「ニジュウソ」（二十三）というところもあって、霜月二十三日ときまっている。近ごろは大師講の大師は弘法《こうぼう》大師だとお寺が教えるので、十一月二十一日とするところもある。しかし弘法大師の命日は三月二十一日（正御影供《しょうみえく》）で、十一月とは縁がない。戦後はとくに十一月二十三日の大師講をおこなうところはすくなくなったが、大師講をあらわす「ダイシでんぼ」とか「大師講吹雪《ぶき》」とかスリコギカクシ、あるいは「足跡《あと》かくし雪」などのことばはよくきかれる。われわれが民俗採集で「霜月大師講をいまでもやっていますか」ときいても、「いやいや」と答える老人が「ダイシでんぼ」やスリコギカクシはよくおぼえている。しかしそのわけは、ほとんど知らないのである。

明治・大正のころまで全国的におこなわれた大師講は、旧十一月二十三日の晩に、おダイシさまという神様が家々を訪ねてくるのをあたたかくむかえる、という行事であった。そのためにおダイシさまの旅のつかれをねぎらうための風呂を焚《た》き、座敷にお膳《ぜん》をそなえる。家人はおそくまで姿の見えない神の入浴を待ち、頃合いを見て自分たちも入浴する。この日のお膳には大師粥《がゆ》という小豆粥を炊き、その中に丸い米の粉団子を入れる。この粥はお衣粥とも智恵粥とも呼ばれる。

このような行事や食べ物は常識では解せないことばかりであるのに、その伝承はまったく常識はずれである。この夜訪れてくるダイシは一本足で、「デンボ足」あるいは「スリコギ足」だという。これは棒のような足で、足の甲がないわけである。またこのダイシは、泊めてくれたお婆さんの家に食べるものがないので、隣の畑から大根をぬすんできたという。

『鳥獣戯画巻』に描かれた角大師（元三大師）

そこで、大根畑にデンボ足の足跡がのこったのを神様があわれんで、足跡をかくす雪をふらせた。そのために霜月大師講の夜はかならず雪が降るという。したがってこの雪が「足跡《あと》かくし雪」とも「大師講吹雪」とも呼ばれたのである。

このような不可解な伝承にたいして柳田國男翁は、ダイシは太子のことで神の子の奇蹟とした。しかしそれでは小豆粥（大師粥）や風呂やデンボ足、吹雪、そして霜月二十三日という謎《なぞ》は解けない。ところがこれをさきにのべた収穫祭の先祖祭、あるいは祖霊来訪の新嘗としてとらえれば、謎はきれいに解けるのである。そしてこのようなところに、日本人の先祖観や宗教意識の深層をのぞき見ることができる。

典型的な年中行事の構造

大師講の行事と伝承は二つの行事の複合であって、その一つは仏教行事、もう一つは民俗行事である。仏教行事の大師講は大寺院内でおこなわれたもので、その最初は天台大師忌であろう。なぜならば天台大師忌は十一月二十四日だからで、二十三日はその前夜にあたる。天台大師智顗は別名を智者大師とも言ったので、この日の粥を智恵粥と言ったのはその名残りである。ところが平安末期には、大師信仰といえば比叡山では元三《がんざん》大師（慈恵僧正良源《りょうげん》）、高野山では弘法《こうぼう》大師と相場がきまっていた。どちらも庶民信仰として民間にはいっていたが、京都あたりでは元三大師の大師講がおこなわれていた例を、私は高山寺蔵『鳥獣戯画巻』で見つけ出した。この絵巻四巻のうちの丁の巻には骨だけのようなものを画いた掛軸を掛けて、坊さんが修法する図がある。この掛軸は「角《つの》大師」と呼ばれる元三大師像に相違ない。東北地方にはしばしば、この元三大師の角大師像で大師講をしたといわれるのは、この伝統によったのである。もちろん弘法大師の大師講、あるいは聖徳太子の太子講というところもあるが、その矛盾はあきらかであろう。

しかし十一月の新嘗の収穫祭が二十三日という日に固定したのは、あきらかに天台大師の仏教の影響であった。

これにたいして民俗行事としての大師講は、はっきりと収穫祭であり先祖祭である。新嘗の夜に来訪するダイシが祖《みおや》神《のかみ》であることは『常陸国風土記』で決定

角大師お札
（延暦寺）

的であるが、先祖代々などのダイという語は、先祖を意味する語であったのがダイシとなり大師となったものと私はかんがえている。もちろんこれが一人の元三大師、一人の弘法大師であれば、一晩のうちに全国の農家をめぐることは不可能であった。

こうした先祖の霊をむかえるには、特別に潔斎を厳重にしなければならない。その潔斎は大師講の風呂としてのこった。また先祖への供物として新穀と新大根が必要であって、先祖祭にはこれに小豆《あずき》を入れた小豆粥（昔は飯を粥と言った）あるいは赤飯が炊かれた。大根は根が大きいので名づけられたとしても、ダイが先祖の縁語であり、根《ね》（ルーツ）というのも先祖の意で、先祖祭の必須の供物であった。その晩は風呂とともにかならず大師講吹雪が吹くということから、この大根が風呂吹《ふろふ》雪大根と呼ばれたのではないかとかんがえられる。またこの夜、雪がふるというのも潔斎のしるしであって、深々と降りつもる雪の夜こそ、穢《けが》れをきらう神の来訪にもっともふさわしかったとおもう。

美濃の郡上郡美並村（現・郡上市）の採訪では、大師講の雪をスリコギカクシと言うとともに、この夜来訪するダイシを「雪ふり坊主」と呼んでいた。このあたりでは旧十一月二十三日は十二月末か正月の上旬にあたり十分に雪があるのだが、やはりこの夜雪がふれば豊作の兆しと言っている。ダイシのスリコギ足については、すでに田の神の依代としての案山子の棒から出たという私の説をのべたが、大師講説話のなかには、ダイシにあたたかいもてなしをしようとしたお婆さんが大根をぬすみ、スリコギ足であったと語るものが多い。柳田國男翁もこのほうが原話であるようにかんがえていた。しかしこれは、ダイシが案山子で表現される祖霊であったことがわすれられて、弘法大師が一本足のデンボ足で大根をぬすむはずはない、という常識で改変されたものにすぎないのである。

また、ダイシが大根をぬすむという説話のモチーフは、ダイシすなわち祖霊の供物として大根が必須のものであったということ、この日、ダイシの供物にする大根は断りなしにどこの畑からとってもよい、という慣習があったことをしめすものであろう。こうしてダイシは、新嘗の祭をうけると山に帰って山の神となる。したがって山の神は一本足という伝承ができ、すすんで片目片足という妖怪像ができあがる。

日本人の年中行事や宗教生活の中で、祖霊あるいは先祖神の役割はきわめて大きい。しかもそれはいつも生産にむすびついて、われわれの生活を左右するものとなっている。したがって稲作や麦作の折目ごとに祭があって、祖霊の加護と豊作を祈り、また収穫にあたって祖霊に感謝する。その祭のたびに祖霊の来訪をもとめるが、そのためには人も場所も穢れがあってはならない。その潔斎は生産に従事する男性には困難なので、多くは処女や家刀自《とじ》によって代行される。しかし、祖霊への感謝がうすれ潔斎の重要性がわすれられると、たんなる年中行事になり、それもかすかになれば昔話や俚諺《りげん》の口碑伝承となってのこる。こうした年中行事の構造を、新嘗と霜月大師講は典型的にしめしたものということができる。

大晦日の魂祭

年籠りと火賜り

京都の大晦日《おおみそか》は祇園《ぎおん》さんのオケラ火をもらいに行くことになっているが、これもわかったようでわからぬ行事である。氏神の社から浄火をいただいてきて新年の清浄な茶や雑煮を炊く火とする、というのがきわめて普通の解釈である。

しかしこれは、人々が浄火を自分の家にもちかえって一戸ずつの正月をするようになってからのことで、本来大晦日は、村中の人が氏神の社に籠って年越しをした。共同体が一緒に年を取るというのが日本の正月であることは、いろいろの証拠がある。それを一戸ずつ年取りをしても、敗戦前までは正月元日に国民全体が一斉に一つずつ年を取ったものだが、敗戦後は一戸ずつどころか、一人ずつ誕生日ごとに年を取る。個人主義はここまで徹底したのである。しかしたいていの日本人は、そんな個人主義を意識もせずに誕生日のお祝いもしたりされたりする。その代わりに伊勢神宮や明治神宮、各地の霊仏・霊社への元旦の恵方詣り《えほうまいり》がさかんになった。昨年

（昭和五十一年）の大晦日は大和の大神神社《おおみわ》（三輪明神《みわ》）の火祭である繞道祭を見に行ったが、参道いっぱいにあふれた民衆は、氏神の社に集まって村の合同正月をした先祖の精神的遺伝にうながされている、としか言いようのない群集だった。暗い参道をただ黙々とした人間の大河となって、本社へ本社へと流れて行く。参詣を終わって終夜運転の近鉄桜井駅のホームに上ると、華やかな伊勢志摩行特急が、これまた晴着に着かざった若い男女をのせて、伊勢へ伊勢へ走りぬけて行く。この人たちは何のために三輪明神や伊勢神宮へいそぐのかわかっているのだろうかとおもうと、これまたまことに心許ない。

元旦の恵方詣りは、もと「年籠り」といって、遠つ御祖《みおや》を祀る氏神に大晦日に籠り、先祖の魂を「年玉」（年魂）としていただいて年を取るのであった。夕方からドテラなど着込んで氏神社に集まり、参道の白洲石《しらすいし》の上に蓆《むしろ》をしいてすわって夜明けを待つ。大歳の夜が白々とあけると、身も心もあたらしくなって、皆で年齢を一つ重ねて下向したのである。私はこのような大晦日の年取りを、三十年前に奈良県の山中の野迫川《のせがわ》村弓手原《ゆではら》で見ることができた。

ここは奥高野の花園《はなぞの》村（現・和歌山県伊都郡かつらぎ町）から箕峠を越えるのが近いので、「村おこなひ」（共同祈願の修正会）には高野山から僧侶が行く。その都合で、大晦日から元旦にかけておこなうべき「村おこなひ」を正月六日にやっていた。しかしこれも「七日正月」の前日で、大晦日とおなじことのおこなわれる日である。修正会についてはすでに新年の項でのべたが、京都なら清水寺や東寺《とうじ》で古式の修正会をおこなっており、奈良の東大寺《とうだいじ》（お水取り）や薬師寺《やくしじ》（花会式）で、三月、四月におなじことを「修二《しゅに》会《え》」の名で毎年おこなっている。法隆寺《ほうりゅうじ》の修正会は大晦日の晩から参籠《さんろう》にはいる古式のものであるが、一般には公開しない。

弓手原の修正会では夕方から「初夜導師作法」が十一時ごろまでおこなわれ、十二時すぎから「後夜導師作法」になる。この導師交替の中間が「除夜」であった。ラジオ・テレビの時報の零時のことではない。導師交替の除夜には、村の青年が棒で大太鼓をかついで、

　ジョーヤー　ジョーヤー

と叫びながら叩《たた》いてまわるのであった。もちろんもとは大晦日の氏神社の年籠りに、これはおこなわれていたのである。

　これが弓手原だけのことではなかったことは、『ひだ人』（五巻一号）によると、越中五箇《えっちゅうごか》山《やま》の大晦日には子どもが群れをなして、つぎのように叫んであるいたという。

　オチョーヤ　チョーヤ
　まだ夜は明けんか

鐘太鼓なるぞ
爺婆寝とれ　嫁起きて火焚け

もちろん「オチョーヤ」は、お除夜であったのがわすれられたのである。このあたりは浄土真宗地帯で、村人が村共同の「道場」という集会所に集まって年籠りをしたが、やはり修正会のおこなわれた時代があるのであろう。年籠りには、京都の神社もそうであるが庭に大火を焚《た》く。これを元旦火といったり、歳の火、年越トンド、などという。祇園さんのオケラ火もこれである。青森県の下北《しもきた》半島あたりではサイトリカバというのは、斎燈樺《さいとうかば》の訛《なま》りで、元来樺火《かばび》というのは樺の木をもやして先祖をむかえるのである。これでもわかるように、歳の火や年越トンドは暖をとるためのものでなく、氏神という遠つ御祖《みおや》のミタマ（タマシヒ）の象徴であった。その御分火をいただくというのは先祖のミタマの分霊をいただくことで、これがほんとうの「年玉」なのである。もう一つの「年玉」はお餅《もち》であるが、浄火こそもっとも根元的な先祖のミタマといえよう。

オケラ火はたんに炊事の火をいただくだけでなく、もっと宗教的なものである。もともと氏神の社に不滅の聖火が焚かれていたところでは、祖先の霊の不滅の象徴として氏族の長が「火継ぎ」をおこなった。「天つ日継」（皇統）というのも、「天つ火継」としての意味をもつもので、「ひじり」（聖）も聖火を不滅に管理する「火治《し》り」（「治《し》る」は管理の意）から名づけられたものである。しかし村々の氏神では火の用心のために不滅火を焚くことは困難なので、大晦日に焚く火をいただいて年を取るのである。

亡き魂の来る夜

『徒然草《つれづれぐさ》』（第十九段）は大晦日についてきわめてめずらしいことを書いているが、国文学者はあまりこれに注意していない。これは大晦日のタママツリであって、大晦日もお盆もおなじことをしていたことの証拠になる。

追儺《ついな》より四方拝につゞくこそ面白けれ。晦日《つごもり》の夜、いたう闇きに、松（松明）どもともして、夜半すぐるまで、人の門たたき走りありきて、何事にかあらん、ことごとしくのゝしりて、足を空にまどふが、暁がたより、さすがに音なく成りぬるこそ、年の名残も心ぼそけれ、亡き人のくる夜とて、魂まつるわざは、この比《ごろ》都にはなきを、東《あづま》の方には、なほする事にて有りしこそ、あはれなりしか。

すなわち、大晦日には御先祖がかえってくる、あるいは新仏がかえってくる、という信仰があったもので、この場合は氏神というよりも祖霊または死霊のタママツりであった。これはかならずしも鎌倉時代とはかぎらず、平安時代にもあった。たとえば『後《ご》拾遺《しゅうい》和歌集』(応徳三年〈一〇八六〉撰進の勅撰《ちょくせん》和歌集)の「哀傷」に、和泉式部《いずみしきぶ》の歌がある。

　十二月つごもりの夜よみ侍りける。

亡き人の来る夜と聞けど　君もなくわが住む宿や魂なしの里

　このことは、大晦日のみならず正月というものが祖霊祭であり、祖霊をまねいて旧年の収穫を感謝するとともに、新年の豊作を予祝するものであったことをしめしている。これは新嘗の際もほぼおなじことであったが、とくに正月は豊作予祝に重点をおいたものであろう。そして正月の潔斎と物忌《ものいみ》は、祖霊をむかえるためのものであった。すなわち日本人の霊魂観では、死霊や祖霊は子孫の祭をうけて浄化され、やがて完全に清浄な神になる。したがって祖霊の祭は穢《けが》れをはなれ、厳重な潔斎と物忌を必要とした。

　死霊と祖霊を神とまったく異次元の霊格としたのは、後世の神道がこれを規定したもので、庶民信仰や民間宗教では死霊が浄化されて祖霊となり、祖霊が浄化されて神(氏神)となるのであった。私はこれを「霊魂昇華説《サブリメーション・オブ・ザ・ソールズ》」と名づけている。この観点に立てば神仏分離ということは無理であって、民衆は神棚の横に仏壇を置いてすこしもあやしまないのである。

もう二十年余り前になるが、手伝いにきていた私の姪《めい》を大晦日の歳の市へ買い物にやったら、注連縄《しめなわ》と一緒に樒《しきみ》を一束買ってきた。樒は仏事に立てるものと心得ている家族はびっくりしたが、私はおどろかなかった。京都北郊の農村では、正月には土間のカマドの大釜《かま》さんの上に樒を立てるのである。大晦日でなくとも、正月二十四日の愛宕《あたご》さんからうけた樒を立てる。そして大晦日の午後には正月の用意もそこそこに、隣近所さそいあわせて墓参りに行き、そのあたらしい樒をそなえてくる。これが大晦日のタママツリであることは、説明を要しないであろう。『徒然草』の兼好《けんこう》法師は、やはり下情にうとかったのである。「魂まつるわざは、このごろ都にはなきを」と言うのは、公卿《くぎょう》や僧侶とだけ交っていて、農民や市民を知らなかった罰である。私の見るところでは、京都くらい大晦日の墓掃除と墓参りをするところはないが、これこそ「魂まつるわざ」であった。もちろん農山村でも、大晦日の墓掃除のつもりで「魂まつり」をしているところはすくなくない。

歳神の原像

日本人はお盆や彼岸（春・秋）や収穫祭（新嘗《にいなめ》）などに先祖の霊が帰ってくるとかんがえ、年に六盆ありなどと言っているが、実際にはもっと多かったらしい。年越し、あるいは年取りは三回あって、大歳といわれる大晦日から元日にかけての夜、小正月とも百姓の正月ともいわれる旧正月十四日から十五日にかけての夜、そして節分の晩の三回である。先祖はその都度、子孫の家をおとずれると信じられていたが、節分の鬼は来訪する祖霊の姿であった。オニはオン（陰）の訛《なま》りという説の当否はともかく、「もののけ」のように姿の見えないものであった。それが仏教の影響で鬼の形象化がおこり、迎え祀《まつ》らるべき祖霊が鬼として追われる身分になった。

小正月に来訪する祖霊はもと死者の姿だったらしく、多く蓑《みの》と笠をつけてくる。カセドリとかバンドリとかカサトリマワシなどは、村の青年や子どもが蓑と笠と頰《ほお》被《かぶ》りで顔をかくして、入口の戸をホトホトあるいはバタバタと叩くので、ホトホト、バタバタ、トタタキなどの名がある。もとは年玉の餅をくばったらしく、和製サンタクロースとも言えるが、すくなくとも江戸時代には、カセドリは餅をもらう身分になった。また祖霊を鬼として形象化すると、面をつけてケラミノを着たナマハゲになる。

大晦日の祖霊は、その形を見ることはもっともむずかしい。というのは、これは中国思想の影響で歳徳神《としとくじん》から歳神《としがみ》様と呼ばれるようになったからで、中国風の女性神像に描かれたものもある。しかし一般には福と寿をあたえるめでたい神として、高砂《たかさご》の姥《うば》と尉《じょう》のような老人として表象されたものと私はおもっている。そのような老翁《ろうおう》の姿で袋に餅を入れてかつぎ、これを年玉として子どものある家にくばってある薩摩甑島《さつまこしきじま》のトシドン（年殿）もある。まったくサンタクロースとおなじである。このような歳神の印象は「お正月さん」というわらべ歌にもあらわれていて、私の子どものころは、

お正月さん　ござった
どこまで　ござった
番太山の下まで
下駄のような餅もって

とうたった。年玉（年魂）、すなわち「いのち」をもたらす祖霊という印象があったのである。

ところが伝承をたどっていくと、そのもとは「亡き人の魂」であったことがわかってくる。青森県地方では大晦日の歳の市（ツメマチ）には、死んだ親の顔が見られたり隠れ座頭があらわれるなどと言う。また昔話のなかで全国的分布をしめす「大歳の火」という話は、大晦日に葬式がやってくる。火種を消して困った女中がこの葬式の火をもらうというのも、タマシヒの分霊を火としていただくことをしめしている。ところが女中はその棺《ひつぎ》をあずかる破目になって、押入れにかくしておいたところ、元日に開けて見たら金になっていた、という。これは、大晦日に来訪する祖霊の恩寵《おんちょう》をしめしたものと解釈できる。

大歳の客

祖霊の来訪

大晦日は大歳《おおどし》とも歳の夜とも歳越し、歳取りともいって、多くの行事や信仰とともに昔話も多い。この昔話というのは、子どものためのお伽話《とぎばなし》になっていろいろに変化したが、これを分析すると古い信仰や行事を反映していることがわかる。大晦日にまつわる昔話として有名なのは「大歳の客」と「大歳の火」、または「笠地蔵」「貧乏神」などである。

これらの昔話は全国に分布しているので、日本人共通の信仰の表出として見ることができるし、類話は奈良時代の説話を集めた『日本霊異記』にも見ることができるから、きわめて古い民族宗教の一部が出ているといってよい。

「大歳の客」という一類の昔話は、「神仏来訪談」という私の昔話分類にあたるものであるが、話の筋はきわめて簡単である。したがって大筋を言えば、

貧しい爺婆の家に大晦日の夜に乞食が訪ねてきて、泊めてくれとたのむ。爺婆

は情深くて、何もないがといって炉に火をいっぱい焚いて粥など食べさせる。夜更けて寝るところもないので、土間の隅に蓆をかけて寝させる。ところが元日の朝になっても起きてこない。そこで起こしにいくと、乞食は死んでいる。かわいそうにとおもって葬ってやろうと蓆をあげると、乞食の体は黄金になっていた。

という不思議な話である。

この不思議な話がじつは、青森の端から奄美《あまみ》大島《おおしま》まで全国で採話できるほど分布している。大晦日の来訪者は乞食ではなくて坊さまであったり座頭であったり、巡礼、遍路、あるいは六部、かったい坊であったりして、いわばかつての放浪者なのである。また食べさせるものは粟粥《あわがゆ》であったり芋であったり、何もなかったり、米粒三粒であったりする。米粒三粒は一升炊きの釜いっぱいになって爺婆《じじばば》と乞食で腹いっぱい食べる、という話になる。乞食の死も、炉の焚火《たきび》にころげ込んで死んだとか、井戸の水を汲《く》もうとして落ちて死んだなどと尾鰭《おひれ》がつく。しかし、とにかく来訪者は死ぬのである。

しかも、不思議なことに、この死者は金《きん》になる。または大判や小判になる。炉にころげ込んで死んだ乞食の骨を炉に入れて、元日の朝、蓋《ふた》をとると金塊であったという話もある。しかしとにかく死人は元日の朝、金《きん》になるということは共通して変化はない。

そのほかこれが「隣の爺型」の変化をして、隣の爺がこの黄金を見て、翌晩むりやりに乞食をつかまえてきて泊まらせたところ、翌朝は糞《くそ》と小便をたれ流して黄金にならなかった、というおまけのつくところもある。しかしこれは昔話が教訓話または笑話化するための変化で、この「大歳の客」の昔話の本質ではない。

この昔話のモチーフは、「大晦日の夜には放浪者の来訪がある」ということと、「その来訪者を遇すれば死んで金《きん》になる」ということである。この二つの方程式を移項してみると、「大晦日の夜には死者の霊が来訪して、これを祀る者に黄金や富をあたえる」ということになろう。

私は『徒然草』（第十九段）に、「晦日《つごもり》の夜、（中略）亡き人のくる夜とて、魂《たま》まつるわざは、この比《ごろ》都にはなきを、東《あづま》の方には、なほする事にて有りしこそ、あはれなりしか」とあることはすでにのべたが、その大晦日の魂祭が、このような昔話となってのこったのである。昔話を子どもだましのお伽話として再話したり、改作（再創造）したりすることはやさしい。しかしそれを通して、日本民族の過去、とくに庶民の心の歴史を顧みることができるものだとすれば、その取りあつかいは軽率にするわけにはいかない。「大歳の客」のような昔話は、それを通して日本民族にとって正月とは何であったかを、永遠に語り継ぐ証人でもあったわけである。

いうまでもなく正月は七月のお盆と対比されて、祖霊を迎えてこれを祀り、新しい年の幸運をいただこうとする祭であった。祖霊はすでに霜月祭で収穫祭とともに山に帰り、山の神として鎮まったが、歳の変わり目にはまた子孫を来訪してその祭をうけ、戒めをしたり祝福をしたりして子孫を保護すると信じられた。戒めの来訪は東北地方の大晦日の「なまはげ」であるが、祖霊の恐ろしさは時代とともに減少していった。そして翁面になったり、笠と蓑で顔をかくした東北地方のカセドリや、関東地方のバタバタやトタタキになって、米や餅や銭をもらう来訪者になってしまった。このときの放浪者が祖霊であることがわすれられ、たんなる乞食や六部と語られるようになったのである。

この来訪者は近畿や中国地方では、ホトホトとかコトコトという大晦日と小正月の行事になったが、いずれも笠や頬被りで顔をかくし、厄年の家の厄をおとしてまわるところが多かった。また藁《わら》製の農具や造花を置いていくところもあった。これらが祖霊の祝福であることがわすれられると、もっぱら米や餅をもらう乞食の面だけが印象にのこる。米や餅は、来訪の祖霊への粟粥などの供物の代わりであったのである。

しかし、そのような祖霊来訪の信仰が忘却されても、昔話はこの乞食がただの乞食でないことを物語っている。そして、この乞食は死んだ先祖であって、黄金の賜物を持ってくると語られたのは、黄金が最高の宝物であるからではない。それは黄金が「光物」として光る「タマシヒ」の象徴であったからで、「死ぬ」ことを「金《きん》になる」という隠語があることも、この昔話の背景にかんがえなければならない。これは、鎌倉中期の説話集『沙石集』（巻一）に、

熊野には死をば金になるといへり。

とあるのは、かならずしも熊野だけでなく、一般的な霊魂の形象化をあらわしたものであろう。それは、よく古墳などに黄金伝説や金鶏伝説があることとあわせて見るべきもので、元日の早朝に古墳の金の鶏が鳴くという言い伝えも、死者黄金説話の一表現であるとおもう。

大歳の火

「大歳の客」に近い昔話の一類に「大歳の火」がある。これもまことに不思議な話で、大筋は、

ある家の嫁または女性が、大晦日の夜には消してはならぬ火を不注意で消してしまう。これは年桁《としほだ》というもので、旧年から新年まで焚き継がなければならないとされている聖火である。いまも恵方詣《えほうもうで》の社寺では大晦日から元日まで、

または三か日は境内に焚いている。年棡は旧家などでもおこなわれていたことで、もし消えれば不吉とするので、消した嫁や女中はたいそう困ることになる。

そこで、どこかでこっそり火種をもらわねばならないとおもって外へ出ると、向こうから提燈《ちょうちん》がくる。近づいてみると葬式の棺《ひつぎ》で、この火種がほしければ棺桶《かんおけ》をあずかってくれと言われる。嫁か女中は困ってしまうが、心のよい女性なので棺をあずかって火種をもらうことになる。嫁か女中は棺桶を押入れか納戸にかくしておくが、元日の朝に心配になって蓋《ふた》を開けてみると、棺の中には黄金がいっぱい詰まっていた。

という筋である。

この昔話も、大晦日の夜は「亡き人の来る夜」であること、そしてそれは魂の光となって来るもので、これを迎えて大事に祀れば、黄金に象徴される福が来ることをあらわしている。ところがこの話には後日談のついた話があって、その黄金で寺を建てた話がすくなからずある。関敬吾《せきけいご》氏編の『日本昔話集成』全六冊（角川書店、昭和二十五年—三十三年）によると、但馬の美方郡温泉町（現・新温泉町）の昔話では、

大歳の火を消した下女が火種をもらう代わりに棺桶をあずかり、これを開けて

みると金になっていた。その金は旦那も受け取らないので、下女は寺を建てるが、その建立の日に下女は観音さまに化身した。

という。これは観音寺か観音堂の縁起が昔話になったもので、観音さまが下女に化身してこの奇蹟を見せたというのであろう。

ところが、この下女の名を「岡」と呼ぶ話がしばしば見出される。たとえば岡山県御津《みつ》郡今村（現、岡山市）の昔話では、

岡という下女が大歳の夜に、年中火を絶やさぬ燈籠《とうろう》の火を葬式にあたえ、棺桶をあずかり、自分の部屋にかくしておいた。その家の主人が、下女の部屋から光がさしているというので棺を開けてみると、大判・小判がいっぱいはいっている。その金で観音堂を建立したが、岡は堂開きのとき、坐ったまま観音様になった。

という。また大分県大野《おおの》郡上井田村（現・豊後大野市）では、

岡という女中が長者に奉公しているあいだに大晦日の火を消してしまい、火種を葬式からもらったら棺も家の中にはいってきた。長者は元日の朝に光物を見て、岡にたずねる。岡の話をきいた長者が棺を開けてみると金銀がはいっていた。岡はその金で寺を建てたが、これが岡寺である。

という。しかしこれが大和飛鳥《あすか》の岡寺《おかでら》か、他の岡寺かはあきらかでない。

また福島県田村郡《たむら》小野新町（現・小野町）の昔話でも「おかあ」という女中の話になっていて、

「おかあ」はいつも残飯をとっておいて乞食にあたえたが、大晦日《おおみそか》の火を消したので、乞食の提燈の火をもらう。すると乞食は「おかあ」の床に寝かしてくれというので、寝かすと死んでしまう。死体を叺《かます》に入れて物置きにおくと、光物がして金になっていた。この金で寺を建てると、「おかあ」は仏になったという。

このような話があるところをみると、岡寺観音の縁起があって「大歳の火」の昔話ができたようにおもわれるが、実際には大晦日の祖霊来訪が根底にあって、これをむかえて祀《まつ》ったものが幸運を得た、という神話を岡寺縁起がとりあげ、やがて「大歳の火」の昔話になって、多くは岡寺観音の名をうしなったものであろう。しかし少数でも女中の名や寺の名に、岡もしくは岡寺の名をのこしたものとおもわれる。

大晦日の墓参りと笠地蔵

大晦日の祖霊来訪談が古いことは、『日本霊異記』にこれが二話あることにもうかがわれる。その上巻第十二話には、大化二年（六四六）にはじめて宇治橋《うじばし》をかけた道登《どうとう》法師が大和から山城へ往来するとき、奈良山の谷で人畜に踏まれる一つの髑《どく》髏《ろ》をひろいあげ、従者の万侶というものに木にかけて祀らせた。ところがその年の大晦日に万侶を訪ねてくるものがあった。その来訪者は万侶に、御恩報じをしたいので私の家へ来てほしいという。

其の人語りて曰く、大徳の慈顧《じこ》を蒙り、平安の慶を得たり。然るに今夜（大晦日）にあらずんば、恩を報ずるに由なし。

といって、万侶を導いて四方を閉ざした家に屋根裏からもぐりこんだ。中には御馳走がいっぱいあって、十分たべた上で土産までもたせてくれた。そして自分は奈良坂の髑髏の霊であると言い、死んだ身の上話をした。それは、兄とともに行商に出て銀四十斤を得たところが、兄は私を殺して金を奪って逃げたので、私の髑髏は路傍に放置されたのだという。その話がすむと、その霊も消えた。そこへ霊の母と兄が大晦日の墓参りにきた。四方を閉ざした家とおもったのは墓の殯《もがり》であった、——というのである。

時に母と長子と、諸霊を拝せんが為に、其の屋内に入り、万侶を見て驚き畏る。

とあって、奈良時代、あるいはそれ以前には、大晦日の夜更け、すなわち元日早朝には墓参りをしたことがわかる。また、そのとき霊も子孫や恩人を来訪すると信じられていたこともわかるのである。いまも京都市内や近郊には、大晦日の墓掃除と榁立《しきみた》てがあり、三か日の墓参りがおこなわれているのは、兼好法師のいう大晦日の「魂祭」が、「このごろ都にはなきを」でなくて、現代にも立派におこなわれている証拠である。

このことからみると、大晦日の晩から元日早朝に恵方詣をするのも、大晦日の魂祭ということになる。すなわち祖霊の代表である始祖霊を祀る氏神へ氏子が参拝したことから、やがて霊仏・霊社へ元日参りをするように変化したのである。したがって、北陸地方ではいまも、初参りをすませるとその足で寺参りをするところがすくなくない。

また大晦日の祖霊来訪の昔話に「笠地蔵」がある。これもいろいろのヴァリエーションがあって、笠売長者の話になったものもあるが、大部分は婆のつくった糸を爺が歳の市に売りに行き、笠売りの売れのこった六枚の笠と交換して帰る話である。大晦日の大雪で六地蔵が雪をかぶっているのを見て、心のよい爺さまはその笠を全部六地蔵にかぶせてしまう。正月の米や餅を買って帰るのを待っていた婆さまはがっかりするが、夜中になると六人の笠をかぶった人が、大きな荷物を爺婆の家の前にはこんでくる。爺婆は何事かと起き出して、雪の中に消えて行く六人の後ろ姿を見送るという情景が、この昔話を、いつまでもわれわれの心をとらえてはなさないものにしている。しかしその魅力はやはり、大晦日の祖霊来訪がわれわれの心意伝承として心の底にのこっているためであろう。

いうまでもなく、笠をかぶった六人は六地蔵で、持ってきた荷物は金であったり、米と餅であったり、正月の御馳走であったりする。しかしこれを、たんなる心がけのよい爺婆への褒美であるとか、地蔵の報恩談などで片づけるのは浅い解釈である。日本の庶民信仰では、子どもの好きな地蔵は子孫をいつくしむ祖霊の表象であることが多いのであるが、六地蔵というのは墓の入口に立っている地蔵で、塞《さい》の神の表象でもある。すなわち、墓の穢《けが》れが村にはいらないようにさえぎる役目をもっている。これは同時に、墓の霊が勝手にウロウロと村に帰って行くのを監視する地蔵でもある。ところが、大晦日の晩は大っぴらに霊が村の子孫の家に帰って行ける日なので、お目付役の六地蔵までが重い足をひきずってゆるぎ出す、というのがこの昔話のモチーフの一つである。

また笠地蔵にはもう一つのモチーフがある。かつて六地蔵には葬式で墓葬礼がすんで村へ帰るとき、忌《いみ》のかかる人々の編笠をかぶせて帰る習俗があった。この忌中笠はいま土佐《とさ》あたりにしかのこらないが、喪主だけが編笠をかぶるところは多く、棺舁《かんか》ぎ役などが三角紙を額につけるのも、「紙冠」といって笠の代用である。また女が片袖などを「被《かつ》ぎ」にかぶるのも笠で、これは死穢《しえ》（忌《いみ》）の象徴であるから、墓から帰るとき、六地蔵に死穢を受け取ってもらう意味で笠をかぶせてくるのである。地蔵に願をかけて病気を治してもらうのに涎《よだれ》かけや綿帽子を上げて、病気をうけとってもらうのとおなじ精神構造である。

六地蔵にあげる笠を誤解して傘をあげるところもあるが、私は、笠地蔵の昔話が全国一般的なのは、忌中笠を六地蔵にかぶせる習俗が全国一般だったことの証拠とかんがえている。墓の入口の六地蔵が笠をかぶっている姿から、笠地蔵の話は発想したものであろうし、それが大晦日にことよせて語られるのは、墓からこの夜は祖霊が帰ってきて、子孫に恩寵《おんちょう》をほどこし、新しい年の新魂をあたえる信仰がその根底にあったものとおもう。そしておなじ信仰が、「大歳の客」や「大歳の火」という不思議な昔話に語り継がれてきたのである。

紙冠を付けた松明持（兵庫県豊岡市）

節分の豆塚

節分の豆の厄払い

節分の夜に、家々からひびく豆撒《まめま》きの声を聞かなくなってから久しい。しかし私はそのような風潮に抵抗するように、いまでも大きな声で豆撒きをする。年越しまたは年取りというものは共同体全体でする時代があったのだから、成田山《なりたさん》や浅草寺《せんそうじ》で、歌手、俳優、相撲取りの年男の豆撒きで年を取るのもよいが、それも共同体意識があればである。また何故に豆を撒くのかということを知ってのことである。それを知らずに、京都ならば壬生寺《みぶでら》とか吉田《よしだ》神社とか廬山寺《ろざんじ》に集まって、福豆をひろっても意味がない。

節分と豆と鬼は三題噺《さんだいばなし》のように縁がふかい。しかしそれはいまではすっかり誤解してうけとられているので、まったく馬鹿げたお祭さわぎになってしまったのである。それでは節分の豆とはいったい何であろうか。

私がこのことに気づいたのは、第二次世界大戦の終戦の年に京都北郊の上賀茂に移り住んだときであった。ここでは十九歳厄年の娘は、年より一つ多い二十粒の豆を白紙に包んで、体をなでてから、人に見られないように道の辻《つじ》に捨ててくるということであった。それで私は翌朝早く道の辻に出て見ると、なるほど煎豆《いりまめ》の包みが十個ばかり落ちている。その数はおそらく、そのあたりの十九歳の娘の数をしめしていたのではないかとおもう。

それからもう三十五年経ったが、私はときどき、まだあの民俗はあるかとおもって、節分の翌朝早く辻に出て見る。しかしそれは一昨年くらいまでは、自動車の轍《わだち》に轢《ひ》かれながらも確実にのこっていた。今年も出て見たいが、やはり豆包みは見られるだろうとおもう。しかしこのような民俗についての報告が、他の地方から出ていないのはどうしたことであろうか。私は日本の民俗学が世界的レベルにあることを信じてうたがわないけれども、まだまだ採集されないでのこっている民俗の多いことをおもわずにはおられない。

この民俗は、節分の豆が鬼を追うためのものでなくて、厄を豆にうつして外に捨てるものだったことをしめしている。十九歳の厄年の厄は、白紙に包んだ豆にうつされ、厄や穢れの捨場である道の辻に捨てられたのである。しかも年の数より一つ多い豆というのは、厄年には年を二つ取って厄年を通り越すというかんがえ方をあらわすものとおもう。私は十九歳の厄年ではなくて、二十歳になったことにしようということである。この厄年の取り越しということは、女の三十三歳にも男の四十二歳にもあったとおもうので、「四十二の二つ子」というのは、四十二歳で生まれた子どもは四十一歳で生まれたことにして、二つ子と数えたのであろう。またもう一つのかんがえ方としては、「四十二の二つ年」がもとで、四十二の厄年には一度に二つ年を取ったことにしたことをあらわしたものかもしれない。

ところが民俗には誤解が多いもので、厄年でもないものが節分には自分の年より一つ多い豆を食べるものだ、と言うようになった。これはまさか一粒でも多く煎豆を食べようとした魂胆ともおもわれないが、もともとは豆を食べるということが厄年習俗だったものを、厄年習俗であることがわすれられ、一般の人が真似るようになったものと私はかんがえている。

それでは豆を投げるということはどうしておこったのであろうか。これは、体をなでて厄をうつした豆は、初め道の辻や特定の塚などに捨てられたものが、直接戸外に捨てられるようになったものとおもわれる。ところが節分の夜の来訪者を邪悪な鬼とする観念ができたために、鬼を打つ豆に変化したのである。このような変化のプロセスの中間にあるものとして、平戸《ひらど》城主松浦《まつら》静山《せいざん》公の『甲子夜話《かっしやわ》』に記された九鬼《くき》家の節分儀式がある。

予、九鬼和泉守（隆国）に問には、世に云ふ、貴家にては節分の夜、主人闇室に座せば、鬼形《きぎよう》の賓来りて対座す。小石を水に入れ、吸物に出すに、鑿々《さくさく》として音あり、人目には見えずと。この事ありやと云しに、答に、拙家曾て件のことなし。節分の夜は主人恵方に向ひ座に就ば、歳男、豆を持出《もちいだし》、尋常の如くうつなり。但世と異なるは、其唱を「鬼は内、福は内、富は内」といふ。是は上《かみ》の間《ま》の主人の座せし所にて言て豆を主人に打つくるなり。次の間《ま》をうつには「鬼は内、福は内、鬼は内」と唱ふ。此夜歳越の門戸に挟《さ》すひら木、鰯の頭など、我家には用ひずとなり。

とある。これは九鬼氏がその名のごとく鬼の子孫という伝承があったことをしめすもので、節分の夜は大晦日《おおみそか》とおなじく、九鬼氏の祖霊である鬼が帰ってくるという評判があったらしい。節分というのは、立春を元日とする古い暦では大晦日にあたるからである。その前は純粋な太陰暦があって、満月（望）を元日とし、その前日の十四日を大晦日とする満月正月（小正月＝百姓の正月）があったから、小正月の晩にもナマハゲなどの鬼（祖霊）の来訪があった。すなわち暦の変遷は天文の知識のない満月の小正月から、節分正月となり、やがて太陽太陰暦の旧暦正月となり、明治以後は純粋な太陽暦になった。日本人の正月行事、大晦日（大歳）行事は、この四種の正月にくりかえしくりかえしおこなわれて、何回も年取りをしている。

私の子どものころは、新暦正月の元日は学校と役場と郵便局が日の丸の旗をかかげるだけで、一般民衆は知らぬ顔であった。旧暦正月（太陽太陰暦）ではじめて歳の市が立ち、餅搗《もちつ》きがあり、門松が立った。その前後に節分がきて豆撒きと年取りがあり、旧暦正月十四日にトンドや鳥追行事があったのである。それぞれの正月に厄払い（鳥追）の来訪があったが、この頬被りをして厄払いの口上をのべる乞食とおもったものも、じつは祖霊来訪の変化とわかったのは民俗学を知ってからのことであった。

煎豆とアラクサ

『甲子夜話』の著者は好奇心のつよい人で、江戸城内の溜《たまり》の間で諸大名から聞いたことをよく記しているが、摂津《せつつ》三田《さんだ》城主（旧鳥羽《とば》城主）、九鬼隆国も節分の夜に鬼形の御先祖が訪ねて来て、小石で擬した吸物を召し上がるという評判にはいささか迷惑を感じたのであろう。しかし「鬼は内、福は内」と鬼をまねくことで語るに落ちたというべきである。ところが世の中には鬼の子孫という家筋はかなり多くあって、「鬼は内、福は内」という豆撒きをする家もすくなくない。

鬼の子孫という伝承をのちのちまでもちつたえた家筋は多く修験山伏《しゅげんやまぶし》の家筋であるが、祖霊を鬼として表象することはじつは一般的であった。それが仏教や陰陽道《おんみょうどう》の影響で邪悪な鬼となり、地獄の牛頭馬頭や餓鬼《がき》となってからは、「鬼は外」と追われる鬼になった。しかしそれも宮中の大晦日の追儺《ついな》などでは、陰陽道の方相氏《ほうそうし》と公卿《くぎょう》が桃の弓と蓬《よもぎ》の矢を持って追ったもので、豆はもちいられていない。『土佐日記』でも、

　けふはみやこのみぞおもひやらるる。こへ（小家）のかど（門）のしりくべなは（七五三縄）のなよし（鯔）のかしら（頭）、ひひらぎ（柊）ら、いかにぞとぞいひあへなる。

とあって、元日の節分に鰯《いわし》の頭や柊《ひいらぎ》を門口に立てる民間行事にも、鬼打豆はなかった。

　節分に鰯の頭や柊を門に挿すのは、民俗ではいずれもこれを焼いて臭気や音を出すことであった。この日には、鬼のきらうものとして、柊やトベラの生葉を焚《た》いて音を立て、これをベリベリシバと言ったり、馬酔木《あしび》や豆の枝を焚くところもある。こうした臭気と音の中で豆を煎るのである。それは鬼を追うばかりでなく、害虫の口を焼くといってムシノクチヤキとも言うが、淡路島《あわじしま》では豆を一粒ずつ炉の中に投げ入れて、害獣虫を封じるという。江戸末期の『淡路国風俗問状答《あわじのくにふうぞくといじょうこたえ》』の「節分豆まきの事」には、

　所々に少異あり。鬼は外福は内と唱、鰯の頭、柊の葉などを指事は、何方も同じ。此夜用ひたる豆を、打豆又鬼の豆と唱へ、人々歳の数程食ふ。明朝の飯に右豆を入れて炊き食ふ。（中略）物部組には一粒宛囲炉裏へ投込、猪の口、兎の口、蚤の口、蚊の口と唱て焼く。是は右の獣虫などを封る呪《まじない》と云。

とある。これとおなじことは対馬《つしま》にもあって、クチイビリと言う。このように節分には臭気や煙を立て、音を立てて耕作に害をなす悪霊を追う行事に豆がつかわれたので、節分に子孫を来訪して祝福をもたらすはずの鬼を打つ豆に変わったのである。このような変化をしめすのが志摩《しま》地方のアラクサで、節分の豆撒きを「あら臭さ！」と言ったのは、このとき鰯の頭などを焼いていやな臭気を立てたからである。これとおなじことは奥羽《おうう》でもおこなわれてヤラクサと呼ばれたことが、寛政六年（一七九四）の菅江真澄《すがえますみ》の『奥の手風俗《てぶり》』（『菅江真澄全集』第二巻、未来社、昭和四十六年）の小正月行事に見える。

いを《(魚)》のひれ《(鰭)》、あるいはを《(魚)》の皮にてもあれ、もち《(餅)》とともに、これをやいぐし《(焼串)》のやうなるものにさしはさみて、戸ざしあるとあるかたにさしありきぬ。これをなん、やらくさとぞいひける。

ところが真澄はこれとおなじことは、故郷の三河でもおこなわれていたとのべている。

わが父母の国にて、せちぶ《(節分)》の夜、かどのはしらに、豆のから《(枝)》にいはし《(鰯)》の頭をやきさし《(焼刺)》、ひゝらぎ《(柊)》とならべてさせるとき、

柊もさぶらふ《(侍)》。やいかがし《(焼嗅)》もさぶらふ。なご〱《(長虫＝蛇)》にまし〱て、やらくさ、とはやすに似たる。

とあるから、志摩も三河も奥州もおなじアラクサだったわけである。ただ真澄は『奥の手風俗』に、下北半島の田名部《たなぶ》の節分を記して、

(正月) けふは三日なり、せちぶ《(節分)》なれば、いりまめ《(煎豆)》に、ゑびすめ《(昆布)》きざみ入れ、松の葉こき入て、まめはやす《(豆囃)》こと《(言)》葉《ば》は、去年の日記にあれば、かい《(書)》もらしぬ。

とあって、寛政五年の正月から三月までの日記があったらしいが、現在のこっていない。しかしこの「まめはやし」も、豆と昆布と松葉を火に焚《た》いて、ヤラクサの囃《はや》し詞《ことば》を唱えたものとおもわれる。

鬼塚と豆塚

以上のように節分の豆は、これに厄や穢《けが》れをうつして捨てる意味と、これを柊や松葉と一緒に火にくべて、その臭気とはぜる音とで悪魔を追い払う呪術とがあった。厄と穢れをうつして捨てるのは辻《つじ》がもっとも多かったとおもうが、これは人々が踏むことによって穢れや悪魔を消滅させると信じたからである。しかし、もし村境などに塞《さい》の神を祀った広場や塚があれば、そこもまた厄と穢れの捨て場であり、悪魔を追い出して村へ入れない封鎖、閉塞《へいそく》の場所であった。そこにガードマンのように立って見張りをするのが塞の神の役目で、クナド (勿来所) の神とも呼ばれた。こ

れは『古事記』では衝立船戸《つきたつふなど》ノ神と呼ばれた神であり、『日本書紀』では岐神《ふなどのかみ》、または来名戸祖神《くなとのさへのかみ》であった。

ここにサヘノカミを「祖神」と書いたのは十分に意味のあることで、先祖のシンボルである男根形の石棒を立てて祀ったからである。明治初年まで日本の辻々にこの石棒がじつに多かったことを、チェンバレンも書いている。それらは明治政府の淫祠《いんし》邪教の禁令で多くは撤去されたが、それ以前にこの石棒は二つの形に変化していた。その一つは男女神像の道祖神であり、もう一つは地蔵石仏であると私はかんがえている。地蔵菩薩は円頂の比丘《びく》形なので、男根形から変化しやすかった。石地蔵が子どもとあそびたがったり子どもをまもるという話は、その祖神的性格をしめすものであり、「猿地蔵」の昔話も男根形からの地蔵をおもわせる。

京都にも六地蔵信仰があって、地蔵盆の六地蔵めぐりがおこなわれているが、それぞれ山科口、木幡《こばた》口、鳥羽口、丹波口、常盤口、鞍馬口の入口に六地蔵がある。この中ではっきりと塞の神の性格をのこしたのが鞍馬口の地蔵とおもわれる。というのは、この地蔵はもと菩薩池《みどろいけ》（深泥池）にあったのが、神仏分離のとき鞍馬口の上善寺に移されたのであって、菩薩池の名も地蔵菩薩を池畔に祀ったことから出た。

『山州名跡志』（愛宕郡）には、

御菩薩池《みぞろいけ》、在㆓幡枝南㆒、名義未㆑見㆓実記㆒、伝云、往昔此池面に地蔵菩薩現ず

と。即同所村の内に六地蔵の随一を安置す。

とあり、ここにはもと鬼塚または豆塚というものがあって、菩薩池の村人は節分の豆をここへ捨てに行った。『山州名跡志』はこれを、

大豆塚《まめづか》、在二池艮《うしとら》畔一、伝云、毎歳節分の夜、日本国中にうつ処の炒大豆《いりまめ》を、鬼神取て此所に納ると。是則或社の本縁にあり。往古は塚上有二小祠一と云ふ。

とのべたのは、この習俗をすこし訛《なま》ってつたえたものであろう。

ここに節分の豆を捨てに行くという伝承を私は深泥池の古老から聞いたのであるが、そのときはこの池畔に一大結核病院が開設されて、そのテニスコートになってしまったということであった。私は何か痕跡くらいはあるだろうとおもって探しにいったけれども、白球を追う若い医師と看護婦の姿だけで、跡形すらなかった。さすがに鬼をもおそれぬ現代医学よと、おそれ入ったことであった。

しかし『山州名跡志』はこの「大豆塚」を池の艮《うしとら》（北東）といったのは誤りで、乾《いぬい》（北西）なのである。地誌の記載であってもそのまま鵜呑《うの》みにはできないから、その土地の伝承でもう一度たしかめる必要がある。また、日本国中の節分の豆を鬼が集めてきてこの塚に納めるという記載も、京都市内の人々がわざわざ節分の豆をここへ捨てに来たことをあらわしたものであろう。これは村の境の塞の神に厄を捨てたり、鬼を追い出すということとおなじである。おそらく京の七口や六地蔵の祀

られたところには、どこにもあった習俗であろう。

また深泥《みどろ》池の古老は、この鬼塚には鬼穴というものがあって、節分の夜に鬼がこの穴から出てくるのを豆で打ち返すのだとも言った。『山州名跡志』が、この大豆塚の由来は「或社」の縁起にあると言ったのも、じつは深泥池の氏神の貴船明神のことで、同書に「御菩薩池《みぞろいけ》は木船神（貴船神）の領ずる処也」とある。そしてまた「事は則ち彼の社の神秘の義といふ」と言ったのは、貴船神社の旧祠官が、鬼の子孫という舌《した》氏であったことに関係があるであろう。すなわち鞍馬修験とおなじ貴船神社をまもる修験が、節分には京都の厄払いに出向いたことの訛伝《かでん》であったとおもわれる。その節分祈禱がこの鬼塚または大豆塚でおこなわれたのであろう。これと似た行事は旧修験寺院の三河の岡崎市、滝山寺《たきさんじ》修正会にもあり、住職が鬼塚に炒り豆を投げて、これが芽を出すまで出てくるな、と言うのだという。伝承というものはそのままでは荒唐無稽であるけれども、これを宗教民俗学の資料として探究すれば、無限の意味をもつのである。

説経で有名な『小栗判官《おぐりはんがん》』でも、小栗判官正清が鞍馬詣の途中で菩薩池の龍と契《ちぎ》りを結び、その結果京都に災がおこったために、常陸の小栗郷に流罪になるという不思議な設定も、この池が貴船神（龍神）の所領であり、ここで潔斎して鞍馬詣をする習俗をふまえれば、当時の人々には納得できるものだったにちがいない。

解説

上別府茂

日本海の但馬海岸に三尾《みお》という小さな漁村がある。かつてそこに行くには車がようやく一台通る隧道《ずいどう》を抜けるとはるか前方下に紺碧の日本海が開け、つづら折りの道を暫く下る。北は湾入する海に面し、その他の三方は山に囲まれ、陸の孤島といわれた。昭和五十七年（一九八二）に新しいトンネルが開通して少しは便利になったというが、同二十五年に隧道ができるまでは峠を越えた。

葛の葉の峠越ゆれば瑠璃の海

これは五来重が昭和四十六年夏の兵庫県美方郡の民俗調査に採訪したとき、前記の情景を詠った俳句である。筆者《わたし》はこのとき五来にたまたま随行していた。以来四十年近く三尾の地には足を踏み入れていないが、当時の感動的なお盆の〝精霊《しょうりょう》迎え〟を鮮明に記憶している。八月十三日、日本海に陽が沈むころ各家から三々五々に浜辺に出てきた人びとが苧殻《おがら》を焚き、海に向って〝南無阿弥陀仏〟と三回唱えて拝む。このとき今年亡くなった新仏《しんぼとけ》の位牌はすべて持ち寄られた。これが終わると、位牌・蠟燭・線香・団子などが供えられた棚の前の砂浜の茣蓙に座った、子供たちが鉦を叩いて念仏を唱え、焼香。続いて老人たちが鉦を叩きながら念仏が唱えられた。民俗調査のためとはいえ、この厳かな祈りの情景を見学した女子学生がみな涙したことが印象的であったことは言うまでもない。出世作『高野聖』（角川書店）を発表した五来は、『熊野詣』（淡交新社）、『山の宗教＝修験道』（淡交社）など話題作を次々に世に問うていたころで、もっとも充実していた時期でもあった。

五来が俳句に興味を持っていたことは、「私は俳句が好きで、学生時代から歳時記に親しんできた。はじめは改造社版の『俳諧歳時記』であったが、ボロボロになるまでつかった」（本書『宗教歳時記』の「はじめに」）といい、すでに『円空佛――境涯と作品』（淡交新社、昭和四十三年）には多くの句作が掲載されている。また本書には「戦後は角川書店が『俳句大歳時記』全五巻（昭和三十九―四十年）を企画したので、私も「仏教」の部を担当してかなり執筆した」と記す。ちなみにその解説した項目は、新年―鬼踊、春―遺教経会・時宗踊念仏・御影供、秋―六斎念仏・六道参・清水千日詣・奉燈会・地蔵盆・大覚寺大日会・醍醐祭、冬―吉祥院八講・法勝寺大乗会・鉢叩・最勝寺灌頂・仏名会・寒念仏の十七項目であった（『図説俳句大歳時記』角川書店）。

五来の〝日本仏教民俗学〟の創始は、高野山大学在職時代で高野山大学歴史研究会を主宰し『仏教民俗』を創刊した昭和二十七年（一九五二）である。ただし、当研究会の発足は同二十三年で、『元亨釈書』『沙石集』などの輪読会が行われ、民俗採訪の活動も行っていた。同創刊号の五来の「発刊まで」によると、仏教民俗の研究対象を修験道、寺院年中行事、葬送習俗においていたことがわかる。なかでも寺院年中行事については、

> 神社の特殊神事よりも民俗性が濃厚なのであるが、わが国の民俗学界は戦争中の神社信仰興隆（といってもそれは政治的理由で興隆させられたのだが）の波にのって、特殊神事の研究は大いに進んだにもかゝわらず、寺院の特殊神事についてはほとんどかえり見る所がなかった。（中略）われわれはこの日本民俗学の盲点をつくというはげしい意気込で寺院年中行事の研究をはじめたのである。

と寺院年中行事の研究動機を記し、そして一般的な各地の正月行事のなかでも宗教行事に重点をおいて調査し、正月仏教行事を次の六つの系統に分類して資料を蒐集することを提唱した。すなわち、①裸踊系修正会、②鬼踊系修正会、③乱声《らんじよう》系修正会、④火祭系修正会、⑤花祭系修正会、⑥牛玉宝印《ごおうほういん》系修正会。これが五来の寺院年中行事研究の嚆矢であり、翌年の『仏教民俗』第二号では「仏教儀礼の民俗性(上)——とくに修正会と修二会について——」が準備され、㈠仏教儀礼の社会性と民

俗性、㈡修正会・修二会の諸類型、㈢参籠型修正会・修二会、㈣鏡餅型と造花型の修正会・修二会、㈤香水型修正会・修二会というプロットを立て、後世、本論文はわが国の修正会・修二会研究の指標となったことは言うまでもない。この頃の五来論文は病床で執筆されたことがわかる（同創刊号・第二号「編輯後記」）。

「日本仏教民俗学の提唱はまた、わたくしの歴史観からでたものであること」と結論付けた、五来の学位論文『日本仏教民俗学論攷』（昭和三十七年）によれば、その研究対象分類の私案を提出したが、社会生活部門に対応する研究対象の一つに「仏教年中行事（農耕儀礼と歳時習俗）」は置かれ、その採集されていた分類項目は以下の通りとした。

㋑修正会・修二会

御修法《みしほ》・御斎会・悔過・懺法・オコナヒ・荘厳・大荘厳・荘厳頭・花の頭・お禱《とう》・牛玉加持《ごおうかじ》・香水加持・楊枝加持・堂押・唯押《だだおし》・裸押・裸踊・会陽《えよう》・追儺式・鬼追・鬼走り・鬼燻《おにふす》べ・鬼会《おにえ》・鬼祭・花会式・お水取り・どやどや・わらわら・年頭大般若・柴燈護摩《さいとうごま》

㋺日待《ひまち》・月待《つきまち》

日待籠《こもり》・日待念仏・日待大般若・天道大日如来・籠堂《こもりどう》・行屋《ぎょうや》・精進屋・天道念仏・二十三夜待・二十六夜待・三夜講・勢至講・二十三夜塔

㋩節分
星祭・星仏祭・星供《ほしく》・星曼荼羅・当年星・本命星・元辰星・厄除け祈禱・追儺・豆撒き・ほうらく割・お化け・鬼の法楽・鬼さま迎え・厄神送り・厄神の年取

㋥涅《ね》槃会《はんえ》
常楽会・四座講式・寝釈迦・涅槃粥・ハナクソ団子・餅花煎・嵯峨のお松明・善光寺お会式・天道講・造花見《はなつこみ》・痩馬《やしようま》団子

㋭彼岸会
彼岸詣・彼岸念仏・四天王寺西門念仏・四天王寺六時念仏堂融通念仏と踊念仏・日想観・天道念仏・百万遍念仏・新善光寺踊・躍念仏・彼岸籠・彼岸市・彼岸乞食・彼岸団子・日《ひ》の伴《とも》・日天願《にってんがん》・七ツ鳥居・八十八ヶ所巡り・三十三ヶ所巡り・六阿弥陀詣・この月は初午もあるので馬頭観音詣がある

㋬蓮華会
経供養・やすらい祭・十三参り・虚空蔵詣・桜会・嵯峨大念仏・壬生大念仏狂言

㋣花祭
灌仏会・仏生会・花御《はなみ》堂《どう》・甘茶灌浴・天道花・花の頭・お花の立てからし・花

摘・万華会・山遊・夏《げ》花《ばな》・伎楽会

㋠練供《ねりく》養《よう》

二十五菩薩練供養・講・引接会・菩薩行道・練道・お面かむり・厄男・念仏踊

㋷夏祈《なつぎ》禱《とう》

大般若転読・大般若村巡り・虫干大般若・獅子舞大般若・仁王般若・季御《きのみ》読《ど》経《きょう》・水浴念仏・四方固念仏《しほうがためねんぶつ》・百万遍念仏・辻の数珠繰り・祇園流し・牛頭天王

㋦虫送り

虫供養・虫祈禱・虫送り念仏・虫供養塚・虫供養札・虫供養塔婆・虫送り大般若・虫送り旗・虫送り人形・実盛人形《さねもりにんぎょう》・藁人形

㋸雨乞

雨乞大般若経・雨乞念仏・雨乞踊・念仏踊・掛踊・花笠踊・太鼓踊・南無《なも》手《で》踊《おどり》・臼太鼓踊・ざんざか踊・笹踊・楽打ち・浮立《ふりゅう》・願満踊・鐘沈め・地蔵沈め・五輪沈め・枡洗い・水貰い・火貰い・千把《せんば》焚《た》き・弁天と蓑笠・龍王と請雨法・孔雀法・護摩法・参籠

㋾盆行事

盂蘭盆・地蔵盆・魂祭・七日盆・磨き盆・釜蓋朔日・道作りの朔日・魂迎え・迎火・盆棚・精霊棚・水棚・荒棚・盆供・盆花・生身《いきみ》魂《たま》・刺鯖・盆礼・盆火・

高燈籠・招旗《まねきばた》茄子《なす》馬《うま》・藁馬・餓鬼棚・施餓鬼・施餓鬼旗・三界万霊《ばんれい》・切子燈籠・盆燈籠・送り火・大文字・万燈・鉤《かぎ》万燈・火踊・盆くど・盆飯・盆々・盆小屋・辻飯・寺施餓鬼・盆踊・盆念仏・念仏踊・大念仏・六斎念仏・歌念仏・棚念仏・棚経・勧進・掛踊・小町踊・亡者踊・太鼓踊・羯鼓《かっこ》踊・鹿踊《ししおどり》・念仏剣《けん》舞《ばい》・墓獅子・念仏獅子舞・じゃんがら念仏・斎衆《ときしゅう》念仏・四十八夜念仏・七墓巡り・経木流し・水陸会・燈籠流し・松明上げ・六道詣・六地蔵巡り

㋻十夜《じゅうや》

十夜念仏・十夜説法・十夜法要・十夜別時念仏会・十夜籠り・十夜紐解《ひもとき》・十夜鉦・八丁鉦・六字詰・双盤念仏・鉦講・引声《いんぜい》念仏・十夜粥・十夜章魚《だこ》・十夜婆々《はば》・十夜柿・十日夜《とうかんや》・亥の子・藁鉄砲・虫供養・念仏講・もぐら追い・大根の年取・案山子《かかし》上げ

㋕大師講《だいしこう》

天台智者大師忌・霜月大師講・太子講・大師粥・小豆粥・追出粥・大師講吹雪《だいしこうぶき》、ダイシデンボの跡かくし雪・すりこぎかくし・衣粥・智慧粥・三大師・霜月祭・お霜月・お取越・大師風呂・大根祭・みかわり・みかりばあさん・角大師《つのだいし》

㋵歳末仏事

仏名会・三千仏名・寒行・寒念仏・墓念仏・空也念仏・鉢叩き・歳末別時念

仏・茶筅売り・五三昧《ごさんまい》巡り・四十八夜念仏・終大師《しまい》・冬至弘法・星仏売・鉦納め・御器《ごき》納め・念仏の口止め・位牌まくり・御魂祭・巳正月・大黒様の年夜・年籠り

この分類が、以後の仏教（宗教）年中行事、すなわち宗教（仏教）歳時記の研究基盤となり、この『宗教歳時記』ではほんの一部分を取り上げられたに過ぎないが、基本的な考え方は既にここに芽生え整えられていたことが知られる。

本書『宗教歳時記』に一貫して言えることは、五来の年中行事、すなわち歳時記に対する基本的な考え方は、㈠年中行事は季節の変化にしたがって労働をおこなう農耕民族の農耕儀礼からはじまり、農耕社会の集団的制度または儀礼として伝承された。現在では家の行事のようになっている年中行事も、古い歳時習俗ほど血縁・地縁共同体の集団的儀礼として行われたのであって、それが共同体の分化・解体によって小単位の集団にわかれていったという。㈡年中行事の社会性は労働の節目として休養があることであるが、この休養は祭祀をともなうものであることは、年中行事の精神生活の面を示すものとして注目されるとする。すなわち、年中行事は社会共通の宗教理念（祖霊・穀霊・田の神・山の神・地の神・氏神・農神・作神）の表出儀礼であり、そこで五来独自の民俗学的立場からの見解として、「仏教がインド・中国・朝鮮から移入した仏教年中行事（斎会）は、常民社会に沈降して農耕生活のなかに融合する段階で、この農耕儀礼の歳時暦にくみこまれていった」という。そして五来の宗教歳時研究の目的は、仏教（宗教）と常民社会との関係、および仏教が庶民化する歴史を明らかにすることであった。

このような仏教民俗学の切り口で解釈された五来の仏教年中行事、すなわち宗教歳時記は、当然、柳田國男編の『歳時習俗語彙』（昭和十四年）や民俗学研究所編の『年中行事図説』（昭和二十八年）などとは異質なものであったことは言うまでもない。もっとも従来インドや中国起源で説明されたインテリ的発想の歳時記とは違い、ことごとく新しい見解が出されたといってよいであろう。

五来の民俗採訪は徹底しており、盆・正月、そして春・秋の彼岸を中心とした前後の期間は先ず家に居ることはなく、全国を駆け巡っていた。存命であれば、庶民信仰を主要なテーマとする宗教民俗学の立場から前述の残された多くの年中行事が考察され、読者は〝目から鱗が落ちた〟ことであろう。

（宗教民俗学者）

本書は昭和五十七年（一九八二）四月、小社より刊行された角川選書『宗教歳時記』を文庫化したものです。なお、『茶道雑誌』より新たに三編を加え、一部掲載図版を改めました。

（編集部）